# Italian

## *A Self-Teaching Guide*

Wiley Self-Teaching Guides teach practical skills from accounting to astronomy, management to mathematics. Look for them at your local bookstore.

## Languages

*French: A Self-Teaching Guide,* by Suzanne A. Hershfield

*German: A Self-Teaching Guide,* by Heimy Taylor

*Practical Spanish Grammar: A Self-Teaching Guide,* by Marcial Prado

*Advanced Spanish Grammar: A Self-Teaching Guide,* by Marcial Prado

## Business Skills

*Making Successful Presentations: A Self-Teaching Guide,* by Terry C. Smith

*Managing Assertively: A Self-Teaching Guide,* by Madelyn Burley-Allen

*Managing Behavior on the Job: A Self-Teaching Guide,* by Paul L. Brown

*Teleselling: A Self-Teaching Guide,* by James Porterfield

*Successful Time Management: A Self-Teaching Guide,* by Jack D. Ferner

## Science

*Astronomy: A Self-Teaching Guide,* by Dinah Moche

*Basic Physics: A Self-Teaching Guide,* by Karl F. Kuhn

*Chemistry: A Self-Teaching Guide,* by Clifford C. Houk and Richard Post

*Biology: A Self-Teaching Guide,* by Steven D. Garber

## Other Skills

*How Grammar Works: A Self-Teaching Guide,* by Patricia Osborn

*Listening: The Forgotten Skill, A Self-Teaching Guide,* by Madelyn Burley-Allen

*Quick Vocabulary Power: A Self-Teaching Guide,* by Jack S. Romine and Henry Ehrlich

*Study Skills: A Student's Guide for Survival, A Self-Teaching Guide,* by Robert A. Carman

# Italian
# A Self-Teaching Guide
## Second Edition

# Edoardo A. Lèbano

**John Wiley & Sons, Inc.**
New York • Chichester • Weinheim • Brisbane • Singapore • Toronto

This book is printed on acid-free paper. ♾

Copyright © 2000 by Edoardo A. Lèbano. All rights reserved

Published by John Wiley & Sons, Inc.
Published simultaneously in Canada

This publication is designed to provide accurate and authoritative information in regard to the subject matter covered. It is sold with the understanding that the publisher is not engaged in rendering professional services. If professional advice or other expert assistance is required, the services of a competent professional person should be sought.

*Library of Congress Cataloging-in-Publication Data:*

Lèbano, Edoardo A.
    Italian : a self-teaching guide / Edoardo A. Lèbano— 2nd ed.
        p. cm.
    English and Italian.
    Includes index.
    ISBN 0-471-35961-0 (pbk.)
    1. Italian language—Self-instruction. 2. Italian language—Grammar. I. Title.
PC1112.5.L4 2000
458.39421—dc21        99-042195

Printed in the United States of America

V10004187_090518

*To Nicholas*

# Contents

# Preface

*Italian: A Self-Teaching Guide* is a simplified and practical beginner's course for anyone who wishes to learn Italian. The program is designed to provide self-learners, students in adult education courses, and students in beginning language courses with a general knowledge of the Italian language as it is spoken and written today.

In presenting almost all major grammatical structures of the Italian language, the book follows an essentially practical and linguistic approach, gradually building up a vocabulary of well over eleven hundred of the most commonly used Italian words. All explanations of grammatical points stress the basic and the indispensable and are, as much as possible, concise, simple, and to the point.

The text consists of (1) fifteen regular lessons; (2) three review lessons, immediately following lessons 5, 10, and 15; (3) an appendix with the answers to the exercises, including those in the review lessons; (4) an appendix with the conjugations of regular verbs, and one with the conjugations of *avere* and *essere* and irregular forms of the stem-changing verbs encountered in the text; and (5) an Italian–English vocabulary, listing words presented in the fifteen lessons.

Each of the lessons begins with a list of useful words (*Parole da Ricordare*, Words to Remember), most of them related to the topic of the Dialogo that follows, portraying events, situations, or problems in everyday life. Following the English translation of the dialogue, several points of grammar are introduced in a step-by-step procedure. The exercises, rather than being grouped together at the end of the lesson, come immediately after the explanation of relevant grammatical points, thus giving students a sense of building effectively block by block. By checking the results of this immediate practice with the answers provided at the end of the book, students can clearly assess the progress they are making.

To make the best use of this text, carefully read the Pronunciation Guide, then proceed as follows:

1. Always read and repeat aloud each of the words listed in the Words to Remember. Practice writing them, and keep in mind their meaning in English.

2. Read the entire Dialogo, and repeat each sentence several times until you think you know it quite well. Then check the English translation of the Dialogo to see how much of it you were able to understand by yourself.

3. Take your time in learning the content of the various grammatical points. When you have completed the first section, do the exercise(s) before going on

to the next section. Check the answers in the back of the book to see how well you did.

4. Analyze your mistakes, and if necessary, reread the grammar explanation. If your mistakes concern vocabulary items, review Words to Remember before continuing with the lesson.

*Italian: A Self-Teaching Guide* will not turn you into a polished speaker of Italian overnight. It will not enable you to deal immediately with every Italian text. But it will give you the basic tools to understand, speak, read, and write simple Italian. It opens the gate to a very gratifying experience: understanding and appreciating the language and the culture of Italy and its people. *Buon lavoro*—enjoy your work!

—E.A.L.

# Pronunciation Guide

Italian is a highly musical, flowing language. All vowels, diphthongs, and double consonants must be articulated as clearly as possible, but should not be uttered by themselves. Related groups of words and phrases are to be pronounced as if they were linked together.

Although Italian and English have similar sounds, some English sounds do not exist in Italian (which, for example, has no aspirated sounds). At the same time, several combinations of vowels and consonants in Italian sound quite different from the sound that the same combinations of vowels and consonants produce in English.

Remember that guttural and nasal sounds are never very strong in Italian. With the exception of words of foreign origin (such as **bar, film, autobus**), Italian words end with a vowel. Most words are formed in the forward section of the mouth, and the voice normally drops at the end of a sentence, except when posing a question, in which case it usually rises.

## Accents and Stress

Most Italian words are stressed on the next-to-last syllable (**giorno, signorina, arrivederci**). A number of words, including several monosyllabic words, end with a stressed vowel, which requires a written accent (**città, perché, sì, è, caffè**). Many words are stressed on the third-to-last syllable **automobile, numero, dialogo**), and some (for the most part verb forms) are stressed on the fourth-to-last syllable (**abitano, desiderano**). In this text, a dot below vowels in words that are stressed on the third- or fourth-to-last syllable (and sometimes the next-to-last) indicates the correct pronunciation.

## Vowels

The Italian vowels are **a, e, i, o, u**. While **a, i,** and **u** are pronounced in the same way throughout Italy, the pronunciation of **e** and **o** in stressed position varies from one region of the Italian peninsula to another.

**a** has a sound more or less like that of *a* in the English word *father* (**casa, matita**).

e sometimes has the sound of *e* in the English word *they*, but without the glide (s<u>e</u>ra, s<u>e</u>te); or it may resemble the sound of e in the words **set** and **get** (b<u>e</u>n<u>e</u>, s<u>e</u>tt<u>e</u>).

i has a sound like that of *i* in the English word *machine* or that of *ee* in *see*, but without the glide (l<u>i</u>bri, v<u>i</u>a).

o has a sound similar to that of *o* in the English word *cold*, but without the glide (cont<u>o</u>, pront<u>o</u>); or it may sound like the *a* in *salt* or the *ou* in *bought* (<u>o</u>ggi, c<u>o</u>ma).

u has a sound similar to that of *u* in *rude*, *oo* in *choose*, or *o* in *do*, but without the glide (st<u>u</u>dente, <u>u</u>niversità, virt<u>ù</u>).

## Consonants

c has the sound of **ch** in **chapel** and **church** before the vowel **e** or **i** (<u>ci</u>ao, <u>c</u>entro, cappu<u>cci</u>no). In all other cases, it has the hard c sound of the English words **car** and **classroom** (ami<u>c</u>a, e<u>cc</u>o, <u>cl</u>asse).

g, when followed by e or i, has the same soft sound of g in **general** and **giant** (<u>gi</u>orno, o<u>ggi</u>, <u>g</u>enerale). In all other cases, it has the hard g sound of the English words **gas** and **goat** (le<u>gg</u>o, <u>g</u>as, <u>g</u>uasto).

h is always silent, whether at the beginning or end of a word or between vowels (<u>h</u>anno, <u>h</u>otel).

r is trilled; it must be pronounced with the tip of the tongue against the front teeth (p<u>r</u>ofesso<u>r</u>e, t<u>r</u>eno); when double, the trill is longer (a<u>rr</u>ivederci, bu<u>rr</u>o).

s has the sound of s in the English word **rose** when it is between two vowels or when it precedes the consonants **b, d, g, l, m, n, r,** and **v** (<u>s</u>bagliare, Ro<u>s</u>a, co<u>s</u>ì). In all other cases, it is pronounced like s in the word **sea** (<u>s</u>ignore, <u>s</u>ubito, <u>s</u>era).

z in the initial position sounds like **ds** in **fads** (<u>z</u>ucchero, <u>z</u>ero). In any other position, when followed by **ia, ie,** or **io,** it is pronounced like **ts** in the English words **cats** and **pets** (nego<u>zi</u>o, pa<u>zi</u>enza). When the noninitial z is *not* followed by **ia, ie,** or **io,** it is pronounced in some words like **ts** (abbastan<u>z</u>a, vacan<u>z</u>a), in others like **ds** (man<u>z</u>o, roman<u>z</u>o).

zz is generally pronounced like **ts** (indiri<u>zz</u>o, pia<u>zz</u>a, raga<u>zz</u>o); in some words, however, it is pronounced like **ds** (a<u>zz</u>urro, me<u>zz</u>ogiorno).

## Combined Consonants

ch + e or i is pronounced like **k** in **kept** and **kiss** (per<u>ch</u>é, ma<u>cch</u>ina, ben<u>ch</u>é, <u>ch</u>iave).

gh + e or i has the same sound as **g** in **get** and **girl** (lar<u>gh</u>e, parafan<u>gh</u>i).

gli has a sound similar to that of **lli** in **million** (fi<u>gli</u>a, bi<u>gli</u>etto, mo<u>gli</u>e).

gn has a sound similar to that of **ni** in **onion** (ba<u>gn</u>o, si<u>gn</u>ore, co<u>gn</u>ome).

sc + e or i has more or less the same sound as **sh** in **shelter** and **shield** (pe<u>sce</u>, <u>sci</u>entifico).

sch + e or i has the same sound of **sk** in **skeptic** and **skin** (<u>sch</u>erzo, pittore<u>schi</u>).

## *The Italian Alphabet*

The Italian alphabet consists of twenty-one letters (the Italian name appears in parentheses):

a (a), b (bi), c (ci), d (di), e (e), f (effe), g (gi), h (acca), i (i), l (elle), m (emme), n (enne), o (o), p (pi), q (cu), r (erre), s (esse), t (ti), u (u), v (vi), z (zeta)

Italian also uses five letters borrowed from other languages: j (i lunga), k (cappa), w (doppia vu), x (ics), y (ipsilon).

## PRONUNCIATION EXERCISE

tassì—vaglia—esercizio—domenica—primo—chiesa—stadio—professoressa—piacere—nazionale—guadagnare—chilometro—cliente—montagna—milione—zio—sabato—stazione—ombrello—dolce—spaghetti—cameriere—leggero—città—centro—alberghi—pubblico—amiche—tabaccaio—eccellente—mio—aglio—spendere—zucchini—olio—tagliatelle—prezzemolo—arancia—passeggiata

# 1 Basic Expressions

| | |
|---|---|
| Buon giorno, signore. | Good morning, sir. |
| Buona sera, signora. | Good evening, ma'am. |
| Buona notte, signorina. | Good night, miss. |
| Come sta? | How are you? |
| Sto bene, grazie. E Lei? | I'm fine, thank you. And you? |
| Non c'è male, grazie. | Not too bad, thank you. |
| Come si chiama Lei? | What is your name? |
| Mi chiamo Giovanni Rossi. | My name is Giovanni Rossi. |
| Dove abita, signor Rossi? | Where do you live, Mr. Rossi? |
| Abito a Milano. | I live in Milan. |
| Di dov'è Lei, signora Jones? | Where are you from, Mrs. Jones? |
| Sono di Chicago. | I am from Chicago. |
| ArrivederLa, signor Martini. | Goodbye, Mr. Martini. |
| Arrivederci. | Goodbye. |
| A domani. | See you tomorrow. |
| Ciao, Maria, come stai? | Hi, Maria, how are you? |
| Benino, e tu? | Pretty well, and you? |
| Così così. Ciao. | So-so. Bye. |

1. The titles **signore, signora,** and **signorina** are to be used when addressing a person you do not know. Remember that **signore** becomes **signor** before a man's last name.

2. **ArrivederLa** is a formal salutation used with only one person at a time. **Arrivederci** can be used with a person you have already met or with a group of people.

3. **Ciao** is an informal salutation used when meeting or parting—the equivalent of *hi* or *bye* or *so long*.

4. The conjunction **e** (*and*) and the preposition **a** (*at, to*) may become **ed** and **ad** before a word beginning with a vowel.

# EXERCISE

ANSWERS
p. 207

1. It's 10:00 A.M. You meet a gentleman you have never seen before. How do you greet him? _____
2. How do you say *How are you?* _____
3. In late afternoon, do you use **buona sera** or **buona notte**? _____
4. How do you greet an old friend? _____
5. What is your reply to the question **Come sta Lei?** _____
6. Your name is Robert Smith. Introduce yourself in Italian. _____
7. Ask someone the question **Where are you from?** _____
8. In saying **goodbye** to a group of people, do you use **arrivederLa** or **arrivederci**? _____
9. How do you say *Not too bad, thank you?* _____
10. Ask Miss Bianchi where she lives. _____

# PAROLE DA RICORDARE *(Words to Remember)*

| | | | |
|---|---|---|---|
| aeroplano | airplane | notte | night |
| anno | year | padre | father |
| autobus | bus | penna | pen |
| automobile | automobile, car | piatto | plate, dish of food |
| bambina *(f.)* | child, little girl | piazza | square |
| bambino *(m.)* | child, little boy | professore *(m.)* | professor |
| bar | bar | professoressa *(f.)* | professor |
| borsa | purse | quaderno | notebook |
| caffè | coffee, café | ragazza | girl |
| casa | house, home | ragazzo | boy |
| città | city, town | ristorante | restaurant |
| classe | class | sera | evening |
| dottore | doctor, physician | settimana | week |
| film | film, movie | signora | lady, married woman; ma'am, Mrs. |
| giorno | day | | |
| hotel | hotel | signore | man, gentleman; sir, Mr. |
| lezione | lesson | signorina | young lady, unmarried woman; Miss |
| libro | book | | |
| madre | mother | sport | sport |
| matita | pencil | stanza | room |
| nome | noun, name | stazione | station |

| | | | |
|---|---|---|---|
| studente *(m.)* | student | vacanza | vacation, holiday |
| studentessa *(f.)* | student | via | street, road |
| tassì | taxi, cab | vino | wine |
| treno | train | virtù | virtue |
| università | university | zucchero | sugar |

## GRAMMAR I  Gender and Number of Italian Nouns

Italian nouns are either masculine or feminine. The gender is generally determined by the final letter of the word.

1. Most singular nouns end in **o** or **a**. Nouns ending in **o** are usually masculine; those ending in **a** are usually feminine. The plural of these nouns is formed by changing **o** to **i** and **a** to **e**.

2. Some nouns ending in **e** are masculine, and some are feminine. The appropriate gender is learned through usage. The plural is formed by changing **e** to **i**.

   some masculine nouns ending in e:  **dottore, nome, padre, professore, ristorante, signore, studente**

   some feminine nouns ending in e:  **automobile, classe, lezione, madre, notte, stazione**

3. Nouns ending with an accented vowel do not change in the plural. Usually nouns ending in **è**, **ì**, and **ò** are masculine, and those ending in **à** and **ù** are feminine.

4. Nouns ending in a consonant do not change in the plural. Most are of foreign origin and, unless otherwise indicated, are masculine.

## EXERCISE

ANSWERS pp. 207–208

Determine the gender of each of the following nouns; then form the plural and give the English meaning.

*Example:* bambino  *m.; pl.* bambini; child, children

1. anno _____
2. matita _____
3. nome _____
4. città _____
5. vacanza _____
6. zucchero _____
7. via _____
8. ragazza _____
9. ristorante _____
10. signora _____
11. automobile _____
12. sera _____
13. ragazzo _____
14. tassì _____
15. stazione _____
16. università _____

17. bar _____
18. libro _____
19. lezione _____
20. piazza _____
21. notte _____
22. film _____
23. aeroplano _____

24. classe _____
25. professoressa _____
26. ạutobus _____
27. vino _____
28. bambina _____
29. sport _____
30. hotel _____

# GRAMMAR II    The Indefinite Article

In Italian the indefinite article has four forms:

**un**    before masculine nouns beginning with a vowel or a consonant (except **s** + consonant or **z**)

**uno**  before masculine nouns beginning with **s** + consonant or **z**

**un'**   before feminine nouns beginning with a vowel (attaches to the following noun: **un'automọbile**)

**una**  before feminine nouns beginning with a consonant

Note that the indefinite article is omitted when the noun refers to a person's occupation, profession, nationality, or religion. It is retained when the noun is modified by an adjective or other qualifying phrase.

**Antonio è dottore.**    Anthony is a doctor.

**Antonio è un buon dottore.**    Anthony is a good doctor.

# EXERCISE

Place the appropriate indefinite article before the following nouns.

1. _____ automọbile
2. _____ stazione
3. _____ signorina
4. _____ borsa
5. _____ casa
6. _____ caffè
7. _____ stanza
8. _____ ạutobus
9. _____ settimana
10. _____ treno
11. _____ giorno
12. _____ quaderno
13. _____ virtù
14. _____ piatto

15. _____ signore
16. _____ bar
17. _____ sera
18. _____ zụcchero
19. _____ studente
20. _____ madre
21. _____ nome
22. _____ studentessa
23. _____ ristorante
24. _____ hotel
25. _____ classe
26. _____ città
27. _____ film
28. _____ notte

# GRAMMAR III   The Definite Article

A. In English, there is only one form of the definite article: *the.* In Italian, the definite article has several different forms.

### 1. With Masculine Nouns

**il** *(sing.)* and **i** *(pl.)*      before a noun beginning with a consonant (except **s** + consonant or **z**)

**l'** *(sing.)* and **gli** *(pl.)*      before a noun beginning with a vowel

**lo** *(sing.)* and **gli** *(pl.)*      before a noun beginning with **s** + consonant or **z**

l'anno           gli anni
il dottore       i dottori
lo studente      gli studenti

### 2. With Feminine Nouns

**la** *(sing.)* and **le** *(pl.)*      before a noun beginning with a consonant

**l'** *(sing.)* and **le** *(pl.)*      before a noun beginning with a vowel

l'automobile     le automobili
la ragazza       le ragazze

B. With very few exceptions, the definite article is always required before a noun. In contrast to English usage, the article is required when referring to a person by title.

**Il dottor Rossi abita a Roma.**      Dr. Rossi lives in Rome.

It is omitted, however, when addressing people by their titles.

**Come sta, signora Jones?**      How are you, Mrs. Jones?

**Buon giorno, professor Betti.**      Good morning, Professor Betti.

Note that as with **signore**, the last vowel of the titles **dottore** and **professore** is dropped before a person's last name.

# EXERCISES

ANSWERS
p. 209

A. Place the correct definite article before the following singular nouns.

| | | | |
|---|---|---|---|
| 1. _____ casa | | 9. _____ padre | |
| 2. _____ tassì | | 10. _____ signora | |
| 3. _____ autobus | | 11. _____ bar | |
| 4. _____ sera | | 12. _____ stanza | |
| 5. _____ caffè | | 13. _____ città | |
| 6. _____ stazione | | 14. _____ zucchero | |
| 7. _____ matita | | | |
| 8. _____ aeroplano | | | |

ANSWERS
p. 209

**B. Give the plural forms of each of the following:**

1. il quaderno _____
2. la piazza _____
3. il ristorante _____
4. l'anno _____
5. la settimana _____
6. la virtù _____
7. la lezione _____
8. l'università _____
9. il film _____
10. il professore _____
11. il nome _____
12. l'hotel _____
13. il treno _____
14. la classe _____

# GRAMMAR IV   Subject Pronouns

The most commonly used subject pronouns are:

| Person | Singular | | Plural | |
|--------|----------|---|--------|---|
| First | io | I | noi | we |
| Second | tu | you (*familiar sing.*) | voi | you (*fam. pl.*) |
| Third | lui | he | | |
| | lei | she | loro | they (*m. or f.*) |
| | Lei | you (*formal sing.*) | Loro | you (*form. pl.*) |

Note the following:

1. The **tu** and **voi** forms of address are used with relatives, friends, and children.

2. **Voi** can also be used with a group of people, a class, or an audience.

3. **Lei** and **Loro** are the formal forms to be used with people whom you do not know or with whom you are not very familiar.

4. In writing, the pronouns **egli** (he) and **ella** (she) replace **lui** and **lei**. Although generally used with reference to animals and inanimate objects, **esso, essi** (it, they; *m.*) and **essa, esse** (it, they; *f.*) may at times replace the personal pronouns **lui, lei,** and **loro.**

5. Although the L in **Lei/Loro** is not always capitalized in writing, in this book it is capitalized to distinguish those words from the lowercased **lei** (she) and **loro** (they).

# EXERCISES

ANSWERS,
A and B
p. 209

**A. Fill in the blanks.**

1. When talking with the grandchild of an Italian acquaintance of yours, what pronoun form of address would you use? _____

2. What is the difference in meaning between **loro** and **Loro**? _____
3. When writing to a friend about **la casa** you just bought, would you use the pronoun **lei** or **essa?** _____
4. How would you address Mr. and Mrs. Bianchi? **Lei, voi,** or **Loro?** _____
5. What are the English equivalents of **egli** and **ella?** _____
6. You have been invited to talk to a large group of Italian business people. How will you address them? _____

**B. Write the pronouns in Italian.**

1. we _____
2. you (*fam. sing.*) _____
3. she (**la madre**) _____
4. it (**l'automobile**) _____
5. they (**i ragazzi**) _____
6. you (*Dr. Smith*) _____

7. she and I _____
8. you (*fam. pl.*) _____
9. I _____
10. he (**lo studente**) _____
11. they (**i libri**) _____
12. they (**le penne**) _____

# GRAMMAR V   Present Indicative of *avere* and *ęssere*

A. The verbs **avere** (to have) and **ęssere** (to be) are irregular, and their forms must be memorized.

| Pronoun | *avere* | to have |
|---|---|---|
| io | ho | I have |
| tu | hai | you have (*fam. sing.*) |
| lui, lei, Lei | ha | he, she, it has, you have (*form. sing.*) |
| noi | abbiamo | we have |
| voi | avete | you have (*fam. pl.*) |
| loro, Loro | hanno | they, you have (*form. pl.*) |

B. Note that the **h** in **ho, hai, ha,** and **hanno** is never pronounced; it is used only to distinguish between the verb form and other words with the same pronunciation but different meaning—for example, **hanno** (they have) and **anno** (year).

| Pronoun | *ęssere* | to be |
|---|---|---|
| io | sono | I am |
| tu | sei | you are (*fam. sing.*) |
| lui, lei, Lei | è | he, she, it is, you are (*form. sing.*) |
| noi | siamo | we are |
| voi | siete | you are (*fam. pl.*) |
| loro, Loro | sono | they, you are (*form. pl.*) |

# EXERCISE

Complete the following sentences, conjugating the verbs in parentheses.

1. (avere) Noi _____ un libro.
2. (essere) Tu _____ di Roma.
3. (essere) I ragazzi _____ studenti.
4. (avere) Voi _____ un'automobile.
5. (avere) Lei, signor Rossi, _____ una casa a Milano?
6. (essere) Io _____ professore.
7. (avere) Maria _____ la madre a New York.
8. (essere) Il signore e la signora Bianchi _____ a Pisa.
9. (essere) Luisa e Anna _____ studentesse.
10. (avere) Tu _____ una borsa.
11. (avere) Loro e io _____ una lezione.
12. (essere) Il vino _____ buono.
13. (avere) Le bambine _____ la penna e la matita.
14. (essere) Dove _____ gli aeroplani?

# GRAMMAR VI  Numbers from 0 to 1,000

Memorize the numbers in Italian.

| | | | |
|---|---|---|---|
| 0 | zero | 20 | venti |
| 1 | uno | 21 | ventuno |
| 2 | due | 22 | ventidue |
| 3 | tre | 23 | ventitrè |
| 4 | quattro | 25 | venticinque |
| 5 | cinque | 28 | ventotto |
| 6 | sei | 29 | ventinove |
| 7 | sette | 30 | trenta |
| 8 | otto | 31 | trentuno |
| 9 | nove | 33 | trentatrè |
| 10 | dieci | 40 | quaranta |
| 11 | undici | 50 | cinquanta |
| 12 | dodici | 60 | sessanta |
| 13 | tredici | 70 | settanta |
| 14 | quattordici | 80 | ottanta |
| 15 | quindici | 90 | novanta |
| 16 | sedici | 100 | cento |
| 17 | diciassette | 101 | centouno, cento uno |
| 18 | diciotto | | |
| 19 | diciannove | | |

ANSWERS p. 210

| 110 | centodieci, cento dieci | 600 | seicento |
| 122 | centoventidue, cento ventidue | 700 | settecento |
| 123 | centoventitrè, cento ventitrè | 800 | ottocento |
| 200 | duecento | 801 | ottocentouno, ottocento uno |
| 300 | trecento | 816 | ottocentosędici, ottocento sędici |
| 400 | quattrocento | 900 | novecento |
| 500 | cinquecento | 1000 | mille |

1. Note that: When the word **uno** precedes a noun, it has the same form as the indefinite articles **uno, un'**, and **una**. The other number words do not change form.

   Maria ha **una** borsa, **un'**automọbile e **un** piatto.

   L'università ha **ottocento** studenti e **quarantadue** professori.

2. With multiples of ten from twenty to ninety, drop the final vowel before adding **uno** and **otto**.

   venti + uno = **ventuno**

   trenta + otto = **trentotto**

3. The number element **tre** is always accented when combined with other numbers.

   **trentatrè**      **duecentotrè**      **novecento ventitrè**

4. When a number word combined with **uno** is followed by another word, the final **o** of **uno** is usually dropped.

   Noi abbiamo **ventun** quaderni e **sessantun** libri.

# EXERCISES

**ANSWERS p. 210**

A. Give the numbers in parentheses in word form in Italian.

1. (100) Noi abbiamo _____ penne.
2. (21) La città ha _____ piazze.
3. (344) L'università ha _____ professori.
4. (15) Il signor Battisti ha _____ hotel.
5. (365) L'anno ha _____ giorni.
6. (189) Il ristorante Alfredo ha _____ piatti.
7. (6) Il dottor Lucchesi ha _____ bambini.
8. (42) La classe d'italiano ha _____ studenti.
9. (1,000) La città ha _____ vie.
10. (3) Il nụmero 1000 ha _____ zeri.

**ANSWERS**
**p. 210**

**B. Translate the following sentences, writing the numbers in word form.**

1. Dr. Belli has 715 books.
2. The book has forty-one lessons.
3. I have a car, a house, and five daughters.
4. Professor Zatti has eleven male and nineteen female students.

# 2 In un ristorante del centro
## (In a Downtown Restaurant)

---

## PAROLE DA RICORDARE *(Words to Remember)*

| | | | |
|---|---|---|---|
| acqua | water | frutta | fruit |
| appetito | appetite | gelato | ice cream |
| arrosto | roast | insalata | salad, lettuce |
| bicchiere (*m.*) | glass | litro | liter |
| bottiglia | bottle | minestra | soup |
| cameriere (*m.*) | waiter | parola | word |
| cappuccino | | pasta | (single) pastry; pasta |
| centro | center, downtown | patata | potato |
| conto | check, account | piacere (*m.*) | pleasure |
| contorno | side dish | piatto | plate, dish of food |
| dolce (*m.*) | dessert, sweet | pomodoro | tomato |
| espresso | | sete (*f.*) | thirst |
| fame (*f.*) | hunger | spaghetti (*pl.*) | type of pasta |
| formaggio | cheese | spumante (*m.*) | sparkling wine |
| | | verbo | verb |
| | | verdura | vegetables |
| | | vino | wine |
| | | vitello | veal |

---

## DIALOGO   Sergio e Maria mangiano in un ristorante del centro

CAMERIERE   Buona sera, signori. Che cosa ordinano?

SERGIO   Per primo piatto, io prendo spaghetti al pomodoro. Poi, un arrosto di vitello.

| | |
|---|---|
| CAMERIERE | E per contorno, patate fritte? |
| SERGIO | No, un'insalata verde, per piacere. Tu, Maria, cosa prendi? |
| MARIA | Io non mangio pasta stasera. Non ho molta fame. |
| CAMERIERE | Desidera una minestra allora? |
| MARIA | Sì, una minestra di verdura. |
| CAMERIERE | Certo, signora. E per secondo piatto, cosa prende? |
| MARIA | Del formaggio e della frutta. |
| CAMERIERE | Che desiderano bere, vino bianco o rosso? |
| SERGIO | Mezzo litro di vino bianco, freddo. |
| MARIA | E anche una bottiglia di acqua minerale. Ho sete. |
| CAMERIERE | Benissimo. E dopo, dolce e caffè? |
| SERGIO | Sì, due gelati. Poi un espresso per me e un cappuccino per lei. |
| CAMERIERE | Grazie, signori . . . e buon appetito! |

■ ■ ■ ■

| | |
|---|---|
| CAMERIERE | Ecco il conto . . . e un bicchiere di spumante. Offre la casa! |

## DIALOGUE  Sergio and Maria are eating in a downtown restaurant

| | |
|---|---|
| WAITER | Good evening, sir and ma'am. What are you ordering? |
| SERGIO | For the first course, I'm having spaghetti with tomato sauce. Then roast veal. |
| WAITER | And as a side dish, fried potatoes? |
| SERGIO | No, a green salad, please. And you, Maria, what are you having? |
| MARIA | I'm not eating pasta tonight. I'm not very hungry. |
| WAITER | Do you want a soup, then? |
| MARIA | Yes, vegetable soup. |
| WAITER | Certainly, ma'am. And as a second course, what are you having? |
| MARIA | Some cheese and some fruit. |
| WAITER | What do you wish to drink, white or red wine? |
| SERGIO | Half a liter of white wine, cold. |
| MARIA | And also a bottle of mineral water. I'm thirsty. |
| WAITER | Very well. And later on, dessert and coffee? |
| SERGIO | Yes, two ice creams. Then an *espresso* for me . . . and a *cappuccino* for her. |
| WAITER | Thank you, sir and ma'am . . . and enjoy your meal! |

■ ■ ■ ■

| | |
|---|---|
| WAITER | Here is the check . . . and a glass of *spumante*. It's on the house! |

**Espresso** is a strong, black coffee that is prepared only upon customer request. **Cappuccino,** Italy's most popular beverage, is a mixture of hot black coffee and steamed milk. It is so called because its dark-brown color recalls the habit of Franciscan friars, known as Cappuccini.

# EXERCISES

ANSWERS
p. 210

A. **Complete the sentences based on the dialogue, choosing the correct answers from those given in parentheses.**

1. (spaghetti al pomodoro—una minestra—un espresso) Al ristorante, per primo piatto Sergio prende _____.

2. (un arrosto di vitello—del formaggio—una minestra di verdura) Maria per primo piatto desịdera _____.

3. (patate fritte—del formaggio—un'insalata verde) Per contorno Sergio prende
_____.

4. (una bottiglia di vino rosso—mezzo litro di vino bianco—mezzo litro di acqua minerale) Sergio e Maria desịderano bere _____.

5. (due gelati—due espressi—due cappuccini) Dopo, Sergio e Maria ọrdinano
_____.

ANSWERS
p. 210

B. **Place the appropriate definite and indefinite articles before the following nouns.**

  *Example:* la   una   via

1. _____ _____ spumante
2. _____ _____ fame
3. _____ _____ pomodoro
4. _____ _____ vitello
5. _____ _____ centro
6. _____ _____ formaggio
7. _____ _____ frutta
8. _____ _____ pasta
9. _____ _____ sete
10. _____ _____ dolce

ANSWERS
p. 211

C. **Give the plural form of the following nouns, placing the appropriate definite article before each.**

  *Example:* signore   i signori

1. bottiglia _____ _____
2. cameriere _____ _____
3. gelato _____ _____
4. verdura _____ _____
5. espresso _____ _____
6. contorno _____ _____

   7. verbo _____ _____
   8. vino _____ _____
   9. cappuccino _____ _____
  10. acqua _____ _____
  11. bicchiere _____ _____
  12. arrosto _____ _____
  13. parola _____ _____
  14. spumante _____ _____

# GRAMMAR I    Present Indicative of *-are, -ere,* and *-ire* Verbs

With few exceptions, the infinitive form of Italian verbs ends in **-are, -ere,** or **-ire.** The infinitive is the form listed in dictionaries. It is equivalent to the *to* form of English verbs— *to be, to run.*

Verbs ending in **-are** belong to the first conjugation, those ending in **-ere** to the second, and those in **-ire** to the third.

Verbs, like nouns, consist of two parts: the stem and the ending. When a verb is conjugated, the infinitive ending is replaced by other endings that indicate not only the person and the number of the subject, but also the tense (time of the action).

The present indicative of first-, second-, and third-conjugation verbs is formed by dropping the infinitive endings and adding in their place the endings listed below:

|  | *ordin are* | to order |
|---|---|---|
| io | ọrdin o | I order, I'm ordering, I do order, etc. |
| tu | ọrdin i |  |
| lui, lei, Lei | ọrdin a |  |
| noi | ordin iamo |  |
| voi | ordin ate |  |
| loro, Loro | ọrdin ano |  |

|  | *prend ere* | to take |
|---|---|---|
| io | prend o | I take, I'm taking, I do take, etc. |
| tu | prend i |  |
| lui, lei, Lei | prend e |  |
| noi | prend iamo |  |
| voi | prend ete |  |
| loro, Loro | prẹnd ono |  |

| | *offr ire* | to offer |
|---|---|---|
| io | offr o | I offer, I'm offering, I do offer, etc. |
| tu | offr i | |
| lui, lei, Lei | offr e | |
| noi | offr iamo | |
| voi | offr ite | |
| loro, Loro | offr ono | |

Note that the third person plural of most verbs is stressed on the second-to-last syllable (prendono, offrono, etc.). When the present indicative of several verbs (such as **abitare**, **desiderare, ordinare**) is conjugated, the stress falls on the second-to-last syllable of the first, second, and third person singular, and on the third-to-last syllable of the third-person plural (as in ordino, ordini, ordina, and ordinano).

## VERBI DA RICORDARE *(Verbs to Remember)*

| | | | |
|---|---|---|---|
| arrivare | to arrive | leggere | to read |
| comprare | to buy | parlare | to speak, talk |
| desiderare | to wish, want | partire | to leave |
| domandare | to ask (in order to know) | ricevere | to receive |
| | | ricordare | to remember |
| dormire | to sleep | salutare | to greet, say goodbye |
| guardare | to watch, to look (at) | scrivere | to write |
| incontrare | to meet, encounter | vedere | to see |

## EXERCISE

**ANSWERS**
**p. 211**

Complete the sentences, conjugating the verbs in parentheses.

1. (parlare) Noi _____ a Sergio e a Maria.
2. (incontrare) Io _____ la signora Betti in centro.
3. (domandare) Luigi _____ il nome del ristorante.
4. (offrire) Il cameriere _____ un bicchiere di spumante.
5. (partire) Rosa e Aldo _____ stasera.
6. (desiderare) Che cosa _____ Loro?
7. (ordinare) Voi _____ un cappuccino.
8. (ricevere) Tu _____ un libro e tre matite.
9. (abitare) Dove _____ Lei, signora?
10. (vedere) Domani noi _____ un film.
11. (leggere) Marta, che cosa _____ tu?

12. (**salutare**) I ragazzi _____ il professore.
13. (**dormire**) Noi _____ benissimo.
14. (**guardare**) Mario e Antonio _____ Teresa.
15. (**scrivere**) Io e lui _____ la lezione.
16. (**essere**) Dottore, Lei _____ di Torino?
17. (**ricordare**) Lui _____ dov'è l'hotel Belvedere?
18. (**avere**) Stasera noi _____ molta fame e molta sete.
19. (**comprare**) Voi _____ un'automobile.
20. (**arrivare**) L'autobus _____ in piazza San Pietro.

# GRAMMAR II  Present Indicative of *-iare, -care,* and *-gare* verbs

**A.** In verbs whose infinitive ends in **-iare**, the present indicative is formed by dropping the **i** of the stem before the endings **i** and **iamo**.

|  | *mangi are* |
|---|---|
| io | mangi o (I eat) |
| tu | mang i |
| lui, lei, Lei | mangi a |
| noi | mang iamo |
| voi | mangi ate |
| loro, Loro | mangi ano |

**B.** In verbs whose infinitive ends in **-care** and **-gare**, the present indicative is formed by adding an **h** before the endings **i** and **iamo**.

|  | *dimentic are* | *pag are* |
|---|---|---|
| io | dimentic o (I forget) | pag o (I pay) |
| tu | dimentic hi | pag hi |
| lui, lei, Lei | dimentic a | pag a |
| noi | dimentic hiamo | pag hiamo |
| voi | dimentic ate | pag ate |
| loro, Loro | dimentic ano | pag ano |

For proper stress in conjugating **dimenticare**, see **abitare, desiderare,** and **ordinare.** Some other commonly used verbs ending in **-iare, -care,** and **-gare** are **studiare** (to study), **cominciare** (to begin, start), **cercare** (to look for), and **spiegare** (to explain.)

# EXERCISE

Complete the sentences with the present indicative of the verbs in parentheses.

1. (**dimenticare**) Il cameriere _____ il vino.
2. (**studiare**) Gli studenti _____ la lezione.
3. (**mangiare**) Noi _____ della frutta.
4. (**spiegare**) Il professore _____ due lezioni.
5. (**cercare**) Tu e io _____ un tassì.
6. (**cominciare**) Voi _____ l'università.
7. (**dimenticare**) Tu e lui _____ il libro a casa.
8. (**pagare**) Il signor Allori _____ il caffè a Giovanni e a Rosa.
9. (**mangiare**) Voi, ragazzi, dove _____ gli spaghetti al pomodoro?
10. (**cercare**) Marianna _____ un autobus per arrivare in centro.

# GRAMMAR III    The Adjective—Gender and Number

A. Italian adjectives end with **o, a,** or **e** in the singular. The **o** or **e** ending is the form that appears in dictionaries.

| | | | |
|---|---|---|---|
| **alto** | tall | **grasso** | fat |
| **americano** | American | **francese** | French |
| **basso** | short | **fritto** | fried |
| **biondo** | blond | **inglese** | English |
| **bruno** | dark-haired | **interessante** | interesting |
| **caldo** | hot, warm | **intelligente** | intelligent |
| **canadese** | Canadian | **italiano** | Italian |
| **difficile** | difficult | **magro** | thin, slender |
| **divertente** | amusing | **minerale** | mineral |
| **facile** | easy | **nero** | black |
| **forte** | strong; loud | **protestante** | Protestant |
| **giallo** | yellow | **rosso** | red |
| **giapponese** | Japanese | **spagnolo** | Spanish |

B. Gender and Number of Adjectives

1. Adjectives ending in **o** are masculine. To make them agree with a feminine noun, change the **o** to **a.**

    al**o**—alt**a**    americ**o**—american**a**

The plural of these adjectives is obtained by changing the **o** to **i** and then **a** to **e.**

    alt**o**—alt**i**    american**o**—american**i**

    alt**a**—alt**e**    american**a**—american**e**

2. Adjectives ending in **e** are either masculine or feminine. Their plural is obtained by changing the **e** to **i.**

    diffici**e**—diffici**i**    mineral**e**—mineral**i**

C. Agreement

1. Adjectives must show the same gender and number of the nouns they modify.

| | |
|---|---|
| *il* ragazzo italian*o* | *la* ragazz*a* italian*a* |
| *i* ragazz*i* italian*i* | *le* ragazz*e* italian*e* |
| *lo* student*e* canades*e* | *la* studentess*a* canades*e* |
| *gli* student*i* canades*i* | *le* studentess*e* canades*i* |

2. When an adjective modifies both a masculine and a feminine noun, it takes the masculine plural form.

Sergio e Maria sono *italiani*.

La minestra e il vino sono *freddi*.

Il signore e la signora Smith sono *americani*.

# EXERCISES

**A. Give the plural forms of the following.**

1.   La lezione difficile _____
2.   Il ragazzo grasso _____
3.   L'autobus giallo _____
4.   La signorina francese _____
5.   Il film divertente _____
6.   La ragazza bruna _____
7.   Il piatto caldo _____
8.   Il ristorante italiano _____
9.   La patata fritta _____
10.   La città inglese _____

**B. Translate these sentences.**

1.   The father and the mother are short.
2.   Mario and Antonio are intelligent.
3.   The vegetable soup is cold.
4.   The bus and the car are red.
5.   The boy is dark-haired, and the girl is blond.
6.   The lessons are interesting.

# GRAMMAR IV    Interrogative Sentences

To ask a question in Italian, you place the subject of the sentence at the beginning or at the end of the sentence. In either case, the voice follows an ascendant pattern toward the end of the sentence, with a slight lowering at the final unstressed syllable(s):

Giovanni, dove ạbiti?          Dove ạbiti, Giovanni?
La lezione è diffịcile?         È diffịcile la lezione?
Lei desịdera del formaggio?   Desịdera del formaggio Lei?

# GRAMMAR V    Negative Constructions

**A.** To make a sentence negative, you must place the word **non** immediately before the conjugated verb.

Io ho fame stasera.            Io *non* ho fame stasera.
Anna prende un cappuccino.    Anna *non* prende un cappuccino.
Le ragazze hanno la borsa.    Le ragazze *non* hanno la borsa.

**B.** When giving a negative reply to a question, you must place **no** before all other words.

Desịdera del formaggio?       *No,* non desịdero del formaggio.
È fredda la minestra?          *No,* la minestra non è fredda.
Loro sono di Firenze          *No,* noi non siamo di Firenze.

# EXERCISES

**A.** Give the negative forms of the following sentences.

1. Voi siete spagnoli.
2. Giovanni è forte.
3. Luciano incontra due ragazze americane.
4. Noi desideriamo vedere Milano.
5. Lo studente legge un libro interessante.

**B.** Give a negative answer to the following questions.

1. Lei si chiama Giuseppe?
2. L'arrosto di vitello è freddo?
3. Voi guardate un film francese stasera?
4. Maria ọrdina una bottiglia di acqua minerale?
5. Professore, desịdera un espresso?

# GRAMMAR VI    The Days of the Week

**A.** With the exception of **domẹnica** (which is feminine), the names of the days of the week are masculine in gender.

| | |
|---|---|
| (il) lunedì | Monday |
| (il) martedì | Tuesday |
| (il) mercoledì | Wednesday |

| (il) giovedì | Thursday |
| (il) venerdì | Friday |
| (il) sạbato | Saturday |
| (la) domẹnica | Sunday |

B. The definite article is generally not used with the days of the week. When it is used, it indicates repeated occurrence.

*Il sạbato* io compro un gelato per Luigi e Antonietta.

On Saturdays I buy an ice cream for Luigi and Antonietta.

*Sạbato* noi vediamo un film americano.

This Saturday we are going to see an American movie.

Note that in Italian the names of the days of the week do not begin with a capital letter.

# EXERCISE

Translate the following sentences.

1. Tomorrow is Wednesday.
2. On Sundays they eat at a downtown restaurant.
3. This Friday he is going to buy some fruit and some cheese.
4. The water is cold, but the wine is warm.
5. On Mondays and Thursdays, Giorgio meets Anna.
6. As a side dish, Rossana is having a green salad.
7. My name is Antonella, and I wish to buy a purse.
8. We want a bottle of sparkling wine.

# 3 Alla stazione ferroviaria
## (At the Railway Station)

## PAROLE DA RICORDARE (*Words to Remember*)

| | | | |
|---|---|---|---|
| il bigliettaio | ticket agent | il locale | local train |
| (*pl.* bigliettai) | | il numero | number |
| il biglietto | ticket | l'ora | hour, time |
| il binario | track, rail | il pomeriggio | afternoon |
| (*pl.* binari) | | (*pl.* pomeriggi) | |
| il diretto | direct train | il rapido | rapid train |
| l'espresso | express train | il resto | change, rest |
| ferroviario, a | railway | il viaggio | trip, travel |
| (*pl.* ferroviari, | | costare | to cost |
| ferroviarie) | | scusare | to excuse |
| la lira | lira, Italian currency | viaggiare | to travel |

## DIALOGO   Alla stazione ferroviaria

ANTONIETTA  Scusi, sa che treni ci sono oggi per Napoli?
BIGLIETTAIO  Certo. A che ora desidera partire?
ANTONIETTA  Dopo le due del pomeriggio.
BIGLIETTAIO  C'è un diretto alle tredici e quindici. Poi un rapido alle diciotto e trenta.
ANTONIETTA  Quando arriva a Napoli il diretto?
BIGLIETTAIO  Alle sedici e cinquantotto.
ANTONIETTA  Da che binario parte?

| | |
|---|---|
| BIGLIETTAIO | Dal binario numero quattro. |
| ANTONIETTA | Bene, prendo il diretto. Quanto costa il biglietto? |
| BIGLIETTAIO | Preferisce viaggiare in prima o seconda classe? |
| ANTONIETTA | In seconda, grazie. |
| BIGLIETTAIO | Costa trentamila settecentocinquanta lire. |
| ANTONIETTA | Ecco quarantamila lire. |
| BIGLIETTAIO | Ed ecco il resto: novemila duecento cinquanta lire. |
| ANTONIETTA | Mille grazie. |
| BIGLIETTAIO | Prego, signorina. Buon viaggio! |

## DIALOGUE    At the railway station

| | |
|---|---|
| ANTONIETTA | Excuse me, do you know what trains are there today for Naples? |
| TICKET AGENT | Sure. What time do you want to leave? |
| ANTONIETTA | After two in the afternoon. |
| TICKET AGENT | There is a *diretto* at one-fifteen P.M. Then a *rapido* at six-thirty. |
| ANTONIETTA | When does the *diretto* arrive in Naples? |
| TICKET AGENT | At four fifty-eight. |
| ANTONIETTA | From what track does it leave? |
| TICKET AGENT | From track number four. |
| ANTONIETTA | Fine, I'll take the *diretto*. How much does the ticket cost? |
| TICKET AGENT | Do you prefer to travel first or second class? |
| ANTONIETTA | Second class, please. |
| TICKET AGENT | It costs 30,750 lire. |
| ANTONIETTA | Here's 40,000 lire. |
| TICKET AGENT | And here's the change: 9,250 lire. |
| ANTONIETTA | Thanks very much (a thousand thanks). |
| TICKET AGENT | You're welcome, miss. Have a good trip! |

There are four types of trains in Italy: **rapido, espresso, diretto,** and **locale.** The **rapido** is the fastest and the most expensive train. It stops at larger cities and often carries only first-class cars. The **locale** (commuter train) travels only short distances and stops at most or all railway stations on the route.

## EXERCISES

Read the following statements, based on the content of the dialogue, and check the true or false blank.

|  | T | F |
|---|---|---|
| 1. Oggi per Napoli ci sono cinque treni. | —— | —— |
| 2. Il diretto arriva alle sẹdici e cinquantotto. | —— | —— |
| 3. Antonietta desịdera prẹndere il rạpido. | —— | —— |
| 4. Il rạpido parte dal binạrio nụmero quattro. | —— | —— |
| 5. Antonietta preferisce viaggiare in seconda classe. | —— | —— |
| 6. Il biglietto costa quindicimila lire. | —— | —— |

**ANSWERS p. 213**

**In Italian how do you say:**

1. Excuse me.
2. Good night.
3. Enjoy your meal.
4. Here is the change.
5. Where do you live?
6. You are welcome.
7. Pretty well.
8. What is your name?
9. I'm thirsty.
10. See you tomorrow.
11. I'm fine.
12. So-so.
13. My name is Robert.
14. I'm hungry.
15. Today.
16. I am from Chicago.

# GRAMMAR I   Position of the Adjective

In Italian, adjectives may precede or follow the noun(s) they modify, according to the following rules.

A. Before the Noun

1. Numerals and adjectives denoting a definite or an indefinite quantity always precede the noun. Among these are the adjectives **poco, a,** plural **pochi, poche** (little, not much, few, not many); **molto, a, i, e** (much, many); **quanto, a, i, e** (how much, how many); **tanto, a, i, e** (so much, so many); and **troppo, a, i, e** (too much, too many).

   Martedì è il *secondo* giorno della settimana.

   Anna mangia *troppi* gelati e *troppa* frutta.

   La casa di Alberto ha *sette* stanze.

   *Quanti* biglietti desiderate?

   Lei compra *tanto* vino e *tanta* acqua minerale.

   Loro salụtano *molti* ragazzi e *molte* ragazze.

   Giuseppe ọrdina *mezzo* litro di vino.

2. The demonstrative adjectives **questo** and **quello** always precede the noun or any other adjective they modify. The forms of **questo** are:

| | Singular (this) | Plural (these) |
|---|---|---|
| before a consonant | questo (*m.*) | questi (*m.*) |
| before a consonant | questa (*f.*) | queste (*f.*) |
| before a vowel | quest' (*m, f.*) | questi (*m.*), queste (*f.*) |

*Quest'*arrosto e *questa* minestra sono freddi.

*Quest'*automobile e *quest'*autobus sono in centro.

Compriamo *questi* arrosti e *queste* insalate.

The adjective **quello** follows the pattern of the definite article **il/lo**.

| Masculine | Singular (that) | Plural (those) |
|---|---|---|
| before a consonant (except s + cons. or z) | quel | quei |
| before s + cons. or z | quello | quegli |
| before a vowel | quell' | quegli |
| **Feminine** | | |
| before a consonant | quella | quelle |
| before a vowel | quell' | quelle |

*Quello* sport è molto diffìcile.

*Quell'*acqua e *quel* vino sono caldi.

Desideriamo *quei* buoni piatti di spaghetti.

Saluto *quegli* studenti e *quelle* studentesse.

3. Many common adjectives normally come before the noun they modify. Some of these adjectives are:

| | | | |
|---|---|---|---|
| altro, a | other, another | piccolo, a | small, little |
| bello, a | beautiful | povero, a | poor |
| bravo, a | good, able | ricco, a | rich |
| breve | brief | (*pl.* ricchi, | |
| brutto, a | ugly | ricche) | |
| buono, a | good | santo, a | saintly, holy |
| cattivo, a | bad, naughty | stesso, a | same |
| giovane | young | ultimo, a | last |
| grande | big, great | vecchio, a | old |
| lungo, a | long | (*pl.* vecchi, | |
| (*pl.* lunghi, lunghe) | | vecchie) | |
| nuovo, a | new | vero, a | true, real |

Note that some of these adjectives may also follow the noun. When they do, their meaning changes, acquiring a more literal, objective sense. **Io compro una nuova casa** means *I'm buying another house* (the house is not essentially new), but **Io compro una casa nuova** means *I'm buying a brand-new house.*

Also note that, when preceding a noun, **bello, buono, grande,** and **santo** have the following forms:

a. *bello*—same pattern as *quel-quello:*

| Masculine | Singular | Plural |
|-----------|----------|--------|
| | bel | bei |
| | bello | begli |
| | bell' | begli |
| Feminine | bella | belle |
| | bell' | belle |

b. *buono, grande,* and *santo*

| Masculine | | | |
|-----------|--|--|--|
| before a vowel | buon | grand' | sant' |
| before a consonant except s + cons. or z | buon | gran | san |
| before s + consonant or z | buono | grande | santo |
| Feminine | | | |
| before a vowel | buon' | grand' | sant' |
| before a consonant | buona | grande | santa |

Desịdero un *altro* biglietto.
Ecco un *lungo* treno!
Il 26 dicembre è *Santo* Stefano e il 26 luglio è *Sant'*Anna.
Lui ha sempre un *grand'*appetito.
Lo studente saluta il *vecchio* professore.
Giovanna è una *bella* ragazza.
Che *bei* pomodori!

B. After the Noun

1. A great number of Italian adjectives normally follow the noun(s) they modify, especially those that indicate color, form or shape, nationality, and religion.

Teresa ạbita in una casa *gialla.*
Desịdero bere dell'acqua *fredda.*
Ecco una signora *protestante.*
Massimo è un ragazzo *intelligente.*
Vedo una bambina *giapponese.*
Loro pạrlano con quella ragazza *alta.*

2. Adjectives that are modified by an adverb, such as **molto** (very), **tanto** (so, so much), and **troppo** (too, too much), always follow the noun.

> Quei bambini lęggono un libro *molto* difficile.
> Questa minestra è *tanto* calda.
> Giuseppe ha un'automọbile *troppo* piccola!

Remember the following points:

1. When two adjectives modify the same noun, either the rules previously given are applied, or both adjectives are placed after the noun, joined by **e** (and).

> Vediamo una *bella* ragazza *bionda*.
> Vediamo una ragazza *bella* e *bionda*.

2. If a demonstrative is used in conjunction with other adjectives, **questo** or **quello** always comes first.

> Vediamo *quella bella* ragazza *bionda*.
> Vediamo *quella* ragazza *bella* e *bionda*.

3. In Italian, as in English, adjectives are often used as nouns, particularly when indicating social class or condition, religion, and nationality.

> In Italia ci sono pochi *protestanti*.
> A Roma, a Firenze e a Venezia ạbitano molti *americani*.

When an adjective indicating nationality is used as a noun to denote the population of a country, it often begins with a capital.

> i *Francesi*   gli *Americani*   gli *Italiani*   i *Canadesi*

# EXERCISES

A. **Restate each phrase in the feminine or in the masculine.**

*Example:* la signora italiana   **il signore italiano**

1. un bravo studente
2. i signori spagnoli
3. il bambino bruno
4. una ragazza canadese
5. le ricche signore
6. le giọvani studentesse

B. **Change the following phrases to the plural.**

*Example:* il padre francese   **i padri francesi**

1. il nuovo dottore
2. la madre inglese
3. la breve lezione
4. quello sport difficile
5. quel bell'aeroplano
6. quel grand'amico
7. l'altro signore giapponese
8. la lunga vacanza italiana
9. la buon'acqua minerale
10. questo cattivo formaggio

C. Place the adjectives in parentheses in the proper position, making the changes in agreement as necessary.

> *Example:* (quindici) Alla stazione ci sono treni. **Alla stazione ci sono quindici treni.**

1. (**tanto**) Luisa compra pasta e zucchero.
2. (**poco**) Noi abbiamo penne.
3. (**molto**) In quella grande città ci sono automobili e tassì.
4. (**115**) All'università ci sono studenti francesi e studentesse americane.
5. (**troppo**) Luigi, tu mangi frutta.
6. (**quanto**) Acqua desideri bere?

D. Replace the definite article with the appropriate form of *questo* or *quello* as indicated.

> *Example:* (quello) Lui legge il libro. **Lui legge quel libro.**

1. (**quello**) Marco prende l'autobus.
2. (**questo**) Desidero mangiare l'arrosto di vitello.
3. (**questo**) Marisa compra la borsa gialla.
4. (**quello**) Le ragazze inglesi partono stasera.
5. (**quello**) I giovani dottori abitano a Bologna.
6. (**questo**) I film italiani somo molto divertenti.
7. (**quello**) Gli spaghetti sono freddi.
8. (**questo**) La stazione è nuova e molto grande.

E. Give the appropriate forms of *bello, buono,* and *grande* before the following singular or plural words.

> *Example:* università    bell'università, buon'università, grand'università

1. vacanza
2. vino
3. piacere
4. bicchieri
5. bottiglia
6. espresso
7. bar
8. spumante
9. formaggio
10. arrosto

F. Complete the following sentences, translating the words in parentheses.

1. *(an able student)* Luciana è _____.
2. *(many Canadian boys)* Io in centro vedo _____.

3. *(Saint Anthony)* Quest'hotel si chiama _____.
4. *(very short)* La signora Ricasoli è _____.
5. *(the last day)* Domenica è _____.
6. *(a good black coffee)* Desidero bere _____.
7. *(many dishes)* Quel ristorante ha _____.
8. *(those Spanish young ladies)* Io saluto _____.
9. *(those beautiful pens)* Quanto costano _____?
10. *(the same ladies)* Lui parla sempre con _____.

# GRAMMAR II    Present Indicative of *capire, finire,* and *preferire*

The verbs **capire** (to understand), **finire** (to finish), and **preferire** (to prefer) form the present indicative by adding **isc** to the stem of the infinitive before the endings of the first, second, and third person singular as well as before the third person plural.

|            | *cap ire*  | *fin ire*  | *prefer ire*  |
|------------|------------|------------|---------------|
| io         | cap isco   | fin isco   | prefer isco   |
| tu         | cap isci   | fin isci   | prefer isci   |
| lui, lei, Lei | cap isce | fin isce  | prefer isce   |
| noi        | cap iamo   | fin iamo   | prefer iamo   |
| voi        | cap ite    | fin ite    | prefer ite    |
| loro, Loro | cap iscono | fin iscono | prefer iscono |

# EXERCISE

Give the present-tense form of the verbs in parentheses.

1. (finire) Noi _____ di vedere un film italiano.
2. (capire) Quando lei parla inglese, loro non _____.
3. (preferire) Voi che cosa _____ mangiare oggi?
4. (finire) I ragazzi _____ la lezione di francese.
5. (capire) Sergio _____ che lei è di New York.
6. (preferire) Tu _____ prendere l'autobus o il treno?

# GRAMMAR III    The Verbs *sapere* and *conoscere*

The verbs **sapere** and **conoscere** both mean *to know*. They cannot be used indiscriminately, however, because **sapere** means to know or be aware of as a matter of fact, while **conoscere** means to know in the sense of being acquainted with someone or something.

**Sapere** is an irregular verb, and the forms of the present indicative must be memorized. **Conoscere** conjugates like any other second-conjugation verb.

| *sapere* | |
|---|---|
| io | so |
| tu | sai |
| lui, lei, Lei | sa |
| noi | sappiamo |
| voi | sapete |
| loro, Loro | sanno |

Io *conosco* bene Luigi, ma non *so* dove abita.

I'm well acquainted with Luigi, but I don't know where he lives.

# EXERCISE

Complete the following sentences with *sapere* or *conoscere* as appropriate.

1. Il bigliettaio non _____ quando arriva il rapido.
2. La signorina Berti _____ il padre di Anna.
3. Roberto, tu _____ dov'è la stazione ferroviaria?
4. Loro non _____ che io studio all'Università di Pisa.
5. Noi _____ molto bene il dottor Venturi.

# GRAMMAR IV   Meaning of *c'è* and *ci sono*

C'è (the contracted form of ci + è) means *there is*. The plural form of c'è is ci sono (there are). When used in a question, they mean, respectively, *is there?* and *are there?*

Alla stazione *ci sono* molti treni.
Scusi, signora, *c'è* un autobus per andare in centro?
In questa città *ci sono* tanti studenti giapponesi.

# EXERCISE

Complete the following sentences with *c'è* and *ci sono*.

1. In quella grande via _____ dieci ristoranti.
2. A Roma _____ la signora Bruni.
3. In quella casa _____ due ragazzi e tre ragazze.
4. Dove _____ Antonio, _____ anche Francesco.
5. _____ Luigi con voi?
6. Quanti studenti _____ in questa classe?

# GRAMMAR V    How to Tell Time in Italian

**A.** The question *What time is it?* is rendered in Italian with either **Che ora è?** or **Che ore sono?**

| Question | Answer | |
| --- | --- | --- |
| Che ora è? | È mezzogiorno. | It's noon. |
| | È l'una. | It's one o'clock. |
| | È mezzanotte. | It's midnight. |
| Che ore sono? | Sono le due. | It's two o'clock. |
| | Sono le otto. | It's eight o'clock. |
| | Sono le ųndici. | It's eleven o'clock. |

**B.** The question *At what time?* is rendered with **A che ora?** as in: **A** *che ora* arriva il rapido?

| | |
| --- | --- |
| all'una | at one o'clock |
| alle otto | at eight o'clock |
| a mezzanotte | at midnight |
| alle ųndici | at eleven o'clock |

Fractions of an hour are expressed as illustrated below:

| | |
| --- | --- |
| 11:30 | le ųndici e trenta or le ųndici e mezzo |
| 7:15 | le sette e quįndici or le sette e un quarto |
| 3:45 | le tre e quarantacinque or le tre e tre quarti or le quattro meno un quarto |

**C.** Note that in writing down a given time, Italians do not use a colon to separate the hour from the minutes. They use a comma instead. In the spoken language, the comma is replaced by the conjunction e:

| | |
| --- | --- |
| sono le 11,30. | Sono le ųndici *e* trenta. |
| Il treno parte alle 2,23. | Il treno parte alle due *e* ventitrè. |

**D.** In everyday use, Italians indicate A.M. and P.M. more or less as follows:

| | |
| --- | --- |
| from 1:00 to 3:00 A.M. | time + **di notte** |
| from 4:00 to 6:00 A.M. | time + **del mattino** |
| from 6:00 to noon | time + **di mattina** |
| from 1:00 to 5:00 P.M. | time + **del pomeriggio** |
| from 6:00 to 11:00 P.M. | time + **di sera** |
| 5:00 A.M. | **le cinque del mattino** |
| 8:45 A.M. | **le otto e quarantacinque di mattina** |
| 9:00 P.M. | **le nove di sera** |
| 2:20 A.M. | **le due e venti di notte** |

In printed schedules, at airports and railway stations, and often on radio and TV, Italians also use a system similar to that adopted by the military. The day is divided into twenty-four hours; thus **le dodici** is noon, **le quindici e trenta** is 3:30 P.M., and **le venti-quattro** is midnight.

> Il diretto arriva *alle sedici e cinquantotto.*
>
> C'è un rapido *alle ventuno e quindici.*

# EXERCISES

A. Answer the question *Che ore sono?*

1. It's 7:00 A.M.
2. It's noon.
3. It's 8:16 P.M.
4. It's 5:50 A.M.
5. It's 1:30 P.M.

B. Answer the question *A che ora arriva l'aeroplano?*

1. At 8:50 A.M.
2. At 12:08 P.M.
3. At 11:15 P.M.
4. At 6:00 P.M.
5. At 2:45 A.M.
6. At 4:10 P.M.

# GRAMMAR VI

Numbers from 1,001 to 1 Billion

| | |
|---|---|
| 1001 | milleuno |
| 1650 | milleseicentocinquanta or mille seicento cinquanta |
| 2000 | duemila |
| 7800 | settemilaottocento or settemila ottocento |
| 10.000 | diecimila |
| 25.600 | venticinquemila seicento |
| 100.000 | centomila |
| 560.302 | cinquecento sessantamila trecentodue |
| 800.000 | ottocentomila |
| 1.000.000 | un milione |
| 3.000.000 | tre milioni |
| 100.000.000 | cento milioni |
| 1.000.000.000 | un miliardo |

Note that:

1. **Mila** is the plural of **mille** (one thousand).

   Io ho *mille* lire.    Io ho *tremila* lire.

2. Italians use a period to indicate units of thousands, most commonly beginning at ten thousand: 10.000.

   **Una buona bottiglia di spumante francese costa *25.500* lire.**

3. Commas are used in decimal numbers. The comma is read as an **e**.

   **Quell'autobus è lungo metri *5,45*.**

   **Quell'autobus è lungo metri *cinque e quarantacinque*.**
   That bus is 5.45 meters long.

# EXERCISE

**Spell out in Italian the numbers given in parentheses.**

1. (480.000) L'università ha _____ libri.
2. (5600) In questa città ci sono _____ vie.
3. (13.900) L'arrosto costa _____ lire.
4. (720) Quel ristorante ha _____ bottiglie di vino.
5. (34.750) Il biglietto costa _____ lire.
6. (11.000.000) Quell'automobile costa _____.

# 4 Compleanno in famiglia
## (A Family Birthday)

## PAROLE DA RICORDARE *(Words to Remember)*

| | | | |
|---|---|---|---|
| l'albergo | hotel | il pacco | parcel, package |
| l'amica | friend (f.) | la paga | pay, wages |
| l'amico | friend (m.) | il parco | park |
| l'arancia | orange | il parente | relative (m.) |
| la banca | bank | la parente | relative (f.) |
| la barca | boat | la pioggia | rain |
| la camicia | shirt | il sindaco | mayor |
| la ciliegia | cherry | la sorpresa | surprise |
| il compleanno | birthday | la spiaggia | beach |
| il cuoco | cook, chef | lo stadio | stadium |
| il dialogo | dialogue | lo studio | study, den |
| l'esercizio | exercise | la valigia | suitcase |
| la faccia | face | bianco, a | white |
| la farmacia | pharmacy | cattolico, a | Catholic |
| il foglio | sheet of paper | fantastico, a | fantastic |
| il genitore | parent | greco, a | Greek |
| il lago | lake | largo, a | wide, broad |
| il luogo | place | necessario, a | necessary |
| il medico | doctor, physician | politico, a | political |
| il monaco | monk | pubblico, a | public |
| il nemico | enemy | scientifico, a | scientific |
| l'orario | schedule, time | sporco, a | dirty |
| l'orologio | watch, clock | stanco, a | tired |
| | | tedesco, a | German |
| | | tutto, a | all, whole |

# DIALOGO    Compleanno in famiglia

| | |
|---|---|
| LUCA, IL FIGLIO | Mamma, fra due giorni il babbo ha quarant'anni. Che facciamo per festeggiare il suo compleanno? |
| ROSA, LA MADRE | Andiamo tutti a mangiare fuori. |
| LUCA | Chi viene con noi? |
| ROSA | Lo zio Piero, sua moglie e i tuoi cugini Paolo e Luisa. |
| LUCA | I genitori del babbo vengono? |
| ROSA | Soltanto la nonna. Il nonno è all'estero per affari. Domani però arriva la sorella di tuo padre da Toronto. |
| LUCA | Veramente? Che bella sorpresa per lui! Viene anche suo marito? |
| ROSA | Sì, vengono tutti e due. Così conosci finalmente i tuoi parenti canadesi. |
| LUCA | Fantastico! |
| ROSA | Ma Luca, non dire nulla al babbo! |
| LUCA | Certo, certo, mamma. |

# DIALOGUE    A family birthday

| | |
|---|---|
| LUCA, THE SON | Mom, in two days Dad is going to be forty years old. What are we doing to celebrate his birthday? |
| ROSA, THE MOTHER | We are all going to eat out. |
| LUCA | Who is coming with us? |
| ROSA | Uncle Piero, his wife, and your cousins Paolo and Luisa. |
| LUCA | Are Dad's parents coming? |
| ROSA | Only Grandmother. Grandfather is abroad on business. Tomorrow, however, your father's sister is arriving from Toronto. |
| LUCA | Really? What a nice surprise for him! Is her husband coming also? |
| ROSA | Yes, both of them are coming. So you finally are meeting your Canadian relatives. |
| LUCA | Great! |
| ROSA | But Luca, do not say anything to your dad! |
| LUCA | Sure, Mom, sure. |

# EXERCISES

ANSWERS p. 215

A. **Respond to the following on the basis of the dialogue, choosing from the options provided in parentheses.**

1. Quand'è il compleanno del padre di Luca? _____ (oggi—domani—fra due giorni)

2. Il padre di Luca ha _____ (trentacinque anni—quarant'anni—sessant'anni)

3. Chi arriva domani da Toronto? _____ (la sorella del babbo di Luca—lo zio Piero—il nonno)

4. Chi sono Paolo e Luisa? _____ (i figli di Rosa—i cugini di Luca—i parenti canadesi)

5. Dov'è il padre del babbo di Luca? _____ (a Milano—all'ęstero per affari—alla stazione)

6. Dove mạngiano tutti per festeggiare il compleanno del babbo di Luca? _____ (a casa—fuori—in un ristorante del centro)

**B. Give the English equivalent of the underlined words.**

1. La domẹnica noi preferiamo <u>mangiare fuori</u>.
2. <u>Quanto costa</u> il biglietto del rạpido?
3. Oggi loro <u>festẹggiano il compleanno</u> del nonno.
4. Desiderate viaggiare <u>in seconda classe</u>?
5. Il dottor Velli parte per Torino <u>per affari</u>.
6. Lo zio di Silvana <u>si chiama Antonio</u>.
7. Questa settimana lui viaggia <u>all'estero</u>.
8. <u>Scusi</u>, signorina, ma non conosco quel signore.
9. C'è Sergio e c'è anche Maria. <u>Che bella sorpresa</u>!
10. Quel signore ha novantanove anni? <u>Veramente</u>?
11. Io sono di Parma. <u>E Lei, di dov'è</u>?
12. Signora Betti, <u>ecco il resto</u>!

---

# GRAMMAR I    Plural of Certain Nouns and Adjectives

**A.** Singular feminine nouns and adjectives ending in -ca and -ga form the plural by changing the endings to -che and -ghe.

amica—amiche        bianca—bianche
paga—paghe          larga—larghe

**B.** Singular feminine nouns ending in -cia and -gia form the plural thus:

-cie/-gie       if a vowel precedes the singular ending
-ce/-ge         if a consonant precedes the singular ending

camicia—camicie     valigia—valigie
arancia—arance      pioggia—piogge

**C.** Singular masculine nouns and adjectives ending in -co and -go generally form the plural by replacing the singular endings with -chi and -ghi.

pacco—pacchi        bianco—bianchi
lago—laghi          largo—larghi

Several masculine nouns and adjectives ending in **-co**, however, change the singular ending **-co** to **-ci** when the stress falls on the second-to-last syllable.

> mẹdi*co*—mẹdi*ci*
> cattọli*co*—cattọli*ci*

Exceptions to this rule are, among others, the following:

> ami*co*—ami*ci*
> nemi*co*—nemi*ci*
> gre*co*—gre*ci*

    D. Most masculine nouns and adjectives ending in **-io** form the plural by replacing io with **i**.

> bigliettai*o*—bigliettai
> ferroviari*o*—ferroviari

Note that the plural of **zio** is **zii**.

# EXERCISES

**A. Change the following phrases to the plural.**

1. lo stadio pụbblico
2. il lungo viaggio
3. il ricco mẹdico
4. il nemico polịtico
5. il grand'orologio
6. la farmacia sporca
7. la pioggia fredda
8. la lezione scientịfica
9. la ciliegia greca
10. la lunga barca
11. l'amico stanco
12. la valigia necessaria

**B. Change the following sentences to the plural.**

1. Questo pomeriggio è molto bello.
2. Quel cuoco francese è alto e magro.
3. Quest'orologio ha lo stesso orario.
4. Io desịdero quella bella arancia.
5. Il nuovo sịndaco è molto ricco.
6. Quell'esercizio è troppo lungo.
7. Non conosco quella giọvane signora tedesca.
8. La paga della ragazza francese è molto buona.
9. L'albergo dove lei abita è nuovo.
10. Ecco il mọnaco cattọlico.

**ANSWERS**
p. 215

**ANSWERS**
pp. 215–216

# GRAMMAR II    Possessive Adjectives and Possessive Pronouns

**A.** Possessive adjectives always precede the noun, with which they agree in gender and number. In contrast to English usage, the gender of the person or the object doing the possessing is immaterial.

> **Roberto Mastri parla a *sua figlia*.**
> Robert Mastri is talking to his daughter.

> **Il *mio treno* parte alle dieci di mattina.**
> My train leaves at ten A.M.

**B.** Possessive adjectives and possessive pronouns have the same forms. The definite article is generally used before both.

| Masculine | | Feminine | | Adjective | Pronoun |
|---|---|---|---|---|---|
| il mio | i miei | la mia | le mie | my | mine |
| il tuo | i tuoi | la tua | le tue | your | yours (*fam. sing.*) |
| il suo | i suoi | la sua | le sue | his, her, its | his, hers, its |
| il Suo | i Suoi | la Sua | le Sue | your | yours (*form. sing.*) |
| il nostro | i nostri | la nostra | le nostre | our | ours |
| il vostro | i vostri | la vostra | le vostre | your | yours (*fam. pl.*) |
| il loro | i loro | la loro | le loro | their | theirs |
| il Loro | i Loro | la Loro | le Loro | your | yours (*form. pl.*) |

> **La *mia* amica e la *tua* sono francesi.**
> My friend and yours are French.

> **Questo è il *nostro* autobus, quello è il *vostro*.**
> This is our bus, that is yours.

**C.** The article is omitted:

1. When addressing a person, directly or in writing:

> **Come stai, *mio* giovane amico?**
> How are you, my young friend?

2. When a possessive adjective (except **loro** and **Loro**) precedes one of the following unmodified singular nouns denoting family members:

| | | | |
|---|---|---|---|
| il padre | father | il cugino | cousin (m.) |
| il marito | husband | il suocero | father-in-law |
| il figlio | son | il cognato | brother-in-law |
| il fratello | brother | il genero | son-in-law |
| lo zio | uncle | il nipote | grandson, nephew |
| la madre | mother | la cugina | cousin (f.) |
| la moglie | wife | la suocera | mother-in-law |
| (*pl.* mogli) | | la cognata | sister-in-law |
| la figlia | daughter | la nuora | daughter-in-law |
| la sorella | sister | la nipote | grandaughter, niece |
| la zia | aunt | | |

> *Mio fratello* studia a New York.
> Questa è *nostra* figlia.
> *Tuo* cugino arriva domani con il rapido.
> Signor Giacobini, ecco *Suo* padre!

but:

> Il *loro* suocero abita a Venezia.
> Non conosco le *vostre* cognate.
> Il *nostro* nipote canadese viaggia sempre in treno.

Note that the words **babbo** (dad), **papà** (papa), **mamma** (mom), **figliolo** (son), and **figliola** (daughter) used in conjunction with a possessive adjective require the definite article. With **nonno** (grandfather) and **nonna** (grandmother), the use of the article is optional.

> Il *mio* babbo e la *mia* mamma arrivano questo pomeriggio.
> *Nostra* nonna ( or *la nostra nonna*) abita in una vecchia casa.

# EXERCISES

ANSWERS
p. 216

**A. Translate the possessive adjectives in parentheses, adding the definite article when required.**

1. *(his)* _____ suocero
2. *(your, fam. sing.)* _____ casa
3. *(their)* _____ camicia
4. *(our)* _____ figliolo
5. *(your, form. sing.)* _____ marito
6. *(his)* _____ cugini
7. *(her)* _____ parenti
8. *(my)* _____ compleanno
9. *(their)* _____ cognata
10. *(your, fam. pl.)* _____ paga

ANSWERS
p. 216

**B. Translate the possessive adjectives and the possessive pronouns in parentheses, adding the articles when necessary.**

1. Luca desidera festeggiare il compleanno di *(his wife)* _____ .
2. Noi non conosciamo *(their American cousins Louise and Ann)* _____ .
3. *(Their suitcase)* _____ è gialla, *(ours)* _____ è rossa.
4. *(Her husband)* _____ studia all'Università di Napoli.
5. Giuseppina, come si chaima *(your beautiful sister)* _____ ?
6. *(Alberto's son-in-law)* _____ abita a Pisa, *(mine)* _____ abita a Genova.

C. Change the following sentences to the singular.

1. Ecco i suoi figli.
2. Le loro figliole sono molto ricche.
3. Quei monaci sono nostri amici.
4. Noi salutiamo le vostre nipoti.
5. Maria vede le loro case.
6. Le tue zie abitano a Roma.

# GRAMMAR III   Present Indicative of the Stem-Changing Verbs *dare, andare, fare, stare, uscire,* and *venire*

|  | *dare* | *andare* | *fare* |
|---|---|---|---|
| io | do (I give) | vado (I go) | faccio (I do, make) |
| tu | dai | vai | fai |
| lui, lei, Lei | dà | va | fa |
| noi | diamo | andiamo | facciamo |
| voi | date | andate | fate |
| loro, Loro | danno | vanno | fanno |
|  | *stare* | *uscire* | *venire* |
| io | sto (I am, stay, feel) | esco (I go out) | vengo (I come) |
| tu | stai | esci | vieni |
| lui, lei, Lei | sta | esce | viene |
| noi | stiamo | usciamo | veniamo |
| voi | state | uscite | venite |
| loro, Loro | stanno | escono | vengono |

# EXERCISE

Give the correct form of the verb in parentheses.

1. (**preferire**) Loro _____ mangiare fuori questa sera.
2. (**andare**) Giovanni _____ alla stazione con il tassì.
3. (**fare**) Signora Rossini, che cosa _____ domani?
4. (**sapere**) Suo padre non _____ che Enrico studia molto poco.
5. (**stare**) Come _____ i vostri cugini canadesi?
6. (**dare**) Il bambino _____ il resto alla mamma.
7. (**uscire**) Quando _____ per andare in centro, voi?
8. (**fare**) Noi _____ un lungo viaggio fra due giorni.

9. (**venire**) A che ora _____ all'università, loro?

10. (**andare**) Io _____ a mangiare alle due e mezzo.

11. (**dare**) I nonni _____ le ciliegie ai nipoti.

12. (**stare**) Mio padre non _____ molto bene oggi.

13. (**uscire**) Stasera Giorgio _____ con i suoi amici.

14. (**festeggiare**) Loro _____ il vostro compleanno.

15. (**pagare**) Tu, Luca, _____ il cappuccino e l'espresso.

## GRAMMAR IV   The Adjective *tutto, a*

Like any adjective, **tutto, a, i, e** (all, whole) must agree in gender and number with the noun it modifies. The definite article does not precede the adjective **tutto**, but follows it immediately before any other word or words (be it a noun or an adjective plus a noun).

> **tutto (a, i, e)** + definite article + noun
>
> **La mamma compra *tutta la frutta*.**
> The mother (*or* Mother) buys all the fruit.
>
> **Oggi arrivano *tutti i nostri parenti americani*.**
> Today all our American relatives are arriving.
>
> **Ecco *tutte le valigie* del signor Battistini.**
> Here are all Mr. Battistini's suitcases.
>
> **Questa sera Adriano paga *tutto il conto*.**
> This evening Adriano pays the whole bill.

## EXERCISE

Replace the underlined adjectives with the correct form of *tutto*.

> *Example:* Lei compra <u>tanto</u> zucchero. Lei **compra** *tutto* lo zucchero.

1. Il professore legge <u>molti</u> libri.

2. Vado a Palermo con <u>molte</u> mie amiche.

3. Voi comprate <u>troppa</u> acqua minerale.

4. Quelle studentesse studiano <u>cinque</u> lezioni.

5. Noi incontriamo sempre <u>quelle</u> ragazze.

6. Tu mangi <u>troppi</u> dolci!

7. Io vedo <u>dieci</u> film spagnoli.

8. I nostri zii escono con <u>quelle</u> automobili.

# GRAMMAR V   A Person's Age

In Italian, the verb **avere** must be used to express age.

**avere** + the number + **anno** or **anni**

| Question | Answer |
| --- | --- |
| **Marta, quanti anni hai?** | **Io ho diciotto anni.** |
| How old are you, Martha? | I'm eighteen years old. |
| **Quanti anni ha Piero?** | **Piero ha un anno e due mesi.** |
| How old is Piero? | Piero is a year and two months old. |
| **Quanti anni hai tu?** | **Io ho quindici anni e mezzo.** |
| How old are you? | I'm fifteen and a half years old. |

Note that **avere** is also used to express the age of an object.

| | |
| --- | --- |
| **Quanti anni ha quest'automobile?** | **Quest'automobile ha tre anni.** |
| How old is this car? | This car is three years old. |

# EXERCISE

Give the Italian equivalent of the following.

1. How old are you, doctor Bruni? I'm fifty-two years old.
2. Antonietta is thirty-three years old today.
3. Paolo and Luisa are two years and eight months old.
4. This lady is very old; she is ninety-seven.
5. That house is twenty-seven years old.
6. Her aunt is sixty-three and her uncle is sixty-six.
7. Miss Bellini is nineteen years old.
8. Tomorrow is my birthday; I'm six years old.

# GRAMMAR VI   Seasons and Months of the Year

| | | | |
| --- | --- | --- | --- |
| la stagione | season | aprile | April |
| la primavera | spring | maggio | May |
| l'estate *(f.)* | summer | giugno | June |
| l'autunno | fall, autumn | luglio | July |
| l'inverno | winter | agosto | August |
| il mese | month | settembre | September |
| gennaio | January | ottobre | October |
| febbraio | February | novembre | November |
| marzo | March | dicembre | December |

Note that:

1. Nouns naming the months are masculine.

    **Il primo marzo vado in Francia.**     On March 1, I am going to France.
    **Dicembre è molto lungo.**              December is very long.

2. The names of the months generally are not capitalized.

3. The first day of the month is always **il primo;** for the other days, the cardinal number (**tre, undici, quindici, ventisei,** etc.) must be used.

    **Oggi è** *il primo di* **luglio** or *il primo* **luglio.**
    Today is the first of July *or* July 1.

    **Domani è** *il due di* **luglio** or *il due* **luglio.**
    Tomorrow is the second of July *or* July 2.

4. While in English one says *in February* or *in October,* in Italian the preposition **a** is used.

    **Loro vanno in vacanza** *a* **febbraio.**
    They are going on vacation in February.

    **Alberto arriva in Italia** *a* **ottobre.**
    Albert arrives in Italy in October.

# EXERCISE

Answer the question *Che giorno è oggi?*

> *Example:* Che giorno è oggi? *Oggi è il ventitrè gennaio.*

1. May 7
2. December 31
3. August 1
4. November 14
5. March 2
6. February 17
7. June 22
8. September 23
9. April 25
10. July 4
11. May 10
12. January 1

# 5 In un albergo di Milano
## (In a Hotel in Milan)

## PAROLE DA RICORDARE *(Words to Remember)*

| | | | |
|---|---|---|---|
| il bagno | bath, bathroom | chi | who, whom |
| la camera | bedroom | eccellente | excellent |
| la cena | supper | gentile | kind, gentle |
| la chiave | key | libero, a | vacant, free |
| la colazione | breakfast | quale | which, what |
| il francobollo | postage stamp | aprire | to open |
| il letto | bed | aiutare | to help |
| il minuto | minute | entrare (in) | to enter |
| il passaporto | passport | dovere | to have to, must |
| il piano[1] | floor, story (of a building) | potere | to be able to, can |
| la porta | door | sentire | to hear, feel |
| il portiere | hotel receptionist, janitor, doorman | spendere | to spend |
| il portone | main door (of a building) | visitare | to visit |
| il pranzo | dinner, midday meal (main meal in Italy) | volere | to want, wish |
| | | appena | as soon as |
| gli Stati Uniti | the United States | davanti a | in front of |
| il tabaccaio | tobacconist | dopo | after, afterward |
| alcuni, e | some, any, a few | forse | perhaps, maybe |
| benvenuto, a | welcome | proprio | exactly, really |
| subito | immediately, right away | al terzo piano[1] | on the second floor |
| camera a due letti | double room | dovere mio! | it's my pleasure! |
| non c'è di che | don't mention it | per la prima volta | for the first time |
| quanto viene al giorno? | how much does it cost per day? | vicino (a) | close to, near |
| qui vicino | close by, nearby | un po' di | some, a bit of |

[1]In Italian, *primo piano* refers to the U.S. second floor, *secondo piano* to U.S. third floor, and so on. *Pianterreno* is the ground floor, or U.S. first floor.

## DIALOGO    In un albergo di Milano

James e Susan Roberts visitano per la prima volta l'Italia. Quando arrivano alla stazione di Milano, prendono subito un tassì e dopo pochi minuti entrano in un albergo del centro.

| | |
|---|---|
| PORTIERE | Benvenuti a Milano, signori! Desiderano? |
| JAMES | Hanno una camera a due letti? |
| PORTIERE | Per quante notti? |
| JAMES | Per tre notti, forse quattro. |
| PORTIERE | Loro vengono dagli Stati Uniti. Da dove? |
| JAMES | Da Boston. Ecco i nostri passaporti. |
| PORTIERE | Abbiamo una camera libera al terzo piano, con bagno. . . . |
| JAMES | Quanto viene al giorno? |
| PORTIERE | Cento novantottomila lire, colazione inclusa. Va bene? |
| JAMES | Sì, va bene. |
| PORTIERE | Ecco le chiavi della loro camera. Se vogliono, possono mangiare nel ristorante dell'albergo. È eccellente! |
| JAMES | Grazie. A che ora apre il ristorante? |
| PORTIERE | Serviamo la colazione dalle sette alle dieci. Il pranzo da mezzogiorno alle quattordici e trenta, e la cena dalle venti alle ventidue. |
| SUSAN | Scusi, dove posso comprare qualche cartolina e dei francobolli? |
| PORTIERE | Da un tabaccaio, signora. |
| SUSAN | C'è un tabaccaio qui vicino? |
| PORTIERE | Sì, signora. Proprio davanti all'albergo. Appena esce dalla porta. |
| SUSAN | Grazie. Lei è molto gentile! |
| PORTIERE | Non c'è di che, signora, dovere mio. |

## DIALOGUE    In a hotel in Milan

James and Susan Roberts are visiting Italy for the first time. When they arrive at the railway station in Milan, they immediately take a taxi, and a few minutes later they enter a downtown hotel.

| | |
|---|---|
| RECEPTIONIST | Welcome to Milan, sir and ma'am! May I help you? |
| JAMES | Do you have a double room? |
| RECEPTIONIST | For how many nights? |
| JAMES | For three nights, maybe four. |
| RECEPTIONIST | You come from the United States. From where? |
| JAMES | From Boston. Here are our passports. |
| RECEPTIONIST | We have a vacant room on the second floor, with a bath. |
| JAMES | How much does it come to per day? |
| RECEPTIONIST | 198,000 lire per day, breakfast included. Is it all right? |

| JAMES | Yes, it's fine. |
|---|---|
| RECEPTIONIST | Here are the keys to your room. If you wish, you can eat in the restaurant of the hotel. It's excellent. |
| JAMES | Thank you. At what time does the restaurant open? |
| RECEPTIONIST | We serve breakfast from seven to ten. Lunch from noon to two-thirty, and supper from eight to ten. |
| SUSAN | Excuse me, where can I buy some postcards and a few stamps? |
| RECEPTIONIST | At a tobacconist's, ma'am. |
| SUSAN | Is there a tobacco shop near by? |
| RECEPTIONIST | Yes, ma'am. Just in front of the hotel. As you go out the door. |
| SUSAN | Thank you. You are very kind! |
| RECEPTIONIST | Don't mention it, ma'am, it's my pleasure. |

# EXERCISES

**A. Read the following statements based on the content of the dialogue, then check the true or false blank.**

|  | T | F |
|---|---|---|
| 1. James e Susan sono per la prima volta in Italia. | ___ | ___ |
| 2. A Milano loro vanno subito a mangiare in un ristorante. | ___ | ___ |
| 3. I signori Roberts vengono da New York. | ___ | ___ |
| 4. James e Susan desiderano una camera a due letti. | ___ | ___ |
| 5. La camera costa cento-sessantottomila lire. | ___ | ___ |
| 6. Nell'albergo c'è un ristorante molto buono. | ___ | ___ |
| 7. Nel ristorante servono solo la colazione. | ___ | ___ |
| 8. Susan desidera comprare dei francobolli e delle cartoline postali. | ___ | ___ |
| 9. Il tabaccaio è vicino all'albergo. | ___ | ___ |
| 10. Per andare dal tabaccaio è necessario uscire dall'albergo. | ___ | ___ |

**ANSWERS p. 218**

**B. In Italian how do you say:**

1. What time is it?
2. Have a nice trip!
3. What a nice surprise!
4. When does her cousin leave?
5. Here is a nice double room.
6. We always travel first class.
7. How much does this car cost?
8. Here are my parents.
9. He comes home Mondays.
10. They go abroad on business.

11. At noon we are always hungry.
12. Is there a bar near the stadium?
13. It's 11:40 A.M.
14. Today is the first of May.

# GRAMMAR I   Prepositions Not Combined with the Definite Article

**A.** Listed below are the most commonly used Italian prepositions. Several have already been encountered in the preceding lessons, some alone, some combined with the definite article.

|            | usually          | sometimes         |
|------------|------------------|-------------------|
| a          | to, at           | in                |
| da         | from, by         | at                |
| di         | of               | from, about       |
| in         | in, into         | by, on            |
| su         | on               | upon              |
| con        | with             |                   |
| fra or tra | between, among   | in, within        |
| per        | for, through     | in order to + *verb* |

**B.** The prepositions **a, da, di, in,** and **su** are used alone only before words not preceded by the definite article.

**Finalmente nostro figlio è *a* casa!**
Finally our son is home!

**Il diretto parte *da* questo binario.**
The *diretto* leaves from this track.

**Compri una bottiglia *di* vino bianoc?**
Are you buying a bottle of white wine?

**Il pacco è *in* quella stanza.**
The package is in that room.

***Su* questo quaderno c'è il mio nome.**
On this notebook there is my name.

Note the following:

1. The preposition **a** (*to* or *in*) is always used with the names of cities, towns, and villages. It is also required after a verb of motion, such as **andare** or **venire**, followed by an infinitive.

   **Il dottor Venturi va *a* Firenze.**
   Dr. Venturi is going to Florence.

**Il Vaticano è *a* Roma.**
The Vatican is in Rome.

**Noi andiamo *a* vedere un nuovo film.**
We are going to see a new movie.

2. The preposition **da,** when followed by a personal pronoun, the name of a person, or the name of an occupation or profession, is the equivalent of the English *at the house of, at the office/shop of,* or *to* _____'s. In all these cases, **da** is used in conjunction with a verb of motion or a verb such as **abitare, ẹssere,** and **stare.**

**Stasera andiamo *dai* Signori Rossi.**
Tonight we are going to the Rossis'.

**Oggi Maria è *dal* dottore.**
Today Mary is at the doctor's.

**Lunedì lui sta *da* suo padre.**
Monday he is staying at his father's.

3. The preposition **di** followed by a proper name usually indicates possession. When it is used with **dove** and **ẹssere,** and sometimes **ẹssere** alone, it means *from.*

**Ecco il letto *di* Susanna.**
Here is Susan's bed.

**La zia *di* Gina si chiama Elena.**
Gina's aunt is called Helen.

**Questi miei amici sono *di* Palermo.**
These friends of mine are from Palermo.

***Di* dov'è Lei, signora Puccini?**
Where are you from, Mrs. Puccini?

When **di** follows the verb **parlare,** it means *about.*

**Tu parli sempre *di* automọbili.**          You always talk about cars.

4. The preposition **in** (*in* or *to*) is used before the names of countries and before words indicating the means of transportation by which a person or an object travels.

| | |
|---|---|
| **I suoi cugini vanno *in* Spagna.** | His cousins are going to Spain. |
| **Lei parte domani *in* aeroplano.** | She leaves tomorrow by plane. |

Note that in Italian **in** is used with the name of a street, while English uses the preposition *on.*

| | |
|---|---|
| **La mia casa è *in* Via Manzoni.** | My home is on Manzoni Street. |
| **Abita *in* Via San Giuseppe, Lei?** | Do you live on St. Joseph Street? |

5. The prepositions **con, fra, tra,** and **per** are used before words that may or may not be preceded by the definite article. Today, Italians do not usually combine **con** and **per** with the definite article. **Fra** and **tra** are never combined with the definite article. Note that there is no difference in meaning between **fra** and **tra.** Their use is a matter of personal preference.

| | |
|---|---|
| Lisa parla *con* suo padre. | Lisa is talking with her father. |
| Ecco il cameriere *con* il conto. | Here is the waiter with the check. |
| Viaggia *per* Roma in automobile. | He travels through Rome by car. |
| Ordino un caffè *per* Saverio. | I'm ordering a coffee for Saverio. |
| Esce *per* comprare il vino. | He goes out in order to buy wine. |
| Arrivo *fra/tra* le tredici e le quindici. | I arrive between one and three P.M. |

# EXERCISES

**A. Complete the sentences, replacing the English prepositions with the appropriate Italian.**

1. Ci sono molte ragazze (*on*) _____ questa spiaggia.
2. Margherita parte (*for*) _____ Trieste.
3. Noi andiamo (*to*) _____ Napoli domani.
4. L'espresso viene (*from*) _____ Palermo.
5. Susanna arriva (*with*) _____ Giacomo.
6. Francesca abita (*on*) _____ Via San Francesco.
7. Quel signore viaggia sempre (*by*) _____ autobus.
8. Mio zio esce (*in*) _____ venti minuti.
9. Il portiere da il passaporto (*to*) _____ Susanna.
10. L'anno comincia (*in*) _____ gennaio.
11. Vado (*to*) _____ Italia (*in order to*) _____ visitare tante belle città.
12. Stasera desidero bere un bicchiere (*of*) _____ spumante.
13. I bambini escono (*with*) _____ la mamma.
14. I signori White vengono (*to*) _____ Firenze tutte le estati.
15. La città (*of*) _____ Ferrara è piccola ma bella.
16. Il nonno parla sempre (*about*) _____ suo nipote Carlo.
17. Giacomo riceve la chiave (*from*) _____ suo padre.
18. Voi studiate (*for*) _____ tre ore.

**B. Translate the following sentences.**

1. They are leaving for the United States in five weeks.
2. She is going from Italy to France by bus.
3. Today I am eating in that restaurant with the mayor of Ferrara.
4. I always buy many bottles of mineral water for my family.
5. The *diretto* for Genoa leaves in five minutes.
6. I am not well acquainted with Lisetta's husband.
7. Her sister-in-law is traveling on that train.

8. Between Marisa and Roberta, I prefer Marisa.
9. It's nine o'clock and I wish to go to Mario's.
10. My dad lives on Emerson Street.

# GRAMMAR II   Prepositions Combined with the Definite Article

When the prepositions **a, da, di, in,** and **su** are followed by words that are preceded by the definite article, they combine to form one word. The combined forms follow the same rules that govern the definite article.

Loro parlano *ai* ragazzi americani.

| prep. | + *il* | + *lo* | + *l'* | + *la* | + *i* | + *gli* | + *le* | English |
|-------|--------|--------|--------|--------|-------|---------|--------|---------|
| a | al | allo | all' | alla | ai | agli | alle | *to, at, in + the* |
| da | dal | dallo | dall' | dalla | dai | dagli | dalle | *from, by, at + the* |
| di | del | dello | dell' | della | dei | degli | delle | *of, from, about + the* |
| in | nel | nello | nell' | nella | nei | negli | nelle | *in, into, by + the* |
| su | sul | sullo | sull' | sulla | sui | sugli | sulle | *on, upon + the* |

They are speaking to the American boys.

**Tu ricevi un pacco *dagli* studenti greci.**
You receive a package from the Greek students.

**Non conosco il nome *del* tuo mędico.**
I don't know the name of your physician.

**Quel vecchio signore parla sempre *delle* stesse cose.**
That old gentleman always talks about the same things.

**Stasera dormiano *nell'* albergo di mio cugino.**
Tonight we are sleeping in my cousin's hotel.

*Nelle* **grandi città vediamo molti ạutobus.**
We see many buses in the big cities.

**Il bambino scrive il suo nome *sul* quaderno.**
The child writes his name on the notebook.

# EXERCISE

Complete the sentences, translating the words in parentheses.

ANSWERS p. 219

1. Oggi Bruno e Antonietta vanno (*to their grandparents'*) _____.
2. Non conosco bene (*Mrs. Bettini's sister-in-law*) _____.
3. Il portiere dà a Salvatore le chiavi (*of the room*) _____.
4. Noi usciamo (*from the hotel*) _____alle due.

5. Il professore spiega la lezione (*to the class*) _____.

6. Il treno per Parigi parte (*from track number 23*) _____.

7. (*At the railway station*) _____ ci sono tanti giovani studenti inglesi.

8. Gino, che cosa scrivi (*on the door*) _____?

9. Il nome (*of the waiter*) _____ è Tommaso.

10. Non desidero molto zucchero (*in my coffee*) _____.

11. Scriviamo una cartolina postale (*to Miss Pucci*) _____.

12. Il pranzo comincia (*at eight* P.M.) _____.

13. Preferisco parlare (*about my vacation*) _____ in Spagna.

14. L'autobus arriva (*between nine and ten* A.M.) _____.

15. Il bigliettaio abita (*on the second floor*) _____.

16. La domenica gli Italiani vanno (*to the stadium*) _____.

# GRAMMAR III    The Partitive

A. In Italian, the preposition **di** combined with the definite article (**del, dello, dell', della** and **dei, degli, delle**) is used to express the English words *some* and *any*.

> **Al ristorante Susanna ordina *della* frutta.**
> At the restaurant Susan orders some fruit.

> **Abbiamo *degli* amici negli Stati Uniti.**
> We have some friends in the United States.

B. The adjectives **qualche** and **alcuni/alcune** are used to convey the same thought as the English *some, any,* and *a few*. **Qualche** is invariable and must be followed by a singular word even though the sense is clearly plural. The adjectives **alcuni** *(m. pl.)* and **alcune** *(f. pl.)* are used only with plural words.

> **La suocera di Alberto arriva fra *qualche* giorno.**
> Albert's mother-in-law arrives in a few days.

> **Ecco *alcune* belle ragazze.**
> Here are some beautiful girls.

> **Leggo *alcuni* libri interessanti.**
> I am reading some interesting books.

> **Conosci *qualche* studentessa canadese?**
> Do you know any Canadian students *(f.)*?

C. The expression **un po' di** is the equivalent of the English *some or a bit of.*

> **Desidero bere *un po' di* acqua fredda.**
> I wish to drink some cold water.

> **Lui ha solo *un po' di* formaggio.**
> He only has a bit of cheese.

D. While the partitive is optional in interrogative sentences, in negative sentences it is normally left out.

Hai parenti in Amẹrica?
Hai *dei* parenti in Amẹrica?
Hai *qualche* parente in Amẹrica?
No, non ho parenti in Amẹrica.

# EXERCISES

A. Replace the definite article with the partitive formed by the preposition *di* + the definite article, making all required changes.

> *Example:* Lei compra la frutta. Lei compra *della* frutta.

1. Ecco **gli** amici di Roberto.
2. C'è **lo** zụcchero nel caffè?
3. Guardiamo **le** ragazze sulla spiaggia.
4. Gigi dà **i** francobolli a Guglielmo.
5. Lei preferisce **i** vini italiani.
6. La signora Pei compra **l'**insalata per suo figlio.
7. Prendi **il** caffè la mattina?

B. Replace the definite or indefinite articles with *qualche* and *alcuni/alcune,* making all necessary changes.

> *Example:* Leggo **un** libro. **Leggo** *qualche* libro. Leggo *alcuni* libri.

1. Il mọnaco compra **una** valigia in centro.
2. Conosco **una** studentessa greca.
3. In Via Roma c'è **un** ạutobus rosso.
4. Loro hanno **una** bella casa a Rịmini.
5. Incontriamo **le** nostre nipoti alla stazione.
6. Sandro riceve **un** pacco dai suoi parenti.
7. **Il** portiere parla benịssimo l'inglese e il tedesco.

C. Replace the partitives *del, dello, della,* etc., with *un po' di,* making all required changes.

> *Example:* Sergio ọrdina **del** vitello arrosto. Sergio ọrdina *un po' di* vitello arrosto.

1. Desịdero bere **del** vino rosso.
2. La mamma prende **del** caffè al bar.
3. Nella minestra c'è **della** verdura.
4. Loro preferịscono **del** formaggio.
5. Mạssimo ọrdina **dell'**insalata.
6. A casa noi abbiamo **dello** spumante francese.
7. È il compleanno di Luisa e lei desịdera mangiare **del** dolce.

## GRAMMAR IV    Present Indicative of the Stem-Changing Verbs *dovere, potere,* and *volere*

|  | *dovere* | *potere* | *volere* |
|---|---|---|---|
| io | devo (I must, have to) | posso (I am able, can) | voglio (I want) |
| tu | devi | puoi | vuoi |
| lui, lei, Lei | deve | può | vuole |
| noi | dobbiamo | possiamo | vogliamo |
| voi | dovete | potete | volete |
| loro, Loro | devono | possono | vogliono |

## EXERCISE

Give the correct form of the verbs in parentheses.

1. (dovere) Noi _____ andare a prendere il tassì.
2. (potere) Io non _____ sapere se lui è all'estero.
3. (volere) Tutti i nostri parenti _____ festeggiare il suo compleanno.
4. (potere) Sergio, quando _____ partire per la Francia?
5. (volere) Mamma, che cosa _____ dal tabaccaio?
6. (dovere) Tu _____ dare le chiavi della porta a Mariangela.
7. (potere) Noi non _____ entrare nella sua camera.
8. (dovere) Loro _____ stare a casa tutti i sabati.
9. (volere) La loro cognata _____ mangiare in quell'eccellente ristorante francese.
10. (volere) Questo pomeriggio i nostri figlioli _____ andare al parco.

## GRAMMAR V    The Interrogative Pronoun *chi* and the Adjectives *che, quale,* and *quanto*

A. The interrogative pronoun chi *(m. and f., sing. and pl.)* means *who* and *whom*. It may be used alone or after a preposition.

| | |
|---|---|
| *Chi* è quel signore? | Who is that gentleman? |
| *Chi* sono quelle ragazze? | Who are those girls? |
| A *chi* parlate voi? | To whom are you talking? |

B. The adjectives che *(m. and f., sing. and pl.)* and quale *(pl.* quali), when used in an interrogative sentence, mean *what* or *which*.

| | |
|---|---|
| *Che/quale* film vuoi vedere? | What film do you want to see? |
| Con *che/quali* ragazze vieni? | With which girls are you coming? |

C. **Quanto** may be used as an adjective or adverb. When used as an adjective, it must agree in gender and number with the noun it modifies. It means *how many* or *how much*.

| | |
|---|---|
| *Quanti* pomodori compri? | How many tomatoes are you buying? |
| *Quanto* costa quell'orologio? | How much does that watch cost? |
| Con *quante* amiche parli? | With how many friends (f.) are you talking? |

# EXERCISE

Give the correct form of *che, quale, quanto,* or *chi.*

*Example:* (*What book*) _____ compri? *Che/quale* libro compri?

1.  (*What*) _____ film preferite vedere?
2.  Non so in (*which*) _____ ristorante lui vuole mangiare.
3.  Con (*whom*) _____ entri nell'albergo?
4.  Su (*what*) _____ treno viaggiano loro?
5.  Di (*what*) _____ signora parli?
6.  (*Who*) _____ va in vacanza quest'estate?
7.  (*How many*) _____ chiavi hai?
8.  Da (*what*) _____ binario parte quest'espresso?
9.  (*Who*) _____ è il signore davanti al bar?
10. (*How many*) _____ bottiglie di acqua minerale volete?
11. (*To whom*) _____ scrivi?
12. (*How many*) _____ fratelli avete?

# GRAMMAR VI    Future Indicative of *avere* and *ẹssere* and of *-are, -ere,* and *-ire* Verbs

A. Future Indicative of **avere** and **ẹssere**

| | avere | ẹssere |
|---|---|---|
| io | avrò | sarò |
| tu | avrai | sarai |
| lui, lei, Lei | avrà | sarà |
| noi | avremo | saremo |
| voi | avrete | sarete |
| loro, Loro | avranno | saranno |

**B.** Future Indicative Endings of -are, -ere, and -ire Verbs

|  | *-are* | *-ere* | *-ire* |
|---|---|---|---|
| io | -erò | -erò | -irò |
| tu | -erai | -erai | -irai |
| lui, lei, Lei | -erà | -erà | -irà |
| noi | -eremo | -eremo | -iremo |
| voi | -erete | -erete | -irete |
| loro, Loro | -eranno | -eranno | -iranno |
|  | *aiut are* (to help) | *spend ere* (to spend) | *sent ire* (to hear) |
| io | aiut erò (I will help) | spend erò (I will spend) | sent irò (I will hear, feel) |
| tu | aiut erai | spend erai | sent irai |
| lui, lei, Lei | aiut erà | spend erà | sent irà |
| noi | auit eremo | spend eremo | sent iremo |
| voi | auit erete | spend erete | sent irete |
| loro, Loro | auit eranno | spend eranno | sent iranno |

**C.** In Italian, the future tense may be replaced by the present when the time of the action is the very near future.

> **Partiamo fra una settimana.**    We shall leave in a week.

When a subordinate clause referring to a future action is introduced by **se** (if), **quando** (when), and **appena** (as soon as), Italian requires the future tense, while English uses the present tense.

> **Mangerò** *quando* **avrò fame.**    I will eat when I'm hungry.
>
> **Parlerò a Leo** *appena* **arriverò.**    I'll talk to Leo as soon as I arrive.
>
> **Capirai** *se* **studierai.**    You will understand if you study.

Note that the verbs **capire, finire, preferire,** and **uscire** form the future like any other -ire verbs (**dormire, sentire,** etc.).

# EXERCISES

**ANSWERS p. 220**

**A.** Change the verbs in the following sentences to the future.

> *Example:* Noi arriviamo a casa all'una. **Noi *arriveremo* a casa all'una.**

1. Io domando una cosa a Giovanna.
2. Loro sono sulla spiaggia.
3. Lei offre un caffè agli amici.
4. A chi scrivi?
5. Quando esce la mamma?
6. Loro salutano il professore.

7. Capisce l'italiano Massimo?
8. Quando finiscono di studiare Rosa e Giorgio?
9. A che ora parte l'autobus?
10. Non ricordo tuo fratello.
11. Noi riceviamo un pacco dagli Stati Uniti.
12. Quanto spendi oggi?
13. Chi incontra Edoardo alla stazione?
14. Che libro desiderano i ragazzi?
15. La mamma preferisce stare a casa.
16. Voi non dormite molto bene.
17. Tu leggi troppi libri scientifici!
18. A che ora guardate il film?
19. Noi finiamo di mangiare alle otto.
20. I signori Roberts visitano l'Italia per la prima volta.

ANSWERS
p. 220

**B. Translate the following sentences.**

1. When he is abroad, he will visit many French cities.
2. Carlo, if you are good, you will receive a beautiful book from your uncle.
3. As soon as they enter the hotel, they will talk to the receptionist.
4. I will go out when he leaves.
5. As soon as they meet their friends downtown, they will take the bus to go to Pisa.

# Review Lesson 1

**ANSWERS**
pp. 221–223
A. Give the plural forms of the following nouns with the appropriate definite article.

*Example:* ristorante    i ristoranti

1. sport
2. patata
3. spumante
4. espresso
5. insalata
6. orologio
7. bagno
8. faccia
9. virtù
10. cuoco
11. viaggio
12. bagno
13. barca
14. stagione
15. arancia
16. pioggia
17. zio
18. portiere
19. tabaccaio
20. albergo

B. Change the following words from the plural to the singular.

    *Example:* gli amici francesi    **l'amico francese**

1. i caffè freddi
2. gli studenti greci
3. i monaci cattolici
4. i bar italiani
5. i bambini magri
6. le verdure fresche
7. le stazioni ferroviarie
8. gli anni difficili
9. i formaggi francesi
10. quegli stadi
11. i buoni dolci
12. quei numeri
13. quelle banche
14. le belle città
15. gli ultimi piani
16. quelle bottiglie
17. i libri scientifici
18. le ciliegie rosse
19. i dialoghi interessanti
20. i parchi pubblici

C. Give the present and future forms of the following verbs, with the words in parentheses as subjects.

1. offrire (**tu, Alberto, loro**)
2. capire (**io, Lei, voi**)
3. spendere (**lui, noi, voi**)
4. aprire (**tu, Lei, Loro**)
5. essere (**io, noi, loro**)
6. aiutare (**tu, voi, Luigi e Antonio**)
7. avere (**io, tu, Lei**)
8. conoscere (**tu, noi, loro**)
9. finire (**io, Lei, voi**)
10. dormire (**io, noi, Loro**)
11. ricevere (**tu, voi, noi**)
12. sentire (**lui, loro, io**)

### D. Change the following sentences from the singular to the plural.

*Example:* Studio la lezione con lui. **Studiamo le lezioni con loro.**

1. Questa camicia è sporca e grande.
2. Non parlo con te, parlo con lui!
3. Quello studente scrive l'esercizio sul quaderno.
4. Tu non puoi comprare quella borsa; costa troppo!
5. Io esco a mezzogiorno e vado in centro con mia cugina.
6. Tu dai il biglietto a Carlo e la valigia a Luigi.
7. Ecco una bell'automobile rossa!
8. Qui c'è il vostro amico tedesco.
9. Al ristorante io ordino il pranzo e pago il cameriere.
10. Lui apre la porta della camera con la chiave.

### E. Complete the following sentences with the appropriate prepositions.

1. Questo rapido parte _____ Venezia e arriva _____ Bologna nel primo pomeriggio.
2. Noi andiamo _____ stazione alle dieci.
3. Loro abitano _____ quella casa _____ Via Verdi.
4. Dov'è Boston? Boston è _____ Stati Uniti.
5. Prendo un caffè _____ bar.
6. Quando vieni _____ centro con noi?
7. Dov'è oggi tuo padre? Lui è _____ dottore; non sta bene.
8. Gianna arriva _____ casa _____ sei e mezzo di sera.
9. Di dove sono i tuoi cugini? Loro sono _____ Parma.
10. Lui viaggia sempre _____ autobus.

### F. Give the present or the future as appropriate for the verbs in parentheses.

1. Oggi Paolo (**volere**) _____ incontrare Maria in Piazza Fontana.
2. Fra tre mesi noi (**partire**) _____ per l'Italia e (**visitare**) _____ molte città.
3. Stamattina Riccardo (**aspettare**) _____ degli amici.
4. Io (**mangiare**) _____ quando avrò fame.
5. Quando noi (**essere**) _____ a New York (**conoscere**) _____ i vostri parenti americani.

### G. Give the Italian equivalent of the following sentences.

1. What are you doing, Carla? I am waiting for my father-in-law.
2. She arrives here at seven-thirty A.M. and goes home at four forty-five P.M.
3. To go to Brindisi with the *rapido* you (fam. pl.) must buy a first-class ticket.
4. In that hotel there are few vacant rooms. The hotel's name is Bellosguardo.

5. As soon as they arrive home, they will open all their suitcases.
6. This afternoon she can't go to the beach.
7. Who is coming to the movies with us?
8. A good lunch in that restaurant costs 48,000 lire.

**H. Read the following passage; then answer the questions in Italian.**

Sergio e Maria Albertini hanno tre figli: un ragazzo, Antonio, e due bambine, Rosa di otto anni e Angela di sei. La famiglia Albertini abita a Roma in una vecchia casa del centro. Il signor Albertini ha un bar molto grande vicino all'università. Molti professori e studenti vanno nel suo bar a prendere un espresso o un cappuccino o a mangiare una pasta dopo le lezioni. Sergio sa bene l'inglese e il francese e così può parlare anche con studenti non italiani. Maria aiuta il marito al bar quando i loro figli sono a scuola o dai nonni. Tutte le domeniche gli Albertini vanno a mangiare in un buon ristorante fuori Roma. Sergio ha due automobili, una nuova e una vecchia. Quando lui esce con la famiglia prende sempre l'automobile nuova. Nella famiglia Albertini, la domenica tutti hanno fame!

1. Quanti figli hanno i signori Albertini?
2. Chi è Rosa e quanti anni ha?
3. Dove abita la famiglia Albertini?
4. Dov'è il bar del signor Albertini?
5. Cosa vanno a fare nel bar di Sergio gli studenti e i professori?
6. Il signor Albertini parla spagnolo?
7. Chi aiuta Sergio nel bar?
8. Cosa fa la domenica la famiglia Albertini?

# 6 A fare la spesa
## (Grocery Shopping)

---

## PAROLE DA RICORDARE

| | | | |
|---|---|---|---|
| l'aglio | garlic | il paio | pair, couple |
| l'auto | car, auto | il pane | bread |
| la bistecca | beefsteak | il panorama | panorama |
| di manzo | | il papa | pope |
| il burro | butter | la pera | pear |
| la carne | meat | il pilota | pilot |
| la carne tritata | ground meat | il poeta | poet |
| il chilo (grammo) | kilogram | il prezzemolo | parsley |
| ciascuno, a | each | il problema | problem |
| il cinema | cinema, movie theater | la radio | radio |
| il clima | climate | il re | king |
| il dramma | drama | i rigatoni | type of pasta |
| l'etto | hectogram (100 grams) | il sole | sun |
| il fornaio | baker | il supermercato | supermarket |
| fresco, a | fresh | le tagliatelle | type of pasta |
| il fruttivendolo | greengrocer | il telegramma | telegram |
| il grammo | gram | il tema | theme, composition |
| il latte | milk | il tipo | type, kind |
| le linguine | type of pasta | l'uomo | man |
| il macellaio | butcher | l'uovo | egg |
| la mela | apple | il vaglia | money order |
| la moglie | wife | lo zucchino | zucchini (squash) |
| la moto | motorcycle | passare (da) | to pass, go by |
| l'olio d'oliva | olive oil | pesare | to weigh |
| altro? | anything else? | non . . . ancora | not . . . yet |
| due volte al mese | twice a month | non . . . mai | not . . . ever, never |

| fare la spesa | to do grocery shopping | non . . . più | not anymore, no longer |
| nessuno | no one | non . . . né . . . né | neither . . . nor |
| non . . . nessuno | not . . . anyone | non . . . neanche | not . . . even |
| nessuno, a | no, not . . . any | non . . . nemmeno | not . . . even |
| niente, nulla | nothing | non . . . neppure | not . . . even |
| non . . . niente | not . . . anything | sempre | always |
| non . . . affatto | not at all | | |

# DIALOGO   A fare la spesa

Quando la signora Venturi va a fare la spesa, passa sempre dal macellaio, dal fornaio e dal fruttivendolo. Due volte al mese va anche al supermercato per comprare il latte, il burro, dell'olio d'oliva e alcune uova.

### Dal macellaio

| SIGNORA VENTURI | Vorrei due bistecche di manzo. |
| MACELLAIO | Vanno bene queste? |
| SIGNORA VENTURI | Sì, quanto pesano? |
| MACELLAIO | Trecento grammi ciascuna. |
| SIGNORA VENTURI | Va bene così. |
| MACELLAIO | Altro? |
| SIGNORA VENTURI | Sì, sei etti di carne tritata. |

### Dal fornaio

| FORNAIO | Quanto pane vuole, signora? |
| SIGNORA VENTURI | Oggi non voglio pane, solo mezzo chilo di pasta. |
| FORNAIO | Che tipo di pasta? Spaghetti, rigatoni, linguine? |
| SIGNORA VENTURI | Tagliatelle all'uovo, per favore. |

### Dal fruttivendolo

| FRUTTIVENDOLO | Signora, guardi che bella frutta! |
| SIGNORA VENTURI | Sì, è proprio bella! Prendo un chilo di mele e mezzo chilo di pere. |
| FRUTTIVENDOLO | Vuole anche della verdura fresca? |
| SIGNORA VENTURI | Sì, degli zucchini, un po' di prezzemolo e . . . anche dell'aglio. |

# DIALOGUE   Grocery shopping

When Mrs. Venturi goes grocery shopping, she always goes to the butcher's, to the baker's, and to the greengrocer's. Twice a month, she also goes to the supermarket to buy milk, butter, some olive oil, and a few eggs.

### At the butcher's

| | |
|---|---|
| MRS. VENTURI | I would like two beefsteaks. |
| BUTCHER | Are these all right? |
| MRS. VENTURI | Yes, how much do they weigh? |
| BUTCHER | Three hundred grams each. |
| MRS. VENTURI | That's fine. |
| BUTCHER | Anything else? |
| MRS. VENTURI | Yes, six hundred grams of ground meat. |

### At the baker's

| | |
|---|---|
| BAKER | How much bread do you want, ma'am? |
| MRS. VENTURI | I don't want any bread today, only half a kilo of pasta. |
| BAKER | What kind of pasta? Spaghetti, rigatoni, linguine? |
| MRS. VENTURI | Egg noodles, please. |

### At the greengrocer's

| | |
|---|---|
| GREENGROCER | Ma'am, look what beautiful fruit! |
| MRS. VENTURI | Yes, it's really beautiful! I'll take a kilo of apples and half a kilo of pears. |
| GREENGROCER | Do you also want some fresh vegetables? |
| MRS. VENTURI | Yes, some zucchini, a bit of parsley, and . . . some garlic. |

Note that:

A **chilo** (**chilogrammo**, 1,000 grams) equals 2.204 pounds.
An **etto** (**ettogrammo**, 100 grams) equals 3.527 ounces.

# EXERCISES

ANSWERS
p. 223

**A. Answer the questions based on the dialogue, choosing the correct response from the options in parentheses.**

1. Dove va la signora Venturi per comprare della carne? (dal fornaio—dal fruttivendolo—dal macellaio)

2. Quante volte va al supermercato la signora Venturi? (tutti i giorni—due volte al mese—solo il sabato)

3. Cosa compra al supermercato la signora Venturi? (carne tritata—pane—burro e uova)

4. Dal macellaio lei compra due bistecche. Quanto pesa ciascuna? (un chilo—trecento grammi—due etti).

5. Quale verdura compra dal fruttivendolo? (qualche patata—un po' d'insalata verde—degli zucchini)

6. Che tipo di frutta vuole la signora Venturi? (mele e pere—ciliegie—arance).

**B. Read the passage below and then the questions following. Give their English equivalent, and answer them in Italian.**

Adriana Arnoldi, una giovane signora di ventitrè anni, abita con il marito al terzo piano di una bella casa in Via Vincenzo Bellini a Firenze. Tutti i martedì lei va a fare la spesa nel grande supermercato vicino a casa sua. Comincia alle dieci e mezzo e finisce a mezzogiorno. Al supermercato Adriana compra carne tritata, dodici uova, tre etti di burro, un litro di latte, un chilo di spaghetti e della verdura fresca. Qualche volta compra anche dell'acqua minerale e una bottiglia di vino rosso.

1. Quanti anni ha Adriana Arnoldi?
2. La signora Arnoldi abita a Milano in Via Mazzini?
3. In quale giorno della settimana lei va a fare la spesa?
4. Dov'è il supermercato, in centro?
5. Quante uova compra Adriana Arnoldi?
6. A che ora finisce di fare la spesa?
7. Che tipo di vino compra?

# GRAMMAR I    Plural of Some Nouns

**A.** Several masculine nouns end in **a** in the singular. They form the plural by replacing **a** with **i**.

| | | |
|---|---|---|
| il clima | i climi | climate |
| il dramma | i drammi | drama |
| il panorama | i panorami | panorama |
| il papa | i papi | pope |
| il pilota | i piloti | pilot |
| il poeta | i poeti | poet |
| il problema | i problemi | problem |
| il telegramma | i telegrammi | telegram |
| il tema | i temi | theme, composition |

A few masculine nouns ending in **a** in the singular remain unchanged in the plural.

| | | |
|---|---|---|
| il cinema | i cinema | cinema, movie theater |
| il vaglia | i vaglia | money order |

**B.** Some feminine nouns end in **o** in the singular. Most of these remain unchanged in the plural.

| | | |
|---|---|---|
| l'auto | le auto | auto, car |
| la moto | le moto | motorcycle |
| la radio | le radio | radio |

Remember that the plural of **la mano** (hand) is **le mani.**

C. The plural forms of the following nouns should be memorized. Note that some nouns are masculine in the singular and feminine in the plural.

| la moglie | le mogli | wife |
| il paio *(m.)* | le paia *(f.)* | pair, couple |
| il re | i re | king |
| l'uomo | gli uomini | man |
| l'uovo *(m.)* | le uova *(f.)* | egg |

# EXERCISES

A. Give the plural of the following phrases.

1. il dramma politico
2. il poeta cattolico
3. la ciliegia rossa
4. il vecchio papa
5. il bell'albergo
6. il problema difficile
7. l'auto italiana
8. il pilota biondo
9. il cinema francese
10. l'uomo gentile
11. il piccolo lago
12. la moglie magra
13. l'altro re
14. l'uovo fresco

B. Translate into Italian.

1. We see a beautiful panorama.
2. My cousins receive three money orders.
3. This is an excellent climate!
4. I want to buy a new Japanese motorcycle.
5. Marta is writing another composition.
6. We don't understand his telegram.
7. He arrives here in a couple of months.
8. Giorgio is buying too many eggs.
9. Those radios are very small.
10. My grandfather's hands are very strong.

# GRAMMAR II     Personal Pronouns After a Preposition or a Verb

The personal object pronouns shown below are used with a preposition or after a verb. When they follow a verb, they are normally used for emphasis or contrast.

| Singular | | Plural | |
|---|---|---|---|
| me | me | noi | us |
| te | you *(fam. sing.)* | voi | you *(fam. pl.)* |
| lui | him | loro | them |
| lei | her | Loro | you *(form. pl.)* |
| Lei | you *(form. sing.)* | | |

Chi va in centro con *me?*          Who is going downtown with me?
Lisa compra un libro per *loro.*     Lisa is buying a book for them.
Vedo *lui,* ma non vedo *lei.*       I see him, but I don't see her.
Che cosa posso fare per *Lei?*       What can I do for you?

# EXERCISE

Complete the following sentences, translating the words in parentheses.

1. Il pilota viene qui per (*you, fam. pl.*) _____, non per (*us*) _____.
2. Mario porta un telegramma a (*him*) _____ e una lettera a (*her*) _____.
3. Dove volete andare con (*them*) _____?
4. I nonni visitano tua sorella sabato e (*you, fam. sing.*) _____ domenica.

# GRAMMAR III     Direct Object Pronouns

Direct object pronouns replace a noun or a noun phrase and are always used in conjunction with a verb. These pronouns cannot be used after a preposition.

| Subject Pronoun | Direct Object Pronoun | English |
|---|---|---|
| io | mi | me |
| tu | ti | you *(fam. sing.)* |
| lui, esso | lo | him, it *(m.)* |
| lei, essa | la | her, it *(f.)* |
| Lei | La | you *(form. sing.)* |
| noi | ci | us |
| voi | vi | you *(fam. pl.)* |
| loro, essi | li | them *(m.)* |
| loro, esse | le | them *(f.)* |
| Loro *(m.)* | Li | you *(form. m. pl.)* |
| Loro *(f.)* | Le | you *(form. f. pl.)* |

## EXERCISE

ANSWERS
p. 224

Substitute the appropriate direct object pronouns for the words listed below, and give the English equivalents.

*Examples:* l'automobile = **la** (it, *f.*); Loro, signorine = **Le** (you, *form. pl.*); tu e io = **ci** (*us*)

1. i problemi
2. il papa
3. le uova
4. noi
5. la radio
6. io
7. il nonno
8. gli stadi
9. voi
10. Lei
11. le mie zie
12. Anna e Luisa
13. Loro, signori Rossi
14. lui
15. tu
16. i pacchi
17. la mano
18. le mogli
19. io e lui
20. lei

## GRAMMAR IV    Position of the Direct Object Pronoun in a Sentence

**A.** The direct object pronoun precedes a verb conjugated in a tense of the indicative.

| | |
|---|---|
| Mario legge il libro. | Mario *lo* legge. |
| Conosco quelle ragazze. | *Le* conosco. |
| Lui incontra noi alle tre. | Lui *ci* incontra alle tre. |

**B.** When a direct object pronoun is used as the object of an infinitive, it follows the infinitive and is attached to it. Before the pronoun is added, the final e of the verb is dropped.

| | |
|---|---|
| Vado a comprare l'olio d'oliva. | Vado a comprar*lo*. |
| Lei desidera vedere le sue amiche. | Lei desidera veder*le*. |
| Voi venite a visitare me e lei. | Voi venite a visitar*ci*. |

**C.** When the infinitive follows an objective form of **dovere, potere,** and **volere,** the direct object pronoun either precedes these verbs or is attached to the infinitive. Both forms are correct and equally used.

| | |
|---|---|
| Vuoi pesare quel pacco? | Vuoi pesar*lo?* or *Lo* vuoi pesare? |
| Posso capire Giovanna! | Posso capir*la.* or *La* posso capire. |
| Devo vedere Lei! | Devo veder*La!* or *La* devo vedere! |

Note the following:

1. When used in a negative sentence, the direct object pronoun always follows the word **non.**

    **Piero non mangia la frutta.    Piero non *la* mangia.**

2. The direct object pronoun is always attached to the word **ecco** (here is, here are).

    **Ecco la mia vecchia zia!    Ęcco*la*!**

    **Ecco gli zucchini!    Ęcco*li*!**

3. The direct object pronouns **lo, la,** and **La** normally become **l'/L'** before a verb beginning with a vowel or before the forms **ho, hai, ha,** and **hanno** of avere.

    **Chi aiuta la mamma?    Chi *l'*aiuta?**

    **Hanno loro il mio quaderno?    *L'*hanno loro?**

# EXERCISES

**ANSWERS**
**p. 224**

**A. Substitute the appropriate direct object pronouns for the words in italics.**

*Example:* Lui guarda *quel film italiano.*    **Lui lo guarda.**

1. Preferisco *la bistecca di manzo.*
2. Alberto saluta *quel poeta.*
3. Non posso mangiare *l'aglio.*
4. Mangio *le linguine* tutti i sabati.
5. Chi vuole spiegare *quei problemi?*
6. Ecco la mia *nuova auto!*
7. Non vogliamo sentire *la radio.*
8. Incontriamo *Marisa* dal fornaio.
9. Vanno a comprare *le pere* in centro.
10. Conosco bene *te e loro.*
11. Dove aspettate *Roberto e Rita?*
12. Quando posso vedere *Lei, signor Righi?*
13. Non desideriamo pagare *il loro pranzo.*
14. Finalmente ecco *il sole!*

**ANSWERS**
**pp. 224–225**

**B. Answer the questions, positively or negatively as indicated, using the appropriate direct object pronouns.**

*Example:* Mamma, compri **la carne tritata** al supermercato?    Sì, *la* compro al supermercato.

1. Riccardo, fai **la spesa** ora? No, _____.
2. Professore, capisce **quello studente americano?** Sì, _____.
3. Scusi, signora, conosce **i miei parenti canadesi?** Sì, _____.

4. Mamma, possiamo lęggere **il telegramma del babbo?** No, _____.

5. Ragazzi, volete prendere **il cappuccino** al bar? Sì, _____.

ANSWERS
p. 225

**C. Translate the following sentences.**

1. They always greet me when they see me.

2. This afternoon Mirella is studying her lesson, but tomorrow she will not remember it very well.

3. Sometimes he sees us at the greengrocer's.

4. May I help you, Miss Belli?

5. Where are her children? Here they are!

# GRAMMAR V  Future Indicative of Verbs Ending in *-care, -gare, -ciare,* and *-giare*

**A.** Verbs ending in the infinitive in **-care** and **-gare** add an **h** to the stem before the future endings.

|  | *dimentic are* | *pag are* |
|---|---|---|
| io | dimentic herò (I will forget) | pag herò (I will pay) |
| tu | dimentic herai | pag herai |
| lui, lei, Lei | dimentic herà | pag herà |
| noi | dimentic heremo | pag heremo |
| voi | dimentic herete | pag herete |
| loro, Loro | dimentic heranno | pag heranno |

**B.** Verbs ending in the infinitive in **-ciare** and **-giare** drop the final **i** of the stem before the future endings.

|  | *cominc iare* | *viagg iare* |
|---|---|---|
| io | cominc erò (I will begin, start) | viagg erò (I will travel) |
| tu | cominc erai | viagg erai |
| lui, lei, Lei | cominc erà | viagg erà |
| noi | cominc eremo | viagg eremo |
| voi | cominc erete | viagg erete |
| loro, Loro | cominc eranno | viagg eranno |

# EXERCISE

ANSWERS
p. 225

Give the future indicative of the verbs in parentheses.

1. (dimenticare) Loro _____ il latte al supermercato.
2. (cercare) Luisa _____ di stare a casa oggi.
3. (cominciare) Quando _____ la primavera?
4. (pesare) Il macellaio _____ le bistecche.
5. (festeggiare) I miei nonni _____ il loro compleanno.
6. (spiegare) Noi _____ il film agli amici.
7. (passare) Quando _____ per Firenze il rapido?
8. (pagare) Chi _____ il pranzo al ristorante?
9. (dormire) Sebastiano, in quale albergo _____ quando sarai in Italia?
10. (viaggiare) Angela e Massimo _____ in aeroplano.
11. (ricevere) Questa settimana tu _____ un telegramma dagli Stati Uniti.
12. (mangiare) Il fornaio e il fruttivendolo _____ nel ristorante vicino alla stazione.

# GRAMMAR VI    *Niente, nulla, nessuno,* and Other Negative Expressions

A. The pronouns **niente** and **nulla** (nothing, not . . . anything) are invariable and are used only in the singular. They can begin a sentence or come after **non** and the verb.

> **Giorgio non fa *niente/nulla,* ma è sempre stanco.**
> George doesn't do anything, but he is always tired.

> **Che cosa volete?** *Niente/nulla,* **grazie!**
> What do you want? Nothing, thank you!

B. The word **nessuno** may be used as a pronoun or as an adjective, and it is always singular.

a. As a pronoun, **nessuno** (no one, not . . . anyone) is invariable and is almost always used in reference to people.

> **In classe non c'è *nessuno.***      There is no one in class.
>
> *Nessuno* **mi capisce!**      No one understands me!

b. As an adjective, **nessuno, a** (no, not . . . any) always precedes a singular noun, agreeing with it in gender. It has the same endings of the indefinite article **un, un', uno,** and **una.** It may begin a sentence or come after **non** and the verb.

> **Non voglio *nessun* biglietto.**      I don't want any ticket.
>
> **Non c'è *nessuna* camera libera.**      There are no vacant rooms.
>
> *Nessuno* **sport è facile.**      No sport is easy.

C. Note the use and the meaning of the following negative expressions.

| | |
|---|---|
| non + verb + **affatto** | not at all |
| non + verb + **ancora** | not yet |
| non + verb + **mai** | never, not . . . ever |
| non + verb + **più** | not . . . anymore, no longer |
| non + verb + **neanche/nemmeno/neppure** | not even |
| non + verb + **né . . . né** | neither . . . nor |
| Rita *non* è *affatto* gentile. | Rita is not kind at all. |
| Lui *non* dorme *ancora*. | He is not sleeping yet. |
| *Non* vanno *mai* al cinema. | They never go to the movies. |
| Marco, *non* ti vedo *più!* | Mark, I don't see you anymore! |
| *Non* ho *nemmeno* cento lire. | I don't even have a hundred lire. |

Quello studente *non* vuole *né* leggere *né* scrivere.
That student wants neither to read nor to write.

# EXERCISES

**A.** Rewrite in the negative, substituting *sempre* with *affatto, ancora, mai,* or *più* as indicated.

*Example:* (non . . . ancora) Io leggo sempre.    **Io non leggo ancora.**

1. (non . . . mai) Noi viaggiamo sempre in autobus.
2. (non . . . ancora) Giovanni è sempre a casa sua.
3. (non . . . più) Voi avete sempre molti problemi.
4. (non . . . affatto) Il dottore spiega sempre tutto.
5. (non . . . più) La mamma fa sempre la spesa dal macellaio.
6. (non . . . mai) Lei viene sempre da me la domenica.

**B.** Translate the following sentences.

1. No problem is too difficult for him!
2. That great poet is not at all rich.
3. In this city there are no large hotels.
4. We don't want to buy any English books.
5. No one can go out tonight.
6. I don't have anything, and I want nothing!
7. We are going neither to Bologna nor to Venice.
8. She is not a very kind girl; she doesn't even help her mother!
9. They no longer talk with us.
10. That baker never makes much bread.

## GRAMMAR VII    Future Indicative of the Stem-Changing Verbs *dare, andare, fare, stare,* and *dovere, potere, volere*

|  | *dare* | *andare* | *fare* | *stare* |
|---|---|---|---|---|
| io | dar ò (I will give) | andr ò (I will go) | far ò (I will do, make) | star ò (I will stay) |
| tu | dar ai | andr ai | far ai | star ai |
| lui, lei, Lei | dar à | andr à | far à | star à |
| noi | dar emo | andr emo | far emo | star emo |
| voi | dar ete | andr ete | far ete | star ete |
| loro, Loro | dar anno | andr anno | far anno | star anno |

|  | *dovere* | *potere* | *volere* |
|---|---|---|---|
| io | dovr ò (I will have to) | potr ò (I will be able to) | vorr ò (I will want to) |
| tu | dovr ai | potr ai | vorr ai |
| lui, lei, Lei | dovr à | potr à | vorr à |
| noi | dovr emo | potr emo | vorr emo |
| voi | dovr ete | potr ete | vorr ete |
| loro, Loro | dovr anno | potr anno | vorr anno |

## EXERCISE

ANSWERS
p. 226

Complete the following sentences, changing the verbs to the future tense.

1. Il macellaio (**da**) _____ tre bistecche a Marisa.
2. Chi (**va**) _____ al supermercato in auto?
3. Noi (**dobbiamo**) _____ partire per Venezia alle ventidue.
4. Nessuno (**può**) _____ domandare mai nulla a quel pilota.
5. Loro (**stanno**) _____ da Giuseppe per due settimane.
6. Ragazzi, a che ora (**andate**) _____ al cinema?
7. Quando (**fanno**) _____ la spesa i vostri zii?
8. Tu e Giovanna (**volete**) _____ sempre comprare troppe cose.
9. A chi (**diamo**) _____ questa bottiglia d'olio d'oliva?
10. Tu non (**devi**) _____ dire nulla a nessuno.
11. Se loro (**vogliono**) _____, (**possono**) _____ festeggiare il mio compleanno.
12. Oggi io (**faccio**) _____ i rigatoni al pomodoro.
13. Voi (**dovete**) _____ parlare con i genitori di Roberto.
14. Tu (**stai**) _____ bene se non (**mangi**) _____ troppo.

# 7  In una banca di Firenze
## (In a Bank in Florence)

## PAROLE DA RICORDARE

| | | | |
|---|---|---|---|
| l'artista | artist | scorso, a | last, past, previous |
| l'assegno | check | bere | to drink |
| l'assegno per viaggiatori | traveler's check | cambiare | to change |
| | | chiudere | to close |
| l'autista | driver | dire | to say, tell |
| il cambio | exchange | firmare | to sign |
| il cassiere, la cassiera | cashier | incassare | to cash, take in (money) |
| il denaro | money | | |
| il dollaro | dollar | lavorare | to work |
| la domanda | question | mettere | to put, place |
| la, il farmacista | pharmacist | nascere | to be born |
| il giornale | newspaper | rimanere | to remain |
| la, il giornalista | journalist | rispondere | to answer |
| l'impiegato, a di banca | bank clerk | ritirare | to collect, pick up, withdraw |
| la lettera | letter | ritornare | to return |
| la lingua | language, tongue | spedire | to mail, ship, send |
| la medicina | medicine | tenere | to keep, hold |
| il paese | country, town | vendere | to sell |
| il, la pianista | pianist | adesso | now |
| la posta | mail | ancora | yet, still |
| il postino, la postina | mail carrier | com'è | how is it (he, she)? |
| prossimo, a | next | perché | because |
| da molto tempo | for a long time | perché | why? |
| da poco tempo | for a short time | per favore | please |
| da quanto tempo? | how long? | più | more |

72

| fa | ago | | più alto | higher |
|---|---|---|---|---|
| già | already | | pochi giorni fa | a few days ago |
| ieri | yesterday | | solamente | only |
| Le piace? | Do you like (it)? (form. sing.) | | specialmente | especially |

Note that the verb **spedire** forms the present indicative as **capire** and **finire** do.

## DIALOGO    In una banca di Firenze

| SIGNORINA PARKER | Vorrei incassare degli assegni per viaggiatori. Com'è il cambio del dollaro oggi? |
|---|---|
| IMPIEGATO DI BANCA | Buono, più alto della settimana scorsa. Quanto vuole cambiare? |
| SIGNORINA PARKER | Trecento dollari. Ecco il mio passaporto. |
| IMPIEGATO DI BANCA | Deve firmare gli assegni, per favore. |
| SIGNORINA PARKER | Certo. |
| IMPIEGATO DI BANCA | Quando è arrivata a Firenze? |
| SIGNORINA PARKER | Pochi giorni fa. |
| IMPIEGATO DI BANCA | Ma Lei parla molto bene l'italiano! Dove l'ha imparato? |
| SIGNORINA PARKER | Negli Stati Uniti . . . all'università. |
| IMPIEGATO DI BANCA | E da quanto tempo è in Italia? |
| SIGNORINA PARKER | Da due settimane solamente. |
| IMPIEGATO DI BANCA | Le piace il nostro paese? |
| SIGNORINA PARKER | Molto, specialmente Firenze. Una domanda, per favore. Aprono domani le banche? |
| IMPIEGATO DI BANCA | No, il sabato tutte le banche sono chiuse. Signorina, adesso può passare dal cassiere per ritirare il suo denaro. |
| SIGNORINA PARKER | Grazie mille e arrivederLa. |

## DIALOGUE    In a bank in Florence

| MISS PARKER | I would like to cash some traveler's checks. How's today's exchange rate for the dollar? |
|---|---|
| BANK CLERK | It's good; better than last week. How much do you wish to change? |
| MISS PARKER | Three hundred dollars. Here is my passport. |
| BANK CLERK | You must sign the checks, please. |
| MISS PARKER | Certainly. |
| BANK CLERK | When did you arrive in Florence? |
| MISS PARKER | A few days ago. |
| BANK CLERK | But you speak Italian very well! Where did you learn it? |
| MISS PARKER | In the United States . . . at the university. |

| | |
|---|---|
| BANK CLERK | And how long have you been in Italy? |
| MISS PARKER | For two weeks only. |
| BANK CLERK | Do you like our country? |
| MISS PARKER | A lot, Florence especially. A question, please: Do banks open tomorrow? |
| BANK CLERK | No, on Saturday all banks are closed. Now, miss, you can pass by the cashier to collect your money. |
| MISS PARKER | Thank you very much and goodbye. |

# EXERCISES

A. Read the following statements based on the content of the dialogue; then check the true or false blank.

|  | T | F |
|---|---|---|
| 1. La signorina Parker è arrivata a Firenze due mesi fa. | ____ | ____ |
| 2. Lei va in una banca per incassare un vaglia. | ____ | ____ |
| 3. Per incassare degli assegni è necessario firmarli. | ____ | ____ |
| 4. Quando lei entra in banca, il cambio del dollaro è buono. | ____ | ____ |
| 5. In Italia le banche aprono anche il sabato. | ____ | ____ |
| 6. La signorina Parker vuole cambiare solamente cento dollari. | ____ | ____ |
| 7. Per ritirare il suo denaro lei deve andare dal cassiere. | ____ | ____ |
| 8. La signorina Parker parla molto bene l'italiano perché è in Italia da due anni. | ____ | ____ |

ANSWERS p. 226

ANSWERS p. 226

B. Complete the sentences, filling in the blanks with one of the options listed below.

dal fruttivendolo—alla stazione—in un bar—l'orologio—al cinema—un buon letto—una penna—la chiave—dal cassiere—il biglietto

1. Per bere un cappuccino è necessario entrare_____.
2. Per vedere un film è necessario andare _____.
3. Per dormire bene è necessario avere _____.
4. Per scrivere è necessario avere _____.
5. Per viaggiare con il treno è necessario comprare _____.
6. Per aprire la porta della camera è necessario avere _____.
7. Per ritirare del denaro in una banca è necessario passare _____.
8. Per comprare della frutta è necessario andare _____.
9. Per sapere che ore sono è necessario avere _____.
10. Per prendere il rapido è necessario andare _____.

## GRAMMAR I   Nouns Ending in -ista

Nouns ending in -ista can be either masculine or feminine in the singular. Masculine nouns form the plural by changing the final a to i; feminine nouns form the plural by changing the a to e.

| Singular | Plural (*m.*) | Plural (*f.*) | |
|---|---|---|---|
| l'artista | gli artisti | le artiste | artist |
| l'autista | gli autisti | le autiste | driver |
| il, la farmacista | i farmacisti | le farmaciste | pharmacist |
| il, la giornalista | i giornalisti | le giornaliste | journalist |
| il, la pianista | i pianisti | le pianiste | pianist |
| il, la violinista | i violinisti | le violiniste | violinist |

## EXERCISES

A. Change the following sentences to the plural.

1. Quel giornalista francese parla bene l'italiano.
2. L'impiegato dà l'assegno al cassiere.
3. Questa giovane violinista è molto brava.
4. Oggi la banca non apre.
5. Compro la medicina dal farmacista.
6. Il portiere dell'albergo è molto gentile.
7. Lo studente non risponde alla domanda del professore.
8. Il cameriere chiude il ristorante a mezzanotte.
9. L'auto di quella bell'autista è nuova.
10. Il postino mette il francobollo sulla lettera.
11. Il pianista legge il giornale.
12. La farmacia di questo piccolo paese non è molto grande.

B. Translate the following sentences.

1. Why aren't you working now, Giuseppe?
2. Today I must sign all those letters.
3. How many languages does she speak?
4. On Saturday the mail arrives at eleven o'clock.
5. I don't remember the name of that violinist, but I know that she will be here tomorrow.
6. The doctor gives Marisa the medicine because she is not feeling well.
7. He wants to cash two traveler's checks.
8. That beautiful Japanese motorcycle costs a lot of money.
9. This is a very interesting country.
10. Today's exchange rate is excellent!

# GRAMMAR II    Present Indicative of the Stem-Changing Verbs *bere, dire, rimanere,* and *tenere;* Future Indicative of *sapere, vedere,* and *venire*

## Present Indicative

|  | *bere* | *dire* | *riman ere* | *ten ere* |
|---|---|---|---|---|
| io | bev o (I drink) | dic o (I say, tell) | riman go (I remain) | ten go (I keep, hold) |
| tu | bev i | dic i | riman i | tieni |
| lui, lei, Lei | bev e | dic e | riman e | tiene |
| noi | bev iamo | dic iamo | riman iamo | ten iamo |
| voi | bev ete | dite | riman ete | ten ete |
| loro, Loro | bev ono | dic ono | riman gono | ten gono |

## Future Indicative

|  | *sap ere* | *ved ere* | *ven ire* |
|---|---|---|---|
| io | sap rò (I will know) | ved rò (I will see) | ver rò (I will come) |
| tu | sap rai | ved rai | ver rai |
| lui, lei, Lei | sap rà | ved rà | ver rà |
| noi | sap remo | ved remo | ver remo |
| voi | sap rete | ved rete | ver rete |
| loro, Loro | sap ranno | ved ranno | ver ranno |

# EXERCISES

**A. Fill in the blanks with the correct form of the present indicative.**

1. (bere) Tutti i giorni noi _____ dell'acqua minerale.
2. (sapere) Io _____ che lui abita in Via Rossini.
3. (spedire) Giorgio _____ una lunga lettera alla sua amica Marietta.
4. (vedere) Chi _____ quel film tedesco?
5. (lavorare) Molti farmacisti _____ anche la domenica.
6. (bere) Io non _____ mai vino.
7. (venire) Lisetta _____ al supermercato con noi.
8. (mettere) Tu _____ sempre troppo zucchero nel caffè.
9. (dire) Il babbo _____ al figlio di studiare di più.
10. (tenere) I miei fratelli _____ la moto davanti all'università.
11. (rimanere) Gli studenti oggi _____ in classe dopo la lezione.

12. (tenere) Quel ricco signore _____ tutto il suo denaro in banca.
13. (rispondere) Tu non _____ mai alle lettere di tuo fratello.
14. (ritornare) Quella pianista _____ in questo paese fra sei settimane.

**B. Change the verbs in the following sentences from the present to the future.**

1. Domani loro sanno tutto.
2. Il fornaio fa il pane il prossimo martedì.
3. Chi vede la moglie del dottor Sebastiani?
4. Non possiamo andare in centro alle tre.
5. Il farmacista sa che tu non vieni con noi.
6. Voi tornate a casa in tassì.
7. Spediamo un pacco a Lucia la settimana prossima.
8. Finalmente vedete il dramma di quel giovane poeta.
9. Potete ritirare il denaro quando viene il cassiere.
10. La mamma dà un po' di pane a quel povero vecchio.

# GRAMMAR III   The Past Participle

**A.** The past participle of -are, -ere, and -ire verbs is formed by adding the endings -ato, -uto, and -ito, respectively, to the stems of the infinitive.

| Infinitive | Past Participle | |
|---|---|---|
| pag are | pag *ato* | paid |
| pot ere | pot *uto* | been able |
| fin ire | fin *ito* | finished |

**B.** Several verbs, however, have an irregular past participle. Here are some of them, several of which you have already encountered in the preceding lessons.

| Infinitive | Past Participle | |
|---|---|---|
| aprire | aperto | opened |
| bere | bevuto | drunk |
| dire | detto | said, told |
| chiudere | chiuso | closed |
| conoscere | conosciuto | known |
| essere | stato | been |
| fare | fatto | done, made |
| leggere | letto | read |
| mettere | messo | put, placed |

| Infinitive | Past Participle | |
|---|---|---|
| nascere | nato | born |
| offrire | offerto | offered |
| prendere | preso | taken |
| rimanere | rimasto | remained |
| rispondere | risposto | answered |
| scrivere | scritto | written |
| spendere | speso | spent |
| vedere | visto | seen |
| venire | venuto | come |

Note that **vedere** also has a regular past participial form: **veduto**.

C. The past participle is normally used with the auxiliary verbs **avere** and **essere** to form the **passato prossimo** and all other compound tenses. The past participle may be used also as an adjective; in this case, it follows the noun it modifies, agreeing with it in gender and number.

> **Preferisco mangiare la carne** *comprata* **dal macellaio.**
> I prefer to eat the meat bought at the butcher shop.

> **Il libro d'inglese** *letto* **in classe è difficile.**
> The English book read in class is difficult.

# EXERCISES

A. **Give the past participle of the verbs listed below.**

1. viaggiare _____
2. dovere _____
3. pagare _____
4. dare _____
5. avere _____
6. sentire _____
7. dormire _____
8. salutare _____
9. incontrare _____
10. uscire _____
11. partire _____
12. ritornare _____
13. potere _____
14. lavorare _____
15. stare _____
16. preferire _____
17. dire _____
18. capire _____

B. **Give the past participle of the verbs in parentheses, making all appropriate agreements.**

1. (**conoscere**) Quella ragazza _____ da tutti si chiama Rosalba.
2. (**fare**) Non tutte le auto _____ all'estero costano molto.

3. (mangiare) I dolci _____ da Piero non sono freschi.

4. (ricevere) Il telegramma _____ da Gina viene da New York.

5. (scrivere) Il libro _____ da quel giornalista è molto lungo.

6. (bere) Sergio parla sempre degli eccellenti vini _____ in Francia e in Italia.

7. (ordinare) Ecco l'espresso _____ da te al bar!

8. (spiegare) Non capiamo la lezione _____ dal professore.

9. (vedere) Il film _____ alcuni giorni fa non è affatto bello.

10. (offrire) Il pranzo _____ da Sara è molto buono.

11. (spedire) Ecco la lettera _____ ieri!

12. (incassare) Questo è l'assegno _____ dalla signorina Parker.

# GRAMMAR IV  *Passato Prossimo* of Transitive and Intransitive Verbs

A. The **passato prossimo** is a past tense used to express an action that was recently completed. It corresponds to the English simple past, emphatic past, and present perfect.

> Io **ho studiato** la lezione.
> (I studied / I did study / I have studied the lesson.)

Note that while English uses only *have* to form the present perfect tense of both transitive and intransitive verbs, in the formation of the **passato prossimo** Italian uses **avere** and **essere**, respectively.

B. The **passato prossimo** of transitive verbs is formed with the present indicative of **avere** plus the past participle of the verb.

|  | *imparare* | *mettere* | *spedire* |
|---|---|---|---|
| io | ho imparato (I have learned, I learned, did learn) | ho messo (I have put, I put, did put) | ho spedito (I have mailed, I mailed, did mail) |
| tu | hai imparato | hai messo | hai spedito |
| lui, lei, Lei | ha imparato | ha messo | ha spedito |
| noi | abbiamo imparato | abbiamo messo | abbiamo spedito |
| voi | avete imparato | avete messo | avete spedito |
| loro, Loro | hanno imparato | hanno messo | hanno spedito |

| | |
|---|---|
| Ieri sera *abbiamo mangiato* fuori. | We ate out last night. |
| Chi *ha spiegato* la lezione? | Who explained the lesson? |
| Cosa *avete detto* a Rosa? | What did you tell Rosa? |

C. The **passato prossimo** of most intransitive verbs is formed with the present indicative of **essere** plus the past participle of the verb. The past participle must agree in gender and number with the subject of the verb.

Remember that intransitive verbs do not require an object to complete their meaning. In Italian these verbs indicate motion or express a fact or a state of being.

The intransitive verbs encountered so far are: **andare, arrivare, entrare, nascere, rimanere, partire, ritornare, stare, uscire,** and **venire.** When the verb **passare** is followed by the preposition **da,** it is intransitive and requires **essere.**

|  | *andare* | *nascere* | *partire* |
|---|---|---|---|
| io | sono andato, a (I went) | sono nato, a (I was born) | sono partito, a (I left) |
| tu | sei andato, a | sei nato, a | sei partito, a |
| lui, lei, Lei | è andato, a | è nato, a | è partito, a |
| noi | siamo andati, e | siamo nati, e | siamo partiti, e |
| voi | siete andati, e | siete nati, e | siete partiti, e |
| loro, Loro | sono andati, e | sono nati, e | sono partiti, e |

| | |
|---|---|
| Le mie amiche *sono andate* a Pisa. | My friends (f.) went to Pisa. |
| Maria *è nata* a Toronto. | Mary was born in Toronto. |
| Quei piloti *sono partiti* ieri. | Those pilots left yesterday. |
| Ieri lei *è passata* da casa mia. | Yesterday she passed by my house. |

Note that the verbs **dormire, rispondere,** and **viaggiare,** though intransitive, are conjugated with **avere.**

| | |
|---|---|
| Nessuno *ha risposto* alle mie domande. | No one answered my questions. |
| Voi non *avete dormito* ieri notte. | You did not sleep last night. |
| Grazia *ha viaggiato* in treno. | Grazia traveled by train. |

D. When the **passato prossimo** is used in a negative sentence, the word **non** always precedes the conjugated forms of **avere** and **essere.**

| | |
|---|---|
| Perché *non* hai letto il libro? | Why haven't you read the book? |

E. The adverbs of time **ancora** (yet, still), **già** (already), **mai** (ever), and **sempre** (always) usually follow the verb. When used with compound tenses, however, they come between the auxiliary verb and the past participle.

| | |
|---|---|
| La posta non è *ancora* arrivata. | The mail has not arrived yet. |
| Avete *già* mangiato voi? | Have you eaten already? |

F. The **passato prossimo** of the auxiliary verbs **avere** and **essere** is as follows:

|  | *avere* | *essere* |
|---|---|---|
| io | ho avuto (I had, have had) | sono stato, a (I was, have been) |
| tu | hai avuto | sei stato, a |
| lui, lei, Lei | ha avuto | è stato, a |
| noi | abbiamo avuto | siamo stati, e |
| voi | avete avuto | siete stati, e |
| loro, Loro | hanno avuto | sono stati, e |

La settimana scorsa *abbiamo avuto* molti amici a casa nostra.
Last week we had many friends at our house.

Giulia, con chi *sei stata* a Roma sei mesi fa?
Giulia, with whom were you in Rome six months ago?

# EXERCISES

A. Change the infinitives below to the proper form of the *passato prossimo,* with the subjects given in parentheses.

1. dovere (io, voi, loro)
2. guardare (tu, Lei, noi)
3. preferire (lei, noi, voi)
4. mettere (io, lui e lei, voi)
5. sentire (tu, Marco, io e loro)
6. entrare (Lei, lui, gli amici)
7. firmare (Loro, io, voi)
8. stare (la mamma, lui, le ragazze)
9. avere (io, Lei, Loro)
10. festeggiare (io, Loro, lui)
11. chiudere (la banca, voi, i ristoranti)
12. viaggiare (tu, il rapido, noi)
13. vedere (io, lui, loro)
14. dormire (tu, Giorgio, voi)
15. leggere (il postino, io e Roberto, voi tutti).

B. Change the verbs in the following sentences according to the expressions of time given in parentheses.

> *Example:* Oggi lei compra della frutta. (Ieri)    Ieri lei ha comprato della frutta.

1. Stamattina noi andiamo in Via Bellini. (Ieri) _____
2. Chi fa la spesa oggi? (La settimana scorsa) _____
3. Irma torna a casa adesso. (Tre ore fa) _____

4. Paghiamo il conto questo pomeriggio. (**Lunedì scorso**) _____

5. Voi prendete l'autobus domani. (**Ieri mattina**) _____

6. Il pianista oggi è a Roma. (**Un mese fa**) _____

7. Tu devi finire la lezione stasera. (**Ieri sera**) _____

8. Lei adesso offre un caffè a Paolo. (**Domenica scorsa**) _____

9. Lui e lei escono stasera. (**Tre giorni fa**) _____

10. Oggi voi spendete troppo. (**Ieri**) _____

**C. Change the verbs in parentheses to the proper forms of the *passato prossimo*.**

1. Ieri sera Caterina (**rimanere**) in città e (**vedere**) un bel film.

2. Quando il babbo (**entrare**) in casa, (**chiudere**) subito la porta.

3. Al ristorante noi (**mangiare**) una bistecca e (**bere**) del vino.

4. Il professore (**arrivare**) in classe e (**spiegare**) un'altra lezione.

5. Quando Gino (**tornare**) da Roma, lui (**incontrare**) la moglie alla stazione.

6. Mio fratello (**potere**) comprare una nuova moto perché l'anno scorso (**lavorare**) molto.

7. Il macellaio (**vendere**) molti chili di carne e così (**incassare**) molto denaro.

8. Quando loro (**capire**) la mia domanda, (**rispondere**) subito.

9. L'autista (**passare**) dal bar e (**prendere**) un cappuccino e una pasta.

10. Ieri gli studenti non (**avere**) lezione e per questo (**rimanere**) a casa.

# GRAMMAR V    Agreement of the Past Particle with Direct Object Pronouns

When a direct object pronoun such as **la, lo, li, le** precedes a verb conjugated in a past tense with **avere**, the past participle must agree in gender and number with the direct object pronoun.

| | |
|---|---|
| Quando hai mangiato la bistecca? | Quando *l'*hai mangia*ta*? |
| Loro hanno comprato i giornali. | Loro *li* hanno comprat*i*. |
| Luisa dice: "Tu, hai capito le lezioni?" | Luisa dice: "Tu, *le* hai *capite*?" |

# EXERCISES

**A. For the words in italics substitute the appropriate direct object pronouns and change the gender and number of the past participle accordingly.**

*Example:* Abbiamo imparato *la lezione*. L'abbiamo imparata.

1. Gli studenti hanno finito *le lezioni* in classe.

2. Tu hai dimenticato *il mio compleanno*.

3. Il farmacista ha dato *la medicina* al portiere dell'albergo.

4. Abbiamo incassato *i tuoi assegni* in banca.

5. Perché non avete ancora spedito *quel pacco?*

6. La mamma oggi ha tenuto *i figlioli* in casa.

7. Chi ha conosciuto *quella brava pianista tedesca?*

8. Giuseppe ha già venduto *la sua automobile rossa.*

**ANSWERS**
**p. 229**

**B. Translate the words in parentheses.**

1. Marianna dice: "(*They saw me*) _____ al cinema con lui ieri sera."

2. Roberto, (*we greeted you*) _____ ma tu non hai detto nulla!

3. (*We met you* fam. pl.) _____ l'anno scorso allo stadio.

4. Tutti i nostri amici (*have forgotten us*) _____.

---

# GRAMMAR VI    Idiomatic Use of the Present Indicative with the Preposition *da*

To express an action begun in the past and continuing into the present, English uses the present perfect with the preposition *for*. Italian renders this with the present indicative followed by the preposition **da.**

| | |
|---|---|
| Lui *ạbita* qui *da* un mese. | He has been living here for a month. |
| *Pạrlano da* tre ore. | They have been talking for three hours. |

The expressions **da poco tempo, da molto tempo,** and **da quanto tempo** mean, respectively, *for a short time, for a long time,* and *for how long.*

| | |
|---|---|
| **Da quanto tempo** lavori? | How long have you been working? |
| Aspetto *da molto tempo.* | I have been waiting for a long time. |

---

# EXERCISE

**ANSWERS**
**p. 229**

**Translate the following sentences.**

1. My wife has been sleeping for ten hours.

2. Mario, how long have you been reading that newspaper?

3. I have been waiting for the mail for two hours.

4. What did Albert say when he saw her?

5. The mayor has been talking for a long time.

6. How many Spanish cities did you (*fam. pl.*) visit last year?

7. We have been working in Mr. Porta's restaurant for six years.

8. Our daughter was born in Parma on February 25.

# 8 Una visita medica
## (A Medical Examination)

---

## PAROLE DA RICORDARE

| | | | |
|---|---|---|---|
| l'abito | suit, dress | la gamba | leg |
| l'appetito | appetite | generalmente | generally |
| l'appuntamento | appointment | la giacca | coat, jacket |
| avere bisogno di | to need | la gonna | skirt |
| avere tanto da fare | to have a lot to do | intanto | meanwhile |
| i baffi (pl.) | moustache | leggero, a | light |
| la barba | beard | il mal di testa | headache |
| la bocca | mouth | medico, a (pl. medici, mediche) | medical |
| la calza | stocking | è meglio | it's better |
| il calzino | sock | la moda | fashion |
| i calzoni (pl.) | pants | moderno, a | modern |
| la camicetta | blouse | il naso | nose |
| il capo | head, boss | normale | normal |
| i capelli | (head of) hair | l'occhio (pl. gli occhi) | eye |
| il capello | (single) hair | occupato, a | busy |
| il cappello | hat | ogni | each, every, all |
| il cappotto | (over)coat | l'ospedale | hospital |
| la cravatta | tie | la pancia | belly |
| il chilometro | kilometer | i pantaloni | pants |
| il corpo | body | la passeggiata | walk, stroll |
| il dolore | pain, grief | però | nevertheless |
| elegante | elegant | pesante | heavy |
| l'esame | examination, exam | il petto | chest |
| fare delle analisi | to do/run some tests | il piede | foot |
| in fretta e furia | in a great hurry | la pillola | pill |

| | | | |
|---|---|---|---|
| un poco, un po' | a bit | lo specchio (*pl.* gli specchi) | mirror |
| portare | to bring, carry | la stoffa | cloth, material |
| la pressione del sangue | blood pressure | lo stomaco | stomach |
| presto | early | (*pl.* stomaci, stomachi) | |
| regolarmente | regularly | tardi | late |
| la salute | health | telefonare | to telephone |
| il sangue | blood | il tempo | weather, time |
| la scarpa | shoe | la testa | head |
| la scuola | school | l'ufficio (*pl.* gli uffici) | office |
| secondo me | in my opinion | la visita | visit, examination |

# DIALOGO   Una visita medica

La signora Sandri si preoccupa della salute di suo marito. Da qualche tempo Piero non si sente bene. Lei telefona al medico di famiglia e fa un appuntamento per il marito.

MEDICO   Che cos'ha, signor Sandri?

PIERO   Non so veramente. Ho spesso un forte mal di testa . . . e qualche dolore al petto.

MEDICO   Quando, la mattina prima di alzarsi?

PIERO   No, generalmente la sera quando ritorno a casa.

MEDICO   Lavora molto in questi giorni?

PIERO   Sì, sono molto occupato. In ufficio c'è sempre tanto da fare.

MEDICO   Vediamo la pressione del sangue. Bene, è normale. E l'appetito come va?

PIERO   Mangio regolarmente, ma sempre in fretta e furia.

MEDICO   Secondo me, Lei ha bisogno di riposarsi, di rilassarsi un poco. Però è meglio fare delle analisi.

PIERO   Devo andare all'ospedale? Quando?

MEDICO   Mercoledì mattina alle nove. Così potrà ritornare da me lunedì prossimo. Intanto, prenda queste pillole per il mal di testa.

PIERO   Quante volte al giorno?

MEDICO   Ogni quattro ore.

PIERO   Grazie, dottore. A lunedì.

# DIALOGUE   A medical examination

Mrs. Sandri is worried about her husband's health. Piero has not been feeling well for some time. She telephones the family doctor and makes an appointment for her husband.

PHYSICIAN   What's wrong with you, Mr. Sandri?

PIERO   I don't really know. I often have a severe headache . . . and some pain in my chest.

| PHYSICIAN | When? In the morning before getting up? |
| PIERO | No, generally in the evening when I return home. |
| PHYSICIAN | Are you working hard these days? |
| PIERO | Yes, I am very busy. At the office there is always so much to do. |
| PHYSICIAN | Let's see your blood pressure. Fine, it's normal. And how is your appetite? |
| PIERO | I am eating regularly, but always in a great hurry |
| PHYSICIAN | In my opinion, you need to rest, to relax a bit. Nevertheless, it's better to do some tests. |
| PIERO | Must I go to the hospital? When? |
| PHYSICIAN | Wednesday morning at nine o'clock. So you will be able to return here next Monday. Meanwhile, take these pills for your headache. |
| PIERO | How many times a day? |
| PHYSICIAN | Every four hours. |
| PIERO | Thank you, Doctor. See you Monday. |

# EXERCISES

**A. Read the following statements; then choose the answers that seem correct on the basis of the dialogue.**

1. Di che cosa si preoccupa la signora Sandri? (**della salute di suo marito—della sua salute—della salute del suocero**)
2. A chi telefona lei? (**a un amico di famiglia—a suo marito—al medico**)
3. Che cos'ha il marito della signora Sandri? (**un forte mal di pancia—qualche dolore a una gamba—un forte mal di testa**).
4. Da quanto tempo non si sente bene Piero Sandri? (**da tre mesi—da qualche tempo—da una settimana**)
5. Quando non si sente bene? (**la mattina, prima di alzarsi—quando lavora—quando torna a casa la sera**)
6. Perché in questi giorni lui è molto occupato? (**in ufficio ha sempre molto da fare—viaggia spesso per affari—ha molti appuntamenti**)
7. Com'è la pressione del sangue di Piero? (**alta—normale—eccellente**)
8. Secondo il medico, cosa deve fare adesso Piero? (**deve riposarsi un poco—non deve lavorare—deve andare in vacanza per qualche giorno**)
9. Cosa dovrà fare il signor Sandri mercoledì? (**ritornare dal medico—fare delle analisi—prendere delle medicine**)
10. Perché il medico dà delle pillole a Piero? (**per il dolore al petto—per rilassarsi—per il mal di testa**)

**B. In Italian how do you say:**

1. She is very busy.
2. The blood pressure is normal.

3. I have an appointment.
4. How many times a day?
5. See you Thursday!
6. He lives close by.
7. Please, don't mention it!
8. A family physician
9. Every four hours
10. A long walk
11. In my office
12. On the fifth floor

# GRAMMAR I  Future Indicative of the Stem-Changing Verbs *bere, dire, rimanere,* and *tenere*

|  | *bere* | *dire* | *rimanere* | *tenere* |
|---|---|---|---|---|
| io | berr *ò* (I will drink) | dir *ò* (I will say, tell) | rimarr *ò* (I will remain) | terr *ò* (I will keep, hold) |
| tu | berr *ai* | dir *ai* | rimarr *ai* | terr *ai* |
| lui, lei, Lei | berr *à* | dir *à* | rimarr *à* | terr *à* |
| noi | berr *emo* | dir *emo* | rimarr *emo* | terr *emo* |
| voi | berr *ete* | dir *ete* | rimarr *ete* | terr *ete* |
| loro, Loro | berr *anno* | dir *anno* | rimarr *anno* | terr *anno* |

# EXERCISE

ANSWERS
p. 230

Put the verbs in parentheses in the future tense.

1. (**rimanere**) Quanti giorni voi _____ a New York?
2. (**telefonare**) Chi _____ al medico?
3. (**dire**) Loro _____ a Elisabetta di non preoccuparsi.
4. (**portare**) Il nonno _____ i nipoti al cinema.
5. (**tenere**) Tu _____ il cappotto nell'automobile.
6. (**avere**) Noi _____ bisogno di voi.
7. (**bere**) Io non _____ più tanto vino.
8. (**rimanere**) Tu _____ in classe dopo la lezione.
9. (**andare**) Stefano _____ in vacanza fra due settimane.
10. (**sapere**) Lunedì voi _____ se Mario è tornato dalla Francia.
11. (**bere**) Gli amici _____ alla salute di Giacomo.
12. (**tenere**) I ragazzi _____ i capelli molto lunghi.

## GRAMMAR II    The Relative Pronouns *che, cui, il quale,* and *la quale*

A. Che (who, whom, that, which) is the most widely used relative pronoun. It has the same form for the masculine and the feminine, the singular and the plural. It may be used to indicate persons as well as objects. It *cannot* be used after a preposition.

| | |
|---|---|
| Il pianista *che* conosco è francese. | The pianist whom I know is French. |
| La bambina *che* dorme è Anna. | The girl who is sleeping is Ann. |
| Il paese *che* visitiamo è piccolo. | The town that we are visiting is small. |
| Il libro *che* leggi è facile. | The book that you are reading is easy. |

B. Cui (which, whom) is commonly used after a preposition. It refers to persons or things.

| | |
|---|---|
| Ecco l'amico *con cui* viaggio. | Here is the friend with whom I'm traveling. |
| La ragazza *a cui* parlo è Gina. | The girl to whom I'm talking is Gina. |
| La casa *in cui* abito è nuova. | The house in which I live is new. |
| La città *da cui* parte è Roma. | The city from which he is leaving is Rome. |

C. The pronouns il quale (i quali), la quale (le quali) also mean *who, whom,* and *which*. They are used much less than che and cui, which they replace, particularly in writing, for clarity or for emphasis. They can be used alone or after a preposition.

La città *nella quale* vorrei abitare è Firenze, non Milano!
The city in which I would like to live is Florence, not Milan!

Non vedo i ragazzi *ai quali* tu hai parlato ieri sera.
I don't see the boys to whom you spoke last night.

Ecco la signora *la quale* ha detto che ti conosce!
Here is the lady who said that she knows you!

# EXERCISES

ANSWERS
p. 230

A. Complete the following sentences.

1. La via (*in which*) _____ noi abitiamo è larga.
2. Il medico (*who*) _____ visita Piero è molto bravo.
3. Questo è il film (*that*) _____ desidero vedere.
4. Il professore (*from whom*) _____ ho imparato il francese è di Parigi.
5. Il treno (*on which*) _____ tu viaggi è un diretto.
6. Hai letto il giornale (*that*) _____ ho comprato stamattina?
7. La penna (*with which*) _____ scrivi è mia!

8. Questa è la madre dell'impiegato (*who*) _____ lavora con me.
9. Non conosciamo gli uomini politici (*whom*) _____ voi avete salutato.
10. I pantaloni (*that*) _____ Antonietta ha comprato sono troppo lunghi.
11. Ecco la cravatta (*for which*) _____ io ho speso trentamila lire.
12. Il postino (*to whom*) _____ hai dato la lettera si chiama Antonio.
13. È Umberto (*who*) _____ ha parlato di voi!
14. Il binario (*from which*) _____ parte l'espresso è il numero 20.
15. La medicina (*that*) _____ tu devi prendere è molto cattiva.

**B. Make a single sentence of the two given in each example.**

> *Example:* La classe è piccola. Io studio nella classe. **La classe in cui io studio è piccola.**

1. La zia mangia il pane. Il fornaio fa il pane.
2. Daremo il nostro libro a Giancarlo. Giancarlo ha dodici anni.
3. La settimana scorsa abbiamo dormito in albergo. L'albergo è in centro.
4. Ieri sono andato a scuola con la moto. Adesso la moto è sporca.
5. Lei fa una domanda al professore. Il professore risponde subito.
6. Mia madre compra il latte, il burro e l'olio al supermercato. Il supermercato è moderno.
7. Loro viaggiano spesso sull'aeroplano. L'aeroplano è grande e pesante.
8. Ogni giorno tu studi con Carla. Carla è una ragazza molto intelligente.
9. Il fruttivendolo vende l'insalata. L'insalata è sempre fresca.
10. Lei scrive molte cose sul quaderno. Il quaderno è piccolo e vecchio.

# GRAMMAR III   Reflexive Verbs and Reflexive Pronouns

**A.** When the action of a verb falls back on the subject, the verb in question is called *reflexive*. A reflexive verb is, therefore, a transitive verb whose subject and object are identical.

Although many verbs that are reflexive in English are also reflexive in Italian, not all the same verbs are reflexive in both languages. In dictionaries, reflexive verbs are listed with their infinitive endings **-arsi, -ersi,** and **-irsi.** The **-si** in each ending means *oneself.*

Many transitive verbs can be used reflexively. When this occurs, the final e of the simple infinitive is dropped before adding **-si.** The reflexive form of these verbs often acquires a different meaning.

| | | | |
|---|---|---|---|
| chiamare | to call | **chiamarsi** | to be called, be named |
| domandare | to ask | **domandarsi** | to wonder |
| fermare | to stop | **fermarsi** | to stop (oneself) |
| guardare | to look, watch | **guardarsi** | to look at oneself |
| lavare | to wash | **lavarsi** | to wash (oneself) |

| méttere | to put, place | méttersi | to put on, wear |
| preparare | to prepare | prepararsi | to get ready, fix for oneself |
| sentire | to hear, feel | sentirsi | to feel (within oneself) |
| svegliare | to wake up (someone else) | svegliarsi | to wake up (referred to oneself) |
| svestire | to undress (someone) | svestirsi | to get undressed, take off |
| trovare | to find | trovarsi | to be, to feel |
| vedere | to see | vedersi | to see oneself |
| vestire | to dress (someone) | vestirsi | to get dressed |

Other transitive verbs are more commonly used in their reflexive forms. Some of these verbs are:

| accorgersi | to realize | farsi la barba | to shave one's beard |
| addormentarsi | to fall asleep | pettinarsi | to comb one's hair |
| alzarsi | to get up | preoccuparsi | to worry, be worried |
| annoiarsi | to be, get bored | rilassarsi | to relax |
| coricarsi | to go to bed | riposarsi | to rest, take a rest |
| divertirsi | to amuse oneself, to have a good time | | |

**B.** Conjugation of Reflexive Verbs/Reflexive Pronouns

1. Reflexive verbs are conjugated like any other verbs ending in **-are**, **-ere**, and **-ire**.

2. In forming the **passato prossimo** (as well as other compound tenses), the auxiliary verb **essere** must be used. The past participle must, therefore, agree in gender and number with the subject.

3. In the conjugation of a reflexive verb, the forms of the verb must be used with the *reflexive pronouns* listed below:

| mi | myself |
| ti | yourself (*fam. sing.*) |
| si | himself, herself, itself, yourself (*form. sing.*) |
| ci | ourselves |
| vi | yourselves (*fam. pl.*) |
| si | themselves, yourselves (*form. pl.*) |

## Present Indicative

| *alz arsi* | *mett ersi* | *vest irsi* |
| --- | --- | --- |
| mi alz o (I get up) | mi mett o (I put on, wear) | mi vest o (I get dressed) |
| ti alz i | ti mett i | ti vest i |
| si alz a | si mett e | si vest e |
| ci alz iamo | ci mett iamo | ci vest iamo |
| vi alz ate | vi mett ete | vi vest ite |
| si alz ano | si mett ono | si vest ono |

### Future Indicative

| *alz arsi* | *mett ersi* | *vest irsi* |
|---|---|---|
| mi alz erò (I will get up) | mi mett erò (I will put on, wear) | mi vest irò (I will get dressed) |
| ti alz erai | ti mett erai | ti vest irai |
| si alz erà | si mett erà | si vest irà |
| ci alz eremo | ci mett eremo | ci vest iremo |
| vi alz erete | vi mett erete | vi vest irete |
| si alz eranno | si mett eranno | si vest iranno |

### Passato Prossimo

| *alzarsi* | *mettersi* | *vestirsi* |
|---|---|---|
| mi sono alzato, a (I got up) | mi sono messo, a (I put on, wore) | mi sono vestito, a (I got dressed) |
| ti sei alzato, a | ti sei messo, a | ti sei vestito, a |
| si è alzato, a | si è messo, a | si è vestito, a |
| ci siamo alzati, e | ci siamo messi, e | ci siamo vestiti, e |
| vi siete alzati, e | vi siete messi, e | vi siete vestiti, e |
| si sono alzati, e | si sono messi, e | si sono vestiti, e |

**C.** Position of the Reflexive Pronouns

1. The reflexive pronouns **mi, ti, si, ci, vi, si** always precede indicative forms of the verb.

   **I bambini *si alzano* presto.**     The children are getting up early.

2. When a reflexive pronoun depends on a verb in the infinitive, it follows the verb and is attached to it. The infinitive drops its final vowel.

   **Desidero *mettermi* un vestito nuovo.**   I wish to put on a new suit.

   **Sono tornato a casa per *riposarmi*.**     I returned home to rest.

3. If the infinitive is preceded by an indicative form of **dovere, potere, volere,** the reflexive pronoun may either precede these verbs or be attached to the infinitive.

   **Non *mi* posso *svegliare* alle otto** or **Non posso *svegliarmi* alle otto.**
   I can't wake up at eight o'clock.

# EXERCISES

ANSWERS
p. 231

**A.** Give the present, the future, and the *passato prossimo* of the following reflexive verbs, with the subjects indicated in parentheses.

1. alzarsi (**tu, lei, voi**)
2. pettinarsi (**Maria, noi, loro**)

   3. sentirsi (**noi, voi, loro**)
   4. vestirsi (**io, Massimo, le ragazze**)
   5. accorgersi (**noi, Lei, voi**)
   6. addormentarsi (**la bambina, io, loro**)
   7. rilassarsi (**tu, noi, voi**)
   8. chiamarsi (**tu, noi, loro**)
   9. lavarsi (**Giorgio, Rosa, i ragazzi**)
   10. guardarsi (**io, tu, lei**)

B. **Complete the following sentences.**

   1. Cinzia adesso (*is resting*) _____ perché è molto stanca.
   2. Domani (*I will wear*) _____ il vestito rosso.
   3. Quando Rita (*woke up*) _____, ha telefonato a sua madre.
   4. Se loro potranno, (*they will stop*) _____ a casa nostra.
   5. D'inverno (*I get up*) _____ tardi perché fa freddo.
   6. Se loro non vanno al cinema, a casa (*they get bored*) _____.
   7. Tutte le volte che andiamo allo stadio, (*we have a good time*) _____.
   8. Ieri mia moglie (*wore*) _____ un nuovo paio di scarpe.
   9. La signora Betti ha avuto un figlio. Il bambino (*is named*) _____ Franco.
   10. Lei è sempre davanti allo specchio; (*she combs her hair*) _____ tre volte al giorno.

C. **Translate the following sentences.**

   1. Tomorrow morning I want to wake up at six thirty-five.
   2. Mario must get ready to go out.
   3. He is looking at himself in front of the mirror.
   4. I wonder why she is not coming to the movies with us.
   5. Yesterday his wife realized that Paolo can never relax.

# GRAMMAR IV    The Direct Object Pronoun *ne*

A. Another commonly used direct object pronoun is **ne**. This corresponds to the expressions *of it, of them, some of it, some of them,* and *any,* which are often only implied in English. In Italian, the pronoun **ne** is instead always expressed. Ne replaces a noun (and other words, such as the preposition **di**) introduced by:

   1. A partitive construction

   | | |
   |---|---|
   | Vorrei del pane. | *Ne* vorrei. |
   | Compri delle medicine? | *Ne* compri? |
   | Abbiamo degli amici a Pisa. | *Ne* abbiamo a Pisa. |

2. A numeral or an adjective denoting quantity. Most of these adjectives agree in gender and number with the referent of **ne** and usually follow the verb.

| | |
|---|---|
| Il medico compra una casa. | Il medico *ne* compra *una*. |
| Spendiamo centomila lire. | *Ne* spendiamo centomila. |
| Ho qualche amico a Parigi. | *Ne* ho a Parigi. |
| Conosco alcune ragazze. | *Ne* conosco *alcune*. |
| Costa pochi dollari. | *Ne* costa *pochi*. |
| Loro visitano molte città. | Loro *ne* visitano *molte*. |
| Tu dici sempre tante cose! | Tu *ne* dici sempre *tante!* |

3. The expression **un po' di**

| | |
|---|---|
| Lei compra un po' di aglio. | Lei *ne* compra *un po'.* |

When adjectives denoting quantity are followed by nouns of weights and measures (such as **chilo, chilometro, etto, litro, metro**) or by nouns referring to household items (such as **bicchiere, bottiglia, piatto**), both the adjective and the noun expressing quantity must be indicated.

| | |
|---|---|
| Vorrei tre bottiglie di vino. | *Ne* vorrei *tre bottiglie.* |
| Il fornaio fa cento chili di pane. | Il fornaio *ne* fa *cento chili.* |
| Quanti fratelli hai? | *Quanti ne* hai? |

B. The position of **ne** in a sentence is the same as that of all other direct object pronouns.

1. **Ne** precedes a verb conjugated in the indicative.

   | | |
   |---|---|
   | Loro scriveranno molte lettere. | Loro *ne* scriveranno *molte.* |

2. When **ne** precedes a verb in the **passato prossimo** conjugated with **avere**, the past participle must agree in gender and number with **ne**.

   | | |
   |---|---|
   | Maria ha mangiato tanta insalata. | Maria *ne* ha mangiat*a tanta.* |
   | Chi ha spedito tre lettere a Pino? | Chi *ne* ha spedit*e tre* a Pino? |

3. When **ne** is used as the object of an infinitive, it follows the infinitive and is attached to it. If the infinitive is preceded by an indicative form of **dovere**, **potere**, or **volere**, the pronoun **ne** either comes before these verbs or is attached to the infinitive.

   | | |
   |---|---|
   | Gigi va a visitare alcuni parenti. | Gigi va a visitar*ne alcuni.* |
   | Domani potrò guardare due film. | Domani potrò guardar*ne due.* or |
   | | Domani *ne* potrò guardare *due.* |

4. Used in conjunction with **ecco**, **ne** follows **ecco** and is attached to it.

   | | |
   |---|---|
   | Ecco sei etti di burro! | *Eccone sei etti!* |
   | Ecco degli autobus! | *Eccone!* |

5. In a negative sentence, **ne** always follows **non**.

   | | |
   |---|---|
   | Lei non riceve mai conti. | Lei non *ne* riceve mai. |

6. When **ne** is used with the expressions **c'è** and **ci sono**, it joins thus: **c'è + ne = ce n'è** and **ci sono + ne = ce ne sono**.

> In classe c'è uno studente.    In classe *ce n'è* uno.
>
> Qui ci sono tante automobili.    Qui *ce ne sono* tante.

7. The pronoun **ne** may replace a noun or a personal pronoun used after **parlare** + the preposition **di** (alone or combined with the definite article). In this case **parlare + ne** means *to talk about someone/something*.

> Aldo *parla* sempre *dei suoi amici* di Chicago.
>
> Aldo *ne* parla sempre.
> He always talks about them.
>
> Hai *parlato* a Paola *del tuo viaggio* all'ẹstero?
>
> *Ne* hai parlato a Paola?
> Did you speak with Paola about it?

# EXERCISE

ANSWERS
pp. 231–232

Rewrite the following sentences, substituting *ne* for the words in italics. Make any other necessary changes where appropriate.

*Examples:* Vorrei *delle scarpe*. **Ne vorrei.**

Ho scritto molte *lẹttere*. **Ne ho scritte molte.**

1. Lei lava *qualche camicia.*
2. Loro hanno *dei giornali.*
3. Le mie zie spedịscono tanti *pacchi* a tutti.
4. Ecco *dell'acqua!*
5. Roberto ha molti *conti* da pagare.
6. Ieri ho venduto mille *cravatte.*
7. Desịdero comprare un metro *di stoffa.*
8. I ragazzi hanno fatto pochi *esercizi.*
9. Tu hai alcune *gonne!*
10. Devi mẹttere un po' *di zụcchero* nel caffè.
11. Lunedì Rita porterà una *camicetta* a sua cognata.
12. Siamo qui per mangiare un piatto *di pasta.*
13. Quanti *calzini* volete?
14. Perché avete speso tanto *denaro?*
15. A casa non abbiamo molto *formaggio.*
16. Teresa non parla mai *dei suoi studi.*

# GRAMMAR V    The Adjective *ogni*

The adjective **ogni,** which means *every, each,* or *all* depending on context, always precedes the noun. Like **qualche,** it is singular in use and plural in meaning. It has only the singular form, and the noun that follows it must also be singular.

| | |
|---|---|
| *Ogni* mio cugino lavora in banca. | All my cousins work in a bank. |
| Ci sono alberghi in *ogni* città. | There are hotels in every city. |
| Vengo a trovarvi *ogni* settimana. | I come to see you each week. |

# EXERCISE

In the following sentences, substitute *tutti* and *tutte* with *ogni,* making all necessary changes.

> *Example:* Tutte le camere sono occupate. **Ogni camera è occupata.**

1. Qui non conosco nessuno; tutti i miei parenti abitano a Palermo.
2. Vedono tutti i film fatti in America.
3. Perché non hai comprato tutte quelle giacche?
4. Ci sono ristoranti e alberghi in tutti i paesi.
5. Voi andate in vacanza tutte le estati.
6. Non vogliamo lavare tutti i calzoni che avete.
7. Ci svegliamo presto tutte le mattine.
8. Ecco tutti i miei cappelli!

# GRAMMAR VI    Idiomatic Expressions with *fare*

Many widely used idiomatic expressions are formed with the verb **fare.** Among the more common are:

| | |
|---|---|
| fa bel tempo | it's nice, fine weather |
| fa brutto tempo | it's bad weather |
| fa caldo | it's hot (weather) |
| fa freddo | it's cold (weather) |
| fare il bagno | to take a bath, bathe |
| fare un esame | to take an exam |
| fare una passeggiata | to take a walk, stroll |
| fare presto | to be quick, hurry up, make haste |
| fare tardi | to be late |
| fare un viaggio | to take a trip |

Note that both **fare presto** and **fare tardi** are used only with reference to people. The expression **Che tempo fa?** means *How is the weather?*

# EXERCISE

ANSWERS
p. 232

Complete the sentences.

1. Quando (*the weather is fine*) _____ i bambini escono presto.
2. (*I take a walk*) _____ tutte le mattine prima di andare a lavorare.
3. Marisa (*took a bath*) _____ ieri sera quando è ritornata dall'ufficio.
4. Fra due giorni Mario e Edoardo (*will take an exam*) _____ di lingua francese e tedesca.
5. Che tempo fa? Oggi (*it's bad weather!*) _____.
6. Quando quelle ragazze vanno a fare la spesa, (*they are always late*) _____.
7. Ieri (*it was cold*) _____, ma stamattina (*it's hot!*) _____.
8. Giovanni (*was late*) _____ e così non ha potuto prendere il treno.

# 9 In un negozio di abbigliamento
## (In a Clothing Store)

## PAROLE DA RICORDARE

| | | | |
|---|---|---|---|
| l'attore | actor | grigio, a | gray |
| l'attrice | actress | (pl. grigi, grigie) | |
| blu | blue | l'insegnante | teacher |
| la bontà | goodness | (pl. gli insegnanti, | |
| la camicia a | short-sleeved shirt | le insegnanti) | |
| maniche corte | | la misura | size, measure |
| la camicia a | long-sleeved shirt | malato, a | sick |
| maniche lunghe | | la manica | sleeve |
| la camicia di cotone | cotton shirt | la misura di collo | neck size |
| la camicia di seta | silk shirt | il negozio | store |
| caro, a | dear, expensive | il negozio di | clothing store |
| celeste | light blue, sky blue | abbigliamento | |
| il collo | neck | la padrona | mistress, boss |
| il colore | color | la padrona di casa | landlady |
| il cotone | cotton | il padrone | master, boss |
| la commessa | saleswoman | il padrone di casa | landlord |
| il commesso | salesman | parecchio, a | several |
| il direttore | director | (pl. parecchi, parecchie) | |
| la direttrice (f.) | director | la proprietaria (f.) | owner |
| la dottoressa (f.) | doctor | il proprietario (m.) | owner |
| la fabbrica | factory | il romanzo | novel |
| famoso, a | famous, great | la scelta | selection, choice |
| lo scrittore (m.) | writer | provare | to try, attempt |
| la scrittrice (f.) | writer | seguire | to follow |
| sportivo, a | sporty, sporting | tornare | to return |

| perciò | therefore | avere la bontà di | to be so kind as to |
| giocare | to play (a game) | avere pazienza | to be patient |
| mandare | to send | avere ragione | to be right |
| mostrare | to show | avere torto | to be wrong |
| perdere | to lose | desidera altro? | anything else? |
| piacere | to please | stare a pennello | to fit like a glove |
| portare | to bring, carry | | |

Note that:

1. The adjective **blu** is invariable; it has one same form for the masculine and the feminine, the singular and the plural.

2. The verb **perdere** has a regular past participle, **perduto,** as well as an irregular one, **perso.**

# DIALOGO    In un negozio di abbigliamento

Rodolfo Pullini ha bisogno di comprarsi un abito per la prossima primavera. Va perciò in un negozio di abbigliamento il cui proprietario è un caro amico di suo padre. Il commesso gli mostra parecchie cose e l'aiuta nella scelta.

COMMESSO    Le piace questa giacca, signor Pullini?

RODOLFO    Mi piace, ma è larga per me.

COMMESSO    Provi questa giacca blu allora. È la sua misura. Si guardi allo specchio, prego.

RODOLFO    Mi sta a pennello! La prendo. Vorrei anche un buon paio di calzoni. . . .

COMMESSO    Le piacciono questi pantaloni grigi? Andranno bene con la giacca blu.

RODOLFO    Sì, ha ragione . . . e non sono troppo pesanti.

COMMESSO    Desidera altro?

RODOLFO    Sì, abbia la bontà di mostrarmi qualche camicia.

COMMESSO    Camicie di cotone o di seta?

RODOLFO    Di cotone.

COMMESSO    Di che colore?

RODOLFO    Ne vorrei due. Una bianca, a maniche lunghe, e una celeste, sportiva, a maniche corte.

COMMESSO    Che misura di collo porta?

RODOLFO    Quaranta.

COMMESSO    Ecco delle belle camicie . . . e non sono affatto care! Le abbiamo appena ricevute dalla fabbrica.

# DIALOGUE    In a clothing store

Rodolfo Pullini needs to buy a suit for next spring. He goes, therefore, to a clothing store whose owner is a dear friend of his father. The salesman shows him several things and helps him in the selection.

| | |
|---|---|
| SALESMAN | Do you like this jacket, Mr. Pullini? |
| RODOLFO | Yes, but it's big for me. |
| SALESMAN | Try on this blue jacket, then. It's your size. Look at yourself in the mirror. |
| RODOLFO | It fits me like a glove! I'll take it. I would also like a good pair of pants. . . . |
| SALESMAN | Do you like these gray pants? They will go well with your blue coat. |
| RODOLFO | Yes, you are right . . . and they are not too heavy. |
| SALESMAN | Anything else? |
| RODOLFO | Yes, show me some shirts, please. (Be so kind as to show me some shirts.) |
| SALESMAN | Cotton shirts or silk shirts? |
| RODOLFO | Cotton shirts. |
| SALESMAN | What color? |
| RODOLFO | I would like two. A white long-sleeved shirt and a light blue sport shirt with short sleeves. |
| SALESMAN | What is your neck size? (What neck size do you wear?) |
| RODOLFO | Fifteen and a half. |
| SALESMAN | Here are some beautiful shirts . . . and they are not expensive at all! We have just received them from the factory. |

# EXERCISES

ANSWERS
p. 232

**A. Read the following statements based on the content of the dialogue; then check the true or false blank.**

|  | T | F |
|---|---|---|
| 1. Il signor Pullini vuole comprarsi un abito per l'inverno. | ____ | ____ |
| 2. Il proprietario del negozio conosce bene suo padre. | ____ | ____ |
| 3. Il commesso è un vecchio amico di Rodolfo. | ____ | ____ |
| 4. Rodolfo prova una giacca blu e poi la compra. | ____ | ____ |
| 5. Rodolfo ha anche bisogno di una cravatta per la giacca blu. | ____ | ____ |
| 6. Il commesso vende a Rodolfo un paio di pantaloni. | ____ | ____ |
| 7. La camicia sportiva è celeste. | ____ | ____ |
| 8. Nel negozio non ci sono camicie a maniche corte. | ____ | ____ |
| 9. Rodolfo compra soltanto una camicia sportiva, celeste. | ____ | ____ |
| 10. Il commesso dice che le camicie sono appena arrivate dalla fabbrica. | ____ | ____ |

**ANSWERS**
**p. 233**

B. Match related terms in the two columns.

| | | | |
|---|---|---|---|
| 1. il fornaio | a. il negozio |
| 2. la camera | b. il medico |
| 3. la classe | c. il macellaio |
| 4. lo scrittore | d. i nonni |
| 5. la medicina | e. la banca |
| 6. il postino | f. la via |
| 7. il commesso | g. il cinema |
| 8. la bistecca | h. il diretto |
| 9. l'ospedale | i. il caffè |
| 10. i nipoti | l. la lettera |
| 11. l'assegno | m. il pane |
| 12. la casa | n. il romanzo |
| 13. il film | o. la farmacista |
| 14. la stazione | p. gli studenti |
| 15. il bar | q. il letto |

# GRAMMAR I   The Relative Pronoun *cui* and the Possessive Interrogative *di chi*

A. When the relative pronoun **cui**, used in a dependent clause, is preceded by a definite article and followed by the noun the article refers to, **cui** corresponds to the English *whose*. **Cui** is invariable, and the definite article must agree in gender and number with the noun following.

> **La signora Berti, la *cui* figlia è attrice, ha sessant' anni.**
> Mrs. Berti, whose daughter is an actress, is sixty years old.

> **Quello scrittore, i *cui* romanzi tu hai letto, è molto famoso.**
> That writer, whose novels you have read, is very famous.

Note that cui (like *whose* in English) may also be preceded by a preposition.

> **Il bambino, con la *cui* insegnante parlo, non vuole studiare.**
> The child, with whose teacher I'm talking, doesn't want to study.

> **Sergio, nel *cui* negozio ho comprato parecchi vestiti, è malato.**
> Sergio, in whose store I bought several suits, is sick.

B. The possessive interrogative **di chi** expresses the English *whose* or *of whom*. Note that in Italian **di chi** is followed immediately by the verb, not by the noun as it is in English.

> *Di chi* **sono queste gonne?**    Whose skirts are these?

> *Di chi* **è quella bambina?**    Whose little girl is this?

# EXERCISE

**ANSWERS p. 233**

Complete the following sentences, translating the phrases in parentheses.

1. L'automobile sportiva, (*with whose owner*) _____ sono uscito ieri sera, costa venti milioni.

2. La scuola, (*whose teachers*) _____ sono in vacanza, ha molti studenti.

3. La casa (*in whose rooms*) _____ voi dormite è molto vecchia.

4. Lo zio, (*for whose birthday*) _____ ho comprato un dolce eccellente, oggi è malato.

5. La camicia a maniche corte (*whose color*) _____ mi piace molto è di seta.

6. Bologna, (*in whose streets*) _____ ci sono tanti negozi, ha un'università molto vecchia.

7. La direttrice (*whose granddaughter*) _____ è professoressa non abita più qui.

8. La città, (*in whose public parks*) _____ giocano tanti bambini, è piccola, ma bella.

# GRAMMAR II    Reciprocal Constructions

A. The reflexive pronouns **ci**, **vi**, and **si**, used as direct or indirect objects of transitive verbs, may express reciprocal actions. Their English meaning in this instance is *each other* or *one another*. When used with a compound tense, the required auxiliary is **essere**, and the past participle agrees in gender and number with the subject.

| | |
|---|---|
| *Ci* telefoneremo a mezzogiorno. | We will call each other at noon. |
| Le ragazze *si* sono viste ieri. | The girls saw one another yesterday. |
| Loro non *si* parlano più. | They no longer talk to each other. |

B. The pronouns **mi**, **ti**, **si**, **ci**, **vi**, and **si** can also be used reflexively as indirect objects of transitive verbs. Their meaning in English is *to (for) myself, yourself, himself, herself, ourselves, yourselves,* and *themselves*. In the past tense, the required auxiliary is **essere**, and the past participle must agree with the subject.

| | |
|---|---|
| **Noi** *ci* **siamo comprati due camicie.** | We bought ourselves two shirts. |
| **Rina** *si* **è scritta una lettera.** | Rina wrote herself a letter. |

Some of the verbs often used to express reciprocal actions are:

| | | | |
|---|---|---|---|
| aiutarsi | to help each other | salutarsi | to greet each other, say goodbye to each other |
| capirsi | to understand each other | scriversi | to write to each other |
| conoscersi | to know each other | telefonarsi | to phone each other |
| incontrarsi | to run into each other | vedersi | to see each other |
| parlarsi | to talk to each other | | |

# EXERCISE

ANSWERS p. 233

Translate the words in parentheses to complete the following sentences.

1. Rodolfo è felice quando (*we see each other*).
2. Se gli esercizi sono molto difficili, (*they help each other*).
3. Se tu e io potremo, (*we will talk to each other*) prima della lezione.
4. Quel ricco tabaccaio (*bought himself*) un'automobile sportiva molto cara.
5. Ieri sera Franco e Carlo (*ran into each other*) in Piazza Garibaldi.
6. Chiara e Umberto (*phone each other*) quasi tutti i giorni.
7. Lei non riceve mai posta e così (*she mailed herself*) tre cartoline da Venezia.
8. Tu e Giacomo siete vecchi amici; (*you understand each other*).

# GRAMMAR III   Indirect Object Pronouns

**A.** Indirect object pronouns, like direct object pronouns, are always used in conjunction with verbs. They too replace nouns or noun phrases.

| | |
|---|---|
| mi | to me, for me |
| ti | to you, for you (*fam. sing.*) |
| gli | to him, for him; to it, for it (*m.*) |
| le | to her, for her; to it, for it (*f.*) |
| Le | to you, for you (*form. sing.*) |
| ci | to us, for us |
| vi | to you, for you (*fam. pl.*) |
| gli | to them, for them (*m. and f.*); to you, for you (*form. pl.*) |

**B.** Position of Indirect Object Pronouns

As the following examples illustrate, the position of indirect object pronouns in a sentence is the same as that of direct object pronouns.

1. With a verb conjugated in the indicative

   **Parlo spesso *alle mie amiche canadesi*. *Gli* parlo spesso.**
   **Piero domanda *a Lucia* come sta. Piero *le* domanda come sta.**

2. In a negative sentence

   **Non comprano nulla *per noi*. Non *ci* comprano nulla.**
   **Lucia non dà la pillola *al figlio*. Lucia non *gli* dà la pillola.**

3. With an infinitive

   **Desidero scrivere *a lui e a lei*. Desidero scriver*gli*.**
   **Viene a dire *a me* ogni cosa. Viene a dir*mi* ogni cosa.**

4. With the verbs **dovere, potere, volere** plus an infinitive

   **Posso offrire un caffè a *Lei*, signora?**
   **Posso offrir*Le* un caffè, signora?** or ***Le* posso offrire un caffè?**
   **Cosa devo portare *a voi* da Milano?**
   **Cosa devo portar*vi* da Milano?** or **Cosa *vi* devo portare da Milano?**

Note the following:

    a. Indirect object pronouns never agree with the past participle, no matter what the auxiliary verb is.

    b. Usually only the indirect object pronouns **Le** and **vi** are attached to the word **ecco.**

> **Signor Direttore, ecco** *a Lei* **il cappello!**
>
> **Signor Direttore, ęcco***Le* **il cappello!**
>
> **Ragazzi, ecco** *a voi* **del dolce!**
>
> **Ragazzi, ęcco***vi* **del dolce!**

    c. In writing, the pronouns **loro/Loro** are sometimes preferred to **gli** when it means *to/for them* and *to/for you* (form. pl.). In this case, **loro/Loro** follow the verb. (If the verb is an infinitive, **loro/Loro** are not attached to it as indirect object pronouns.)

> **Signori Pullini, il portiere darà** *Loro* **la chiave della camera.**
> Mr. and Mrs. Pullini, the receptionist will give you your room key.
>
> **Desidero dare** *loro* **una camicia di seta.**
> I wish to give them a silk shirt.

# EXERCISES

**A. Substitute the appropriate indirect object pronouns for the words in italics, making any necessary change in word order.**

1. È necessario parlare subito *al direttore.*
2. Quando tornerete in città, offrirò *a voi* un buon pranzo.
3. Riccardo ha dato una camicetta di seta *a sua moglie.*
4. Chi ha mostrato quella lettera *ai suoi genitori?*
5. Desiderano portare *a voi e a me* sei bottiglie del loro vino.
6. Non potete dire nulla *a quelle povere ragazze?*
7. Avete spiegato *a Annamaria* che io farò tardi domani sera?
8. Lui ha dovuto mandare tre pacchi *a me.*
9. Guglielmo e Luigi, ecco *a voi* della frutta fresca!
10. Dottore, chi ha detto *a Lei* che io sono stato in vacanza?

**B. In answering the questions, substitute the appropriate indirect object pronouns for the words in italics.**

> *Examples:* Avete parlato *a Marisa?* Sì, noi **le** abbiamo parlato.
>
> *Mi* avete mandato quel libro? No, noi non **ti** abbiamo mandato quel libro.

1. Il fruttivęndolo ha venduto le mele *alla nonna?* Sì, _____.
2. Il postino *vi* ha portato la lęttera? No, _____.

3. Ragazzi, avete scritto *a quell'attore?* No, _____.

4. Signorina, *Le* ha telefonato Alberto ieri sera? Sì, _____.

5. Giorgio, hai parlato *alle commesse* giovedì scorso? Sì, _____.

6. Direte tutto *a lui e a me?* Sì, _____.

7. Luca, vorrai mostrar*mi* quel film? Sì, _____.

8. Signor Porta, potrà spedire il pacco *a Umberto?* No, _____.

# GRAMMAR IV    The Verb *piacere*

**A.** Italian and English do not express the idea of liking (or disliking) in the same way. While English-speakers say that they like someone or something, Italians say that someone or something is pleasing to them. The verb **piacere,** means *to please, to be pleasing to.*

The sentence *Mary likes my house* is rendered in Italian as:

La mia casa *piace a* Maria. or *A* Maria *piace* la mia casa.
My house is pleasing to Mary.

In the Italian version of the sentence, *Mary,* the English subject of *likes,* becomes the indirect object of **piacere** (**a Maria**), while *my house,* the object of the English verb, becomes the subject of **piacere** (**la mia casa**). (If the subject of **piacere** is plural, the verb must be plural.)

When the indirect object of **piacere** is a noun, it must be preceded by the preposition **a** (either alone or combined with the definite article).

Quel film *piace al* Dottor Mei. or *Al* dottor Mei *piace* quel film.

Note also that when the English object of *to like* is an action (expressed by a verb), in Italian the action becomes the subject of the sentence, and **piacere** must be conjugated in the third person singular.

*Ai* giovani *piace* viaggiare.
Young people like to travel.

**B.** Conjugation of the verb **piacere**

|  | Present | Future | *Passato Prossimo* |
| --- | --- | --- | --- |
| io | piac cio | piac erò | sono piaciuto, a |
| tu | piac i | piac erai | sei piaciuto, a |
| lui, lei, Lei | piac e | piac erà | è piaciuto, a |
| noi | piac ciamo | piac eremo | siamo piaciuti, e |
| voi | piac ete | piac erete | siete piaciuti, e |
| loro, Loro | piac ciono | piac eranno | sono piaciuti, e |

C.  All compound tenses of **piacere** require the auxiliary verb **ęssere**.

| | |
|---|---|
| Io *piaccio* a quella commessa. | That saleswoman likes me. |
| Professore, Le *piace* questo vino? | Professor, do you like this wine? |
| A Tina *piącciono* le gonne lunghe. | Tina likes long skirts. |
| Vi *sono piaciuti* gli spaghetti? | Did you like the spaghetti? |
| Rosa e Rita *sono piaciute* a tutti. | Everyone liked Rosa and Rita. |

# EXERCISES

A.  **Translate the phrases in parentheses to complete the following sentences.**

1. (*They will like*) i romanzi di quel famoso scrittore.
2. (*I didn't like*) quei calzini rossi.
3. (*Luisa likes*) la nostra professoressa.
4. Dottor Brown, (*will you like*) visitare l'Italia il mese prossimo?
5. (*He likes*) molto la nostra lingua.
6. (*We like*) le patate fritte.

B.  **Rephrase each of the following sentences, substituting *piacere* for *preferire*.**

*Example:* Noi preferiamo gli spaghetti. **Ci piacciono gli spaghetti.**

1. Luisa preferisce una bella bistecca.
2. I miei zii prefer**ị**scono i giornali francesi.
3. Lei preferisce una gonna celeste.
4. Voi preferite la camicia di cotone.
5. Tu preferisci andare a fare la spesa.
6. Io preferisco quei calzoni grigi.
7. Scusi, Lei preferisce il vino bianco o quello rosso?
8. I ragazzi americani prefer**ị**scono mangiare in quel ristorante.

C.  **Translate the following.**

1. Elena, do you like me?
2. Why didn't Augusto like my sister?
3. When they see us, they will like us!
4. I don't like her very much.
5. Our children like to spend a lot of money.

# GRAMMAR V    Imperative of First-, Second-, and Third-Conjugation Verbs

A. The imperatives of -are, -ere, and -ire verbs are formed as follows:

|      | *mand are*     | *vend ere*    | *segu ire*       |
|------|----------------|---------------|------------------|
| tu   | mand a (send)  | vend i (lose) | segu i (follow)  |
| Lei  | mand i         | vend a        | segu a           |
| noi  | mand iamo      | vend iamo     | segu iamo        |
| voi  | mand ate       | vend ete      | segu ite         |
| Loro | mand ino       | vend ano      | segu ano         |

Because the imperative expresses a command, a request, or an exhortation, it does not have the io form. Subject pronouns are not normally used with the imperative.

B. The noi form of the imperative, which is identical to the noi form of the present indicative, is the equivalent of the English *let's* + verb.

Rodolfo dice all'autista:    *Segua* quell'automobile!
Rodolfo tells the driver:    "Follow that car!"

*Mandiamo* un telegramma a Roberto. Domani è il suo compleanno.
Let's send Robert a telegram. It's his birthday tomorrow.

C. Verbs whose infinitives end in -iare form the imperative by dropping the i of the stem before the endings i, iamo, and ino. Those ending in -care and -gare add h before the imperative endings i, iamo, and ino.

|      | *mang iare*     | *dimentic are*      | *pag are*      |
|------|-----------------|---------------------|----------------|
| tu   | mangi *a* (eat) | dimentic *a* (forget) | pag *a* (pay)  |
| Lei  | mang *i*        | dimentic *hi*       | pag *hi*       |
| noi  | mang *iamo*     | dimentic *hiamo*    | pag *hiamo*    |
| voi  | mangi *ate*     | dimentic *ate*      | pag *ate*      |
| Loro | mang *ino*      | dimentic *hino*     | pag *hino*     |

Alberto, *mangia* la minestra.    Albert, eat your soup.

Signora, *paghi* subito quel conto.    Ma'am, pay that bill immediately.

D. In forming the imperative of finire and spedire, as in the present indicative, isc must be added to the stem of the infinitive before the endings of the second and third person singular and the third person plural:

|      | *fin ire*           | *sped ire*            |
|------|---------------------|-----------------------|
| tu   | **fin isci** (finish) | **sped isci** (mail, send) |
| Lei  | fin isca            | sped isca             |
| noi  | fin iamo            | sped iamo             |
| voi  | fin ite             | sped ite              |
| Loro | fin iscano          | sped iscano           |

Mamma, *finisci* di lavorare; dobbiamo uscire.

Signorina Rossi, *spedisca* subito quel pacco.

E. To express a negative command, place the word **non** before the imperative, except for the **tu** form, which is rendered by **non** + the infinitive of the verb.

| Positive Commands | Negative Commands |
|---|---|
| Signora, *compri* quelle scarpe. | Signora *non compri* quelle scarpe. |
| *Leggete* il giornale adesso. | *Non leggete* il giornale adesso. |
| *Prendiamo* un espresso al bar. | *Non prendiamo* un espresso al bar. |
| Massimo, *chiudi* la porta. | Massimo, *non chiudere* la porta. |

# EXERCISE

ANSWERS
p. 234

Change the first- and second-person verbs from the present indicative to positive and negative imperative.

*Examples:* Voi studiate. **Studiate. Non studiate.**

Lei studia. **Studi. Non studi.**

1. Loro spediscono.
2. Tu dimentichi.
3. Noi passiamo.
4. Loro spendono.
5. Tu ricordi.
6. Voi ricevete.
7. Lei paga.
8. Noi lavoriamo.
9. Loro leggono.
10. Voi cominciate.
11. Tu viaggi.
12. Lei finisce.
13. Loro festeggiano.
14. Voi entrate.
15. Tu spieghi.

## GRAMMAR VI     Imperative of *avere* and *ẹssere* and of the Stem-Changing Verbs *dare, dire, fare, stare*

|        | *avere*       | *ẹssere*    |
|--------|---------------|-------------|
| tu     | abbi (have)   | sii (be)    |
| Lei    | abbia         | sia         |
| noi    | abbiamo       | siamo       |
| voi    | abbiate       | siate       |
| Loro   | ạbbiano       | sịano       |

Signor Pini, *abbia* pazienza. Oggi non posso lavare la sua automobile.
Mr. Pini, be patient: Today I cannot wash your car.

Marco, anche se hai ragione, *sii* gentile con i tuoi cugini.
Mark, even if you are right, be kind to your cousins.

|        | *dare*        | *dire*           | *fare*           | *stare*        |
|--------|---------------|------------------|------------------|----------------|
| tu     | da' (give)    | di' (tell, say)  | fa' (do, make)   | sta' (stay)    |
| Lei    | dia           | dica             | faccia           | stia           |
| noi    | diamo         | diciamo          | facciamo         | stiamo         |
| voi    | date          | dite             | fate             | state          |
| Loro   | dịano         | dịcano           | fạcciano         | stịano         |

Signora Salvatori, *dica* a suo figlio che ha torto.
Mrs. Salvatori, tell your son that he is wrong.

Non giocare adesso, Gino, *fa'* gli esercizi.
Don't play now, Gino, do your exercises.

*State* bravi, ragazzi. Ho un forte mal di testa.
Be good, boys. I have a bad headache.

*Non diamo* nulla a Luigi. Ieri è stato molto cattivo.
Let's give nothing to Luigi. He was very bad yesterday.

## EXERCISE

ANSWERS
p. 235

Change the first- and second-person verbs from the future to positive and negative imperative.

> *Example:* Lei farà un piatto di spaghetti. Faccia / Non faccia un piatto di spaghetti.

1. Tu farai gli esercizi.
2. Voi avrete pazienza.

3. Loro saranno gentili.
4. Noi diremo tutto.
5. Loro staranno in quell'albergo.
6. Voi darete il giornale a Sergio.
7. Tu sarai buona.
8. Loro daranno del denaro all'artista.
9. Lei starà a casa nostra.
10. Lei dirà a Silvio di scriverci.
11. Tu avrai la bontà di dirmi tutto.
12. Lei farà qualcosa da mangiare.

# 10 Una telefonata
## (A Telephone Call)

---

## PAROLE DA RICORDARE

| | | | |
|---|---|---|---|
| la borsa di studio | scholarship | immenso, a | immense, huge |
| la cena | supper | importante | important |
| il compito | task, chore, homework | infelice | unhappy |
| le congratulazioni | congratulations | irregolare | irregular |
| il fiammifero | match | pronto, a | ready |
| la fine | end | straniero, a | foreign |
| il fiore | flower | vero, a | true |
| la geografia | geography | almeno | at least |
| l'interurbana | long-distance telephone call | appena adesso | just now |
| | | di nuovo | again |
| la matematica | mathematics | durante | during |
| il momento | moment | fino a | until |
| (il) Natale | Christmas | intanto | meanwhile |
| la notizia | news (one item); pl. news (general) | mentre | while |
| | | oltre a | besides |
| il pranzo | lunch | pronto? | hello? (when answering the telephone) |
| la sigaretta | cigarette | | |
| il sole | sun | alzare | pick up, lift |
| la storia | history, story | cenare | to have supper |
| la straniera (f.) | foreigner | fumare | to smoke |
| lo straniero (m.) | foreigner | invitare | to invite |
| la telefonata | phone call | pensare | to think |
| il telefonino (or il cellulare) | cellular phone | pranzare | to dine |
| il telefono | phone | restare | to remain |
| la verità | truth | riuscire | to succeed, be able to |
| | | sembrare | to seem |

110

| felice | happy | è vero? | is it true? |
| sperare | to hope | fare colazione | to have breakfast |
| squillare/suonare | to ring | invitare a cena | to invite to supper |
| vincere | to win | invitare a pranzo | to invite to lunch |
| che c'è di nuovo? | what's up? what's new? | sperare di sì | to hope so |

## DIALOGO    Una telefonata

Il telefono squilla. La signora Benetti va a rispondere. Alza il telefono e dice:

| SIGNORA BENETTI | Pronto? Chi parla? |
| RICCARDO | Signora Benetti, sono io, Riccardo. Posso parlare con Umberto? |
| SIGNORA BENETTI | Sì, è qui. Un momento, glielo chiamo. |
| UMBERTO | Ciao, Riccardo, Che c'è di nuovo? |
| RICCARDO | Ti chiamo per darti una bella notizia. |
| UMBERTO | Dimmi, dimmi. . . . Sembri molto felice. |
| RICCARDO | Ho vinto un'importante borsa di studio negli Stati Uniti! |
| UMBERTO | È vero? Congratulazioni! Quando l'hai saputo? |
| RICCARDO | Ho appena adesso ricevuto un'interurbana da Roma. Partirò per Boston i primi di settembre. |
| UMBERTO | E quanto tempo ci resterai? |
| RICCARDO | Fino alla fine di giugno. |
| UMBERTO | Oltre a Boston, riuscirai a visitare altre città? |
| RICCARDO | Spero di sì, almeno durante le vacanze di Natale. |
| UMBERTO | Ricordati di mandarmi una cartolina da New York! |
| RICCARDO | Certamente. Intanto, per festeggiare, ti invito a pranzo. Puoi venire da me domani all'una? |
| UMBERTO | Con immenso piacere. Porterò lo spumante. |
| RICCARDO | Va bene. Ci vediamo domani, allora. Ciao! |
| UMBERTO | Ciao . . . e di nuovo, congratulazioni! |

## DIALOGUE    A telephone call

The phone rings. Mrs. Benetti goes to answer. She picks up the phone and says:

| MRS. BENETTI | Hello? Who is it? |
| RICCARDO | Mrs. Benetti, it's me, Riccardo. May I talk to Umberto? |
| MRS. BENETTI | Yes, he is here. A moment, I'll call him for you! |
| UMBERTO | Hi, Riccardo. What's up? |
| RICCARDO | I'm calling to give you some good news. |
| UMBERTO | Tell me, tell me. . . . You seem very happy. |
| RICCARDO | I won an important scholarship to the United States! |

| UMBERTO | Is that so? Congratulations! When did you hear about it? |
|---|---|
| RICCARDO | I just now received a long-distance call from Rome. I will leave for Boston the first few days in September. |
| UMBERTO | And how long will you stay there? |
| RICCARDO | Until the end of June. |
| UMBERTO | Besides Boston, will you be able to visit other cities? |
| RICCARDO | I hope so, at least during the Christmas holidays. |
| UMBERTO | Remember to send me a postcard from New York! |
| RICCARDO | Sure. Meanwhile, to celebrate, I'm inviting you to lunch. Can you come to my house tomorrow at one o'clock? |
| UMBERTO | With great pleasure. I'll bring the spumante. |
| RICCARDO | Okay. We'll see each other tomorrow, then. Bye! |
| UMBERTO | Bye, and again, congratulations! |

Note that:

1. **Vincere** has an irregular past participle, **vinto.**

2. **Riuscire** conjugates like **uscire.** It is usually followed by the preposition **a,** and it means to *succeed in, to be able to.* (**Lui riesce a fare molto denaro.** He succeeds in making a lot of money.)

3. The expression **i primi di,** followed by the name of a month, means *the first few days in, early in.*

4. **Va bene** is equivalent to *okay,* which Italians understand and use as well.

# EXERCISES

**ANSWERS p. 235**

**A. Read the following and select the appropriate answers.**

1. Chi risponde quando il telefono squilla? (**la signora Benetti; suo figlio Umberto; suo marito**)

2. Riccardo telefona all'amico perché (**vuole andare al cinema con lui; vuole dirgli una cosa molto importante; vuole parlargli di un suo problema**).

3. Che cosa ha vinto Riccardo? (**un viaggio a Boston; una borsa di studio; molto denaro**)

4. Riccardo ha appena ricevuto (**una lettera; un telegramma; una telefonata**).

5. Riccardo resterà negli Stati Uniti (**tre mesi; poco meno di un anno; otto settimane**).

6. Quando Riccardo sarà in America, lui (**starà sempre a Boston; andrà soltanto a New York; visiterà anche altre città**).

7. Per festeggiare la bella notizia, Riccardo invita l'amico a casa sua (**a pranzo; a cena; a colazione**).

8. Quando Umberto andrà da Riccardo, gli porterà (**un bel dolce; della frutta; una bottiglia di spumante**).

**B. Translate the words in parentheses into Italian.**

1. (*I need*) _____ un vestito nuovo.
2. Preferiamo (*a double room*) _____.
3. Loro abitano (*on the third floor*) _____.
4. (*I must shave*) _____ prima di uscire.
5. È necessario (*to be patient*) _____.
6. Scusi, signore, qual è (*your neck size*) _____?
7. Ogni mese lui fa molte (*long-distance calls*) _____
8. Domani mattina (*we will have breakfast*) _____ alle sette e mezzo.
9. Quando rispondo al telefono, io dico sempre: (*Hello? Who is calling?*)
   _____.
10. Ieri sera lui mi ha dato (*a bad news item*) _____.
11. Tu, Alberto, mangi sempre (*in a great hurry*) _____.
12. (*In my opinion*) _____ è già troppo tardi.

# GRAMMAR I   The Adverbial Pronoun *ci*

The adverb **ci** (used in **ci sono**, or *there are*) may also be used to replace an adverbial phrase with a noun (proper or common) indicating a locality previously mentioned.

| | |
|---|---|
| Abitiamo ancora *in quella via.* | *Ci* abitiamo ancora. |
| Quando sei tornato *in Francia?* | Quando *ci* sei tornato? |
| Rimaniamo *a Torino* due giorni. | *Ci* rimaniamo due giorni. |

When used as an adverbial pronoun, *ci* follows the same rules governing the position of direct and indirect object pronouns in a sentence.

| | |
|---|---|
| Vuoi andare *al cinema?* | *Ci* vuoi andare? / Vuoi andar*ci*? |
| Desidero venire *in centro.* | *Ci* desidero venire / Desidero venir*ci*. |

# EXERCISE

Replace the words in italics with the adverbial pronoun *ci*.

> *Example:* Oggi rimango *a casa* con lui. **Oggi *ci* rimango con lui.**

1. Gli studenti restano *in classe* fino alle quattordici.
2. Perché non andate *in Piazza Dante* con noi?
3. Quando potrete venire *negli Stati Uniti?*
4. Silvia non è mai stata *all'estero.*
5. Loro abitano *in via Michelangelo.*
6. Adriana desidera rimanere *sulla spiaggia.*
7. Preferisco andare *al supermercato* nel primo pomeriggio.

8. A mia moglie piace molto ritornare *in quel paese.*
9. A che ora dovete essere *alla stazione ferroviaria?*
10. Quella violinista ha dormito molte volte *in quest'albergo.*

# GRAMMAR II   Position of Direct and Indirect Object Pronouns with the Imperative

A. When a direct or an indirect object pronoun (**ne** included) is used with a verb conjugated in the imperative, the pronoun precedes the formal imperative (**Lei** and **Loro** forms) but follows the familiar imperative (**tu, noi,** and **voi** forms) and is attached to the verb.

|       | *Seguire*                          | *Parlare*                            |
|-------|------------------------------------|--------------------------------------|
| **tu**   | se̱gui*lo* (follow him!)          | pa̱rla*gli* (talk to him)            |
| **Lei**  | *lo* segua                        | *gli* parli                          |
| **noi**  | seguia̱mo*lo* (let's follow him)  | parlia̱mo*gli* (let's talk to him)   |
| **voi**  | segui̱te*lo*                      | parla̱te*gli*                        |
| **Loro** | *lo* se̱guano                     | *gli* pa̱rlino                       |

**Luisa, non portar*ci* del pane, po̱rta*ci* del formaggio!**
Louise, don't bring us bread, bring us some cheese!

**La lezione non è affatto diffi̱cile; impara̱te*la* per domani!**
The lesson is not at all difficult; learn it for tomorrow!

**Dottore, *mi* dia una medicina per il mal di testa.**
Doctor, give me some medicine for my headache.

**Anna ha fame. Prepari̱amo*le* un piatto di pasta.**
Ann is hungry. Let's prepare a dish of pasta for her.

**Ecco delle sigarette. Po̱rta*ne* alcune a mio padre**
Here are some cigarettes. Take a few to my father.

**Quando parla con i miei genitori, non *gli* dica che sono malato.**
When you talk with my parents, don't tell them that I am sick.

B. When the pronoun **ne** or a direct or indirect object pronoun is used with the familiar singular imperative of the verbs **dare, dire, fare,** and **stare,** the initial consonant of the pronoun is doubled before it is attached to the imperative (for example, **da' + mi = dammi; di + ci = dicci**).

| **Gina, *dalle* la borsa!** | Gina, give her the purse! |
| **Marco, *dicci* la verità!** | Marco, tell us the truth! |
| **Marta, *falli* subito!** | Marta, do them right away! |

*Danne* due a tuo zio!     Give two to your uncle!

**Per favore,** *stammi* **vicino!**     Please stay close to me!

The doubling never takes place with the pronoun **gli.**

*Digli* **di ẹssere buono!**     Tell him to be good!

It occurs instead when the adverbial pronoun **ci** is used with the imperative of **stare.**

*Stacci* **fino alle tre!**     Stay there until three o'clock!

# EXERCISES

**A. Rewrite the following sentences, substituting the appropriate direct or indirect object pronouns for the words in italics.**

*Example:* Spedisci oggi *quella lẹttera!* Spedịscila oggi!

1. Ruggiero, chiama *il tassì!*
2. Signor Cecchi, telefoni *al padrone di casa!*
3. Cerchiamo *quegli stranieri!*
4. Susanna, non portare il caffè *a Sandro!*
5. Signorina Russo, offra *alcune paste* al professore!
6. Mostrate *il film* agli studenti di inglese!
7. Non parlare *a quest'impiegato!* Deve lavorare.
8. Signori e signore, salụtino *la direttrice!*
9. Spedite subito *tre camicie* dalla fạbbrica!
10. Dottor Bassi, non dia *dei fiammịferi* a suo figlio!

**B. In the following imperative sentences, replace the words in italics with the appropriate direct or indirect object pronouns.**

*Example:* Dịano le lẹttere *al postino!* Gli dịano le lẹttere!

1. Date *la notizia* al farmacista!
2. Dite *ai ragazzi* di dare il telefonino alla mamma.
3. Fa' *a me* un vero piacere!
4. Signora, dia il mio assegno *alla proprietaria!*
5. Restate *a Milano* fino a domẹnica!
6. Simone, da' *il cappotto* al commesso!
7. Adesso di' a tutti *la verità!*
8. Nonno, sta' vicino *a lei!*
9. Marisa, fa' *i compiti* per la professoressa di francese!
10. Zia, di' *a Angela* di preparare il pranzo!

# GRAMMAR III    Imperative of Reflexive Verbs

**A.** Reflexive verbs ending in **-arsi**, **-ersi**, and **-irsi** form the imperative as any verb of the first, second, and third conjugation. The pronoun **si** (singular and plural) always precedes the **Lei** and **Loro** forms of the imperative; the pronouns **ti**, **ci**, and **vi** follow the **tu**, **noi**, and **voi** imperative forms, respectively, and are attached to them.

|  | *alz arsi* | *mett ersi* | *vest irsi* |
|---|---|---|---|
| tu | *alz* **ati** (get up!) | *mett* **iti** (put on, wear!) | *vest* **iti** (get dressed!) |
| Lei | *si* alzi | *si* metta | *si* vesta |
| noi | alz *iamoci* | mett *iamoci* | vest *iamoci* |
| voi | alz *atevi* | mett *etevi* | vest *itevi* |
| Loro | *si* alzino | *si* mettano | *si* vestano |

| | |
|---|---|
| Giovanni, *alzati!* Sono le otto. | John, get up! It's eight o'clock. |
| *Svegliamoci* presto domattina | Let's get up early tomorrow morning. |
| Signora, *si diverta* al cinema! | Enjoy yourself at the movies, ma'am! |

**B.** When the imperative of a reflexive verb is used in a negative sentence, the word **non** precedes all forms of the imperative, except for the **tu** form, which is rendered by **non** + the infinitive of the verb. In this instance, the reflexive pronoun **ti** is attached to the infinitive.

### Positive Commands

| | |
|---|---|
| Antonio, *riposati!* | Anthony, rest! |
| *Mettiamoci* il cappotto! | Let's put on our coats. |
| Bambine, *lavatevi* le mani! | Girls, wash your hands. |
| Signora, *si vesta* adesso! | Get dressed now, ma'am. |

### Negative Commands

| | |
|---|---|
| Antonio, *non riposarti!* | Anthony, don't rest! |
| *Non mettiamoci* il cappotto! | Let's not put on our coats. |
| Bambine, *non lavatevi* le mani! | Girls, don't wash your hands. |
| Signora, *non si vesta* adesso! | Don't get dressed now, ma'am. |

# EXERCISE

**ANSWERS**
**p. 236**

Translate the imperatives in parentheses.

1. Alessandro, (*look at yourself*) _____ allo specchio!
2. Signor Bonetti, (*don't worry*) _____ per me; io sto bene.

3. Giovanna, (*relax*) _____ un po' questo pomeriggio!

4. Ragazzi, (*don't fall asleep*) _____ in classe!

5. Rosa, per favore (*comb your hair*) _____ prima di uscire.

6. Dottoressa Ciampi, (*get ready*) _____ perché sono già le quattro.

7. Pietro, Giovanni e Carlo (*don't get bored*) _____ durante la lezione del professore di storia!

8. Figlia mia, oggi (*wear*) _____ il vestito nuovo.

9. Signori Marchetti, (*stop*) _____ a casa mia questa sera.

# GRAMMAR IV    Imperative of the Stem-Changing Verbs *andare, bere, rimanere, tenere, uscire,* and *venire*

|  | *andare* | *bere* | *rimanere* |
|------|----------|--------|------------|
| tu | va (go) | bevi (drink) | rimani (remain, stay) |
| Lei | vada | beva | rimanga |
| noi | andiamo | beviamo | rimaniamo |
| voi | andate | bevete | rimanete |
| Loro | vadano | bevano | rimangano |
|  | *tenere* | *uscire* | *venire* |
| tu | tiene (hold, keep) | esci (go out) | vieni (come) |
| Lei | tenga | esca | venga |
| noi | teniamo | usciamo | veniamo |
| voi | tenete | uscite | venite |
| Loro | tengano | escano | vengano |

# EXERCISES

A. Using the imperative, tell:

> *Example:* Mario di *rimanere* in classe. **Mario, *rimani* in classe.**

1. Martino di *bere* tutto il latte.

2. La signorina Luzzi di non *uscire* troppo tardi.

3. Le studentesse americane di *venire* al cinema.

4. I signori Marchetti di *fumare* poco.

5. I vostri amici di non *rimanere* in centro questa sera.

**B. Change the verbs from *passato prossimo* to imperative.**

> *Examples:* La signora ha fatto la spesa. **Signora, faccia la spesa!**
>
> Loro hanno tenuto il figlio a casa. **Tęngano il figlio a casa**

1. Noi siamo venuti al mare con voi.
2. Voi avete bevuto troppo.
3. Loro hanno dato la medicina a Silvio.
4. La signora Leoni ha tenuto l'automọbile in piazza.
5. Tu, Luigi, sei andato dal fruttivẹndolo.
6. Il dottor Mattei non è uscito dall'ospedale alle ụndici.
7. Stasera noi siamo rimaste all'università.
8. Il professore ha invitato una straniera a cena.
9. Loro hanno bevuto un cappuccino al bar.
10. Lei, signorina, ha fatto un'interurbana?

# GRAMMAR V    Double Object Pronouns

**A.** In Italian, as in English, a direct and indirect object pronoun may be used with the same verb when both depend on it (as in: *I mail it to her*). When this occurs in Italian, the indirect object pronoun comes before the direct object pronoun, not after as in English.

Note that, with the exception of **gli**, all indirect object pronouns (**mi, ti, ci, si, vi**) replace their final vowel i with an e before any of the direct object pronouns **lo, la, li, le,** and **ne.** The indirect object pronoun **gli** instead adds an e, becoming **glie,** and attaches to it.

mi + lo, la, li, le, ne = **me lo, me la, me li, me le, me ne**
it, them (*m., f.*), some of it/of them to/for me

ti + lo, la, li, le, ne = **te lo, te la, te li, te le, te ne**
it, them (*m., f.*), some of it/of them to/for you (*fam. sing.*)

le, Le + lo, la, li, le ne = **glielo, gliela, gliele, gliene**
it, them (*m., f.*), some of it/of them to/for her, to/for you (*form. sing.*)

gli + lo, la, li, le, ne = **glielo, gliela, glieli, gliele, gliene**
it, them (*m., f.*), some of it/of them to/for him

si + lo, la, li, le, ne = **se lo, se la, se li, se le, se ne**
it, them (*m., f.*), some of it/of them, to/for himself/herself/itself (*pl.*)

ci + lo, la, li, le, ne = **ce lo, ce la, ce li, ce le, ce ne**
it, them (*m., f.*), some of it/of them to/for us

vi + lo, la, li, le, ne = **ve lo, ve la, ve li, ve le, ve ne**
it, them (*m., f.*), some of it/of them to/for you (*fam. pl.*)

gli + lo, la, li, le, ne = **glielo, gliela, glieli, gliele, gliene**
it, them (*m., f.*), some of it/of them to them, to/for you (*form. pl.*)

si + lo, la, li, le, ne = **se lo, se la, se li, se le, se ne**
it, them (*m., f.*), some of it/of them to/for themselves

**B.** As far as the position of indirect and direct object pronouns in the same sentence, all the rules given in the preceding lessons regarding the position of direct and indirect object pronouns apply to double object pronouns as well.

1. With a verb conjugated in the indicative

| | |
|---|---|
| **Loro danno dei fiori a Barbara.** | **Loro *gliene* danno.** |
| They give Barbara some flowers. | They give her some. |
| **Vi ho già parlato dell'Italia.** | ***Ve ne* ho già parlato.** |
| I already spoke to you about Italy. | I already spoke to you about it. |

2. In a negative sentence

| | |
|---|---|
| **Noi non compreremo dei libri per voi.** | **Noi non *ve ne* compreremo.** |
| We will not buy you any books. | We will not buy you any. |
| **Rita non ci ha detto la verità.** | **Rita non *ce l'*ha detta.** |
| Rita did not tell us the truth. | Rita didn't tell it to us. |

3. With an infinitive

| | |
|---|---|
| **Desideri spedire una lettera a Rosa?** | **Desideri spedir*gliene* una?** |
| Do you wish to mail Rosa a letter? | Do you wish to mail her one? |
| **È tornato per darti gli assegni.** | **È tornato per dar*teli*.** |
| He came back to give you the checks. | He came back to give them to you. |

4. With the verbs **dovere, potere, volere** + infinitive

| | |
|---|---|
| **Posso offrirLe un caffè?** | **Posso offrir*gliene* uno?** |
| May I offer you a coffee? | **Gliene *posso offrire uno*?** |
| | May I offer you one? |
| **Tu devi lavarti le mani.** | **Tu devi lavar*tele*.** |
| You must wash your hands. | **Tu *te le* devi lavare.** |
| | You must wash them. |

5. With an imperative

| | |
|---|---|
| **Dottere, si compri quell'orologio!** | **Dottore, *se lo* compri!** |
| Doctor, buy yourself that watch! | Doctor, buy it for yourself! |
| **Non portare tanti libri agli amici!** | **Non portar*gliene* tanti!** |
| Don't bring your friends so many books! | Don't bring them so many! |
| **Dammi queste gonne!** | **Da*mmele*!** |
| Give me these skirts! | Give them to me! |

# EXERCISES

**ANSWERS**
**p. 237**

**A. Substitute the appropriate double object pronouns for the words in italics, making all the necessary changes.**

> *Example:* Giovanni ha ordinato *tre camicette al commesso*. **Giovanni gliene ha ordinate tre.**

1. Loro *si* sono comprati *quella bella casa.*
2. Chi ha dato *il mio quaderno al professore?*

3. Mamma, non fare *tante telefonate a Luisa!*
4. L'insegnante *ti* ha spiegato *i verbi irregolari.*
5. Compriano *queste scarpe per tua sorella.*
6. Noi *vi* diciamo sempre *la verità.*
7. Quella scrittrice *ci* parlerà *del suo nuovo romanzo.*
8. Voi dovete portar*le* un po' *di sale.*
9. Da' subito *a me quella lettera!*
10. Desiero mandare *dei fiori alla violinista straniera.*
11. Quante *lettere* avete scritto *ai vostri nonni?*
12. Cameriere, *mi* faccia *un espresso,* per favore!

B. Translate the following:

1. Anthony, bring it (*f.*) to me! I want to see it right away.
2. He gave her many flowers for her birthday.
3. Mrs. Luciani, don't give it (*f.*) to us! We already have too many things.
4. I cannot tell it to you (*fam. pl.*) until tomorrow.
5. They have been talking to them about it for twenty-five minutes.

# GRAMMAR VI    The *Imperfetto*

A. The indicative tense that Italians call **imperfetto** is a past tense corresponding to the English expressions formed by:

*was/were* + gerund (They were studying in Italy.)

*used to* + infinitive (She used to live in Boston.)

*would* + infinitive (He would go home every day.)

Unless otherwise noted, most Italian verbs form the **imperfetto** of the indicative by dropping the **re** from the infinitive and adding the endings **vo, vi, va, vamo, vate, vano.**

|  | *pens are* (to think) | *vinc ere* (to win) | *riusc ire* (to succeed) |
|---|---|---|---|
| io | pens a*vo* | vinc e*vo* | riusc i*vo* |
| tu | pens a*vi* | vinc e*vi* | riusc i*vi* |
| lui, lei, Lei | pens a*va* | vinc e*va* | riusc i*va* |
| noi | pens a*vamo* | vinc e*vamo* | riusc i*vamo* |
| voi | pens a*vate* | vinc e*vate* | riusc i*vate* |
| loro, Loro | pens a*vano* | vinc e*vano* | riusc i*vano* |

Note that in pronunciation the stress falls on the next-to-last syllable, except for the third person plural, which is stressed on the third-to-last syllable.

Remember that the past participle of **vincere** is **vinto** and that **riuscire** conjugates like **uscire** (present indicative: **riesco, riesci, riesce,** etc.).

B. Of the verbs encountered so far, only **bere, dire, ẹssere,** and **fare** are irregular in the formation of the **imperfetto. Avere,** all reflexive verbs, and verbs that conjugate like **capire, finire,** and **preferire** follow the regular pattern.

|  | *bere* | *dire* | *ẹssere* | *fare* |
|---|---|---|---|---|
| io | bev evo | dic evo | ero | fac evo |
| tu | bev evi | dic evi | eri | fac evi |
| lui, lei, Lei | bev eva | dic eva | era | fac eva |
| noi | bev evamo | dic evamo | eravamo | fac evamo |
| voi | bev evate | dic evate | eravate | fac evate |
| loro, Loro | bev ẹvano | dic ẹvano | ẹrano | fac ẹvano |

C. Uses of the *imperfetto*

While the **passato prossimo** expresses an action begun and completed in the recent past, the **imperfetto** instead expresses a past action without any reference to when it began or ended.

This tense is used, therefore, to express habitual actions in the past, to describe a past action in progress, and to indicate age, time, weather, state of mind, or state of affairs.

Quando *abitavamo* in Italia, *andavamo* spesso al mare.
When we lived in Italy, we often went to the sea.

Durante l'inverno, *ci alzavamo* sempre tardi.
During the winter, we always used to get up late.

Il mio insegnante di francese *entrava* sempre in classe alle otto.
My French teacher always entered the class at eight.

Umberto è arrivato mentre io *telefonavo* a suo fratello.
Umberto arrived while I was calling his brother.

Quando *avevo* ventitrè anni, ho vinto una borsa di studio in Francia.
When I was twenty-three, I won a scholarship to France.

Ieri Emma si è messa un cappotto pesante perché fuori *faceva* freddo.
Yesterday Emma wore a heavy coat because it was cold outside.

# EXERCISES

ANSWERS
p. 237

**A. Change the following verbs to the *imperfetto*.**

| | |
|---|---|
| 1. abbiamo aperto | 11. vengono |
| 2. dimenticherai | 12. possiamo |
| 3. sei uscito | 13. si sono divertiti |
| 4. mangeranno | 14. abbiamo |
| 5. hanno scritto | 15. finiscono |
| 6. ho perso | 16. mi sono vestita |
| 7. ci corichiamo | 17. ho invitato |
| 8. hai voluto | 18. ceneremo |
| 9. giocheremo | 19. sembri |
| 10. piaccio | 20. sono restati |

ANSWERS
p. 238

**B. Complete the sentences with the appropriate form of the *imperfetto*.**

1. Quando Ennio (**abitare**) _____ negli Stati Uniti, (**lavorare**) _____ in un negozio di New York.

2. Ieri io (**avere**) _____ di nuovo il mal di pancia.

3. L'anno scorso Elisa (**cenare**) _____ spesso da noi.

4. Quando i ragazzi (**studiare**) _____, l'insegnante (**essere**) _____ felice.

5. Mentre la mamma (**preparare**) _____ la colazione, il babbo (**fumare**) _____ una sigaretta.

6. Quando noi (**andare**) _____ a scuola, (**imparare**) _____ anche la storia e la geografia d'Italia.

ANSWERS
p. 238

**C. Complete the following sentences with the appropriate forms of the *passato prossimo* and/or the *imperfetto* as required by the context.**

> *Example:* Quando loro stamattina (*went out*) _____, (*we already were*) _____ a scuola. **Quandro loro stamattina sono usciti, noi eravamo già a scuola.**

1. Giorgio e io (*ran into each other*) _____ in centro mentre (*I was returning*) _____ in ufficio.

2. Irma (*arrived*) _____ alla stazione proprio mentre il treno (*was leaving*) _____.

3. Domenica scorsa Marisa (*wore*) _____ un vestito elegante perché (*she was going*) _____ a pranzare con la direttrice della sua scuola.

4. Ieri, mentre il marito e i figli (*were still sleeping*) _____, la signora Buozzi (*went grocery shopping*) _____.

5. (*I was twenty years old*) _____ quando (*I smoked*) _____ la mia prima sigaretta.

6. Silvestro (*called me*) _____ alle due del pomeriggio mentre (*I was resting*) _____.

7. Silvana (*seemed*) _____ infelice perché Riccardo (*wasn't feeling well*) _____.

8. (*We did not succeed in*) _____ parlargi, perché lui (*wasn't*) _____ in ufficio.

9. Mentre la famiglia Rossi (*was having supper*) _____ il telefono (*was ringing*) _____.

10. Ieri pomeriggio mentre i bambini (*were playing*) _____, la loro mamma (*was washing her hair*) _____.

# Review Lesson 2

**ANSWERS**
**pp. 238–240**

**A.** Give the masculine or feminine equivalent of the following words.

> *Examples:* il mio nonno    **la mia nonna**
>
> il babbo di Maria    **la mamma di Maria**

1. quel bell'uomo _____
2. il famoso scrittore _____
3. la vecchia direttrice _____
4. la nuora canadese _____
5. nostro fratello _____
6. il nipote biondo _____
7. lo stesso dottore _____
8. la farmacista gentile _____
9. il giovane marito _____
10. il nuovo autista _____

**B.** Change all possible words in the following sentences from the singular to the plural.

> *Example:* È questo il film che tu vuoi vendere? **Sono questi i film che voi volete vedere?**

1. Il tema di quello studente è troppo lungo.
2. La radio che lui compra non costa molto.
3. Quel dramma è certo interessante, ma è anche difficile!
4. Il pilota di quest'aeroplano è molto bravo.
5. Io devo fare il vaglia adesso.
6. Quest'uovo è fresco e voglio mangiarlo subito.
7. Non conosco la moglie di quel pianista.
8. L'espresso che arriva su questo binario viene da Torino.
9. Incontro spesso quell'uomo molto alto.

**C.** Give the future forms of the verbs in italics.

1. *Bevo* un po' di latte e *mangio* del formaggio.
2. Dove *possiamo* trovare un buon ristorante?
3. Chi *sa* se anche loro *vanno* al cinema?
4. *Diciamo* a suo padre che Gino *deve* stare a casa.
5. Se *rimanete* a Padova tutto l'anno, cosa *fate* d'estate quando noi *andiamo* al mare?
6. Chi gli *dà* qualcosa da bere quando lui *ha* sete?
7. *Vediamo* tuo fratello alle venti quando lui *viene* da noi.
8. Che cosa *dici* a Teresa se lei ti *telefona*?
9. Voi, ragazzi, *dimenticate* sempre tutto quello che io *faccio* per voi!
10. Chi *paga* il conto quando io non *sono* più qui?

D. **Change the verbs from the present or the future to the *passato prossimo*.**

1. Lui mangia spesso al ristorante.
2. Loro lavoreranno in questo negozio.
3. Noi abbiamo molti amici in Francia.
4. Giovanna dorme in classe.
5. Stasera vedremo un buon film giapponese.
6. Anna dice che loro partono alle due del pomeriggio.
7. Quanti giorni rimangono qui i tuoi cognati?
8. Dove tieni l'automobile?
9. Che cosa sapete voi di noi?
10. Non voglio nulla da te!
11. Dobbiamo spedire questo pacco.
12. Sergio entra in casa quando sua moglie esce.
13. Loro viaggeranno in treno.
14. Rosa, quando tu vai al supermercato, quanto denaro spendi?
15. La mamma fa la spesa il martedì e il sabato.
16. Il macellaio pesa la carne e io gli do ventimila lire.
17. Non risponderemo alle sue lettere.
18. Oggi io incasserò due assegni per viaggiatori.
19. Quando Gino tornerà a scuola, parlerà subito con la sua insegnante.
20. Quando nasce il bambino di tua sorella?

E. **Complete the following sentences with the appropriate relative or interrogative pronouns.**

1. Con _____ parli al telefono, Giuseppe?
2. Mi hanno detto che la casa _____ vuoi comprare costa molto.
3. Il ragazzo con _____ Marianna esce è spagnolo.
4. A _____ avete dato la mia moto?
5. Il paese per _____ l'autobus passa si chiama San Giacomo.
6. Signorina Bacci, a _____ vuole spedir questa lettera?
7. La casa in _____ abitiamo è in Via Dante.
8. Il professore di _____ tutti gli studenti parlano è molto bravo.
9. Di _____ sono queste camicie?
10. Il violinista _____ voi conoscete non è americano ma canadese.

F. **Complete the following sentences, translating the verbs in parentheses.**

1. Ogni giorno (*I get up*) _____ prima di tutti.
2. Ieri sera Luciana (*went to bed*) _____ alle otto perché era molto stanca.
3. Oggi (*she is wearing*) _____ il vestito che io le ho comprato la settimana scorsa.

4. Quando Luciano ha visto sua moglie, (*he realized*) _____ sùbito che lei non stava bene.

5. Quando i bambini (*fall asleep*) _____, la loro mamma può riposarsi un po'.

6. (*They see each other*) _____ tutte le domèniche.

7. Se leggo un libro poco interessante, (*I get bored*) _____.

8. Alberto e Silvana (*phoned each other*) _____ ieri sera.

9. Oggi (*he doesn't feel well*) _____ perché la carne che ha mangiato non era molto fresca.

10. Massimo, (*get ready*) _____! Sono già le undici e mezzo!

**G. Rewrite these sentences, replacing the words in italics with the appropriate direct or indirect object pronouns.**

1. Signorina, ha parlato *a suo fratello* ieri sera?

2. Perché desìderi tornare *in quella casa?*

3. Mamma, hai lavato *le mie camicette?*

4. Non ho potuto telefonare *a mia cognata.*

5. Voglio mandare *tre cartoline* negli Stati Uniti.

6. Fa' sùbito *gli esercizi!*

7. È vero che Olga vuole *un po' di burro?*

8. Hai detto *a Giuliana e a Mario* di venire a cena da noi?

9. Dove avete visto *i miei nipoti?*

10. Dite *alla signora Marchetti* che io sono partita!

**H. Substitute the verb *piacere* for *preferire,* and make all the necessary changes.**

*Example:* Noi preferiamo la tagliatelle. **Ci piàcciono le tagliatelle.**

1. Tu hai preferito l'arrosto di vitello.

2. I miei cugini preferìscono viaggiare in treno.

3. Lei preferisce il vino bianco.

4. Noi preferivamo visitare la Spagna.

5. Chi preferisce rimanere al mare per altri due giorni?

6. È vero che voi preferite comprare delle mele?

**I. Substitute the appropriate combined direct/indirect object pronouns for the words in italics, making all necessary changes.**

1. Luigi, da' *le chiavi alla mamma!*

2. Non ho potuto comprare *quelle cravatte per mio marito.*

3. Non portare *a me delle sigarette!* Io non fumo!

4. La commessa del negozio ha venduto *molta stoffa a quei clienti.*

5. Perché non vuoi dire *la verità a tuo fratello?*

6. Chi deve dare *a noi quei giornali americani?*

J.  Translate the following sentences.

1. My cousin Rita has been living in Naples for three months. She likes that city very much and hopes to remain there until next summer.

2. This morning Gianfranco shaved in a hurry, then had breakfast, read the paper for ten minutes, and at eight-thirty he went to work.

3. Rosetta goes grocery shopping every Tuesday, or when she needs eggs, olive oil, and fresh fruit and vegetables.

4. I am tired and hungry; I want to go home to eat and rest.

5. I know that she doesn't like me, because when I see her and say, "Hi, Lisa, how are you today?" she answers only, "So-so."

6. Yesterday I bought myself a new jacket. I like it a lot, and it fits me like a glove.

# 11 Una gita domenicale
## (A Sunday Outing)

## PAROLE DA RICORDARE

| | | | |
|---|---|---|---|
| l'alba | dawn | peggiore | worse |
| l'autostrada | highway | il, la peggiore | worst |
| il, la cliente | customer | la penisola | peninsula |
| come | as, like; how | la persona | person |
| così . . . come | as . . . as | il pesce | fish |
| dietro | behind | pessimo, a | very bad |
| domenicale | Sunday (adj.) | pittoresco, a | picturesque |
| la festa | holiday, party | (pl. pittoreschi, | |
| generoso, a | generous | pittoresche) | |
| la gente[1] | people | più piano | more slowly |
| la gita | outing, trip | le previsioni | weather forecast |
| l'idea | idea | del tempo | |
| infatti | in fact, as a | la regione | region |
| | matter of fact | secondo[2] | according to |
| il lampo | lightning | statale | state |
| lì | there | la strada | road, street |
| la macchina | car, machine | tanto . . . quanto | as . . . as |
| migliore | better | il temporale | storm |
| il, la migliore | best | la Toscana | Tuscany |

---

[1]Gente, *though plural in meaning, is normally singular in use* (**Questa gente è molto ricca** = These people are very rich.)

[2]*The preposition* **secondo** + *personal object pronoun, such as* **me, te, lui, lei,** *means* according to me, you, him, her, *or* in my, your, his, her opinion.

| | | | |
|---|---|---|---|
| il mondo | world | il tramonto | sunset |
| la montagna | mountain | il tuono | thunder |
| nazionale | national | veloce | fast |
| la neve | snow | il vento | wind |
| l'ombrello | umbrella | la vita | life |
| ottimo, a | excellent, very good | albeggiare | to dawn |
| amare | to love | tirare vento | to blow (wind) |
| ascoltare | to listen (to) | tramontare | to set, go down |
| cucinare | to cook | tuonare | to thunder |
| diluviare | to pour (of rain) | non importa | it doesn't matter |
| fare una gita | to take a trip | fare una gita | to go for a drive |
| guadagnare | to earn (money) | in macchina | |
| nevicare | to snow | lampeggiare | to lightning |
| portarsi dietro | to bring, take along | piovere | to rain |
| | | regalare | to give (as a gift) |

# DIALOGO   Una gita domenicale

L'Italia non è un paese molto grande; è infatti più piccola della California. La gente che abita in alcune regioni della penisola, come la Toscana, si trova vicino al mare come alle montagne.

PIETRO   Giulia, quali sono le previsioni del tempo per domani? Non ho ascoltato la radio.

GIULIA   Domattina forse pioverà . . . ma nel pomeriggio farà bel tempo. Ci sarà un po' di vento ma anche molto sole.

PIETRO   Allora possiamo fare una gita in macchina.

GIULIA   Ottima idea! Dove andiamo?

PIETRO   A Viareggio. Non ci siamo mai stati.

GIULIA   Ma non è lontano?

PIETRO   Solo centoventi chilometri. Se partiamo alle quattro, siamo lì prima delle sei.

GIULIA   Prendiamo l'autostrada?

PIETRO   No, la strada statale. Si va più piano, ma il panorama è più pittoresco.

GIULIA   Ci portiamo dietro qualcosa da mangiare?

PIETRO   No, Giulia. Ceniamo a Viareggio in un ristorante sul mare.

GIULIA   Allora domani mangiamo pesce! A che ora torneremo a casa?

PIETRO   Tardi, ma non importa! Lunedì non si lavora. È festa nazionale.

# DIALOGUE    A Sunday outing

Italy is not a large country. As a matter of fact, it's smaller than California. People who live in some regions of the peninsula, such as Tuscany, are as close to the sea as they are to the mountains.

PIETRO    Giulia, what's the weather forecast for tomorrow? I didn't listen to the radio.

GIULIA    Perhaps it will rain tomorrow morning, but the afternoon will be fine. A bit windy, but also quite sunny.

PIETRO    Then we can go for a drive.

GIULIA    Excellent idea! Where are we going?

PIETRO    To Viareggio. We have never been there.

GIULIA    But isn't it far?

PIETRO    Only 120 kilometers. If we leave at four, we'll be there before six.

GIULIA    Are we taking the highway?

PIETRO    No, the state road. It takes longer (one goes more slowly), but the landscape is more picturesque.

GIULIA    Are we bringing along something to eat?

PIETRO    No, Giulia. We'll have supper in Viareggio, in a restaurant by the sea.

GIULIA    Then tomorrow we eat fish! At what time are we going to be back home?

PIETRO    Late, but it doesn't matter. Monday nobody works. It's a national holiday.

# EXERCISES

**A. Read the following statements based on the content of the dialogue; then check the true or false blank.**

|  | T | F |
|---|---|---|
| 1. L'Italia è più grande della California perché è una lunga penisola. | _____ | _____ |
| 2. Anche la gente che abita in Toscana si trova vicino al mare come alle montagne. | _____ | _____ |
| 3. Pietro non sa che tempo farà perché non ha ascoltato la radio. | _____ | _____ |
| 4. Secondo le previsioni del tempo, pioverà anche domani pomeriggio. | _____ | _____ |
| 5. Giulia e Pietro andranno a Viareggio con l'autobus. | _____ | _____ |
| 6. Pietro conosce bene Viareggio, ma Giulia non c'è mai stata. | _____ | _____ |
| 7. Giulia e Pietro arriveranno a Viareggio dopo le sei. | _____ | _____ |
| 8. Pietro preferisce l'autostrada perché è più veloce. | _____ | _____ |
| 9. Giulia e Pietro mangeranno in un ristorante di Viareggio. | _____ | _____ |
| 10. A Giulia non piace affatto il pesce. | _____ | _____ |
| 11. Lunedì Giulia e Pietro non lavorano perché è festa nazionale. | _____ | _____ |

ANSWERS
p. 241

**B. Match the related terms in the two columns.**

1. il binario
2. la sigaretta
3. l'aeroplano
4. il pesce
5. la scarpa
6. l'albero
7. il tassì
8. il cassiere
9. il tramonto
10. la chiave
11. la moglie
12. l'ufficio
13. la verdura
14. il compleanno
15. il negozio di abbigliamento
16. l'orologio
17. la pioggia
18. la donna

a. la festa
b. l'autista
c. la banca
d. l'ora
e. l'ombrello
f. il vestito
g. la porta
h. l'impiegato
i. il fruttivendolo
l. il tabaccaio
m. il mare
n. il piede
o. il pilota
p. il parco
q. la stazione
r. il sole
s. l'uomo
t. il marito

# GRAMMAR I    The Impersonal Construction

To render the English expressions formed by such words as *one, they,* and *people* followed by a conjugated verb, Italian uses the pronoun si plus the third person singular of the verb.

**A che ora *si mangia* in quel ristorante?**
At what time do people eat in that restaurant?

**Quando *si fa* tardi, *si perde* il treno.**
When one is late, one misses the train.

***Si può* fumare qui?**
Can one smoke here?

Note that:

1. If the verb is reflexive, ci always precedes si.

**Quando fuori fa freddo, *ci si mette* il cappello.**
When it's cold outside, one wears a hat.

**D'estate *ci si alza* sempre molto presto.**
During the summer, people always get up early.

2. With a past action, the compound tense uses the auxiliary verb essere.

**Non *si è saputo* nulla di lui.**
People knew nothing about him.

*Si è mangiato* molto bene in quel ristorante.
They ate very well in that restaurant.

3. When the verb of the impersonal construction is essere followed by an adjective, the adjective is in the plural masculine form, even though the verb is singular.

Quando si lavora molto, *si è stanchi*.
When one works hard, one is tired.

È vero che se *si è ricchi*, la vita è facile?
Is it true that if you are rich, life is easy?

# EXERCISE

ANSWERS
p. 241

Rephrase each sentence using the impersonal construction.

> *Example:* Mangiamo soltanto quando abbiamo fame. *Si mangia* soltanto quando *si ha* fame.

1. Per andare in centro loro prendono l'autobus.
2. Ieri sera abbiamo parlato per due ore.
3. Dicono che voi andrete in vacanza.
4. Possiamo fare una telefonata interurbana?
5. La settimana scorsa abbiamo dormito in albergo.
6. Faremo colazione quando ci alzeremo.
7. Quando vinciamo, siamo felici.
8. Loro si preoccupano sempre di ogni cosa.
9. Che cosa vogliono da me?
10. Prima ci vestiamo e poi usciamo.

# GRAMMAR II   The Comparative

A. Unequal Comparison
Italian has two kinds of comparison: unequal and equal.

To form unequal comparisons, Italian uses the words **più** (more) and **meno** (less, fewer). The English *than* is expressed by the preposition **di** or by the conjunction **che**.

1. The preposition **di** (either alone or with the definite article) is used when a noun or a pronoun is being compared with another noun or pronoun.

Mio fratello è *più* alto *di* Antonio.
My brother is taller than Antonio.

La geografia è *meno* difficile *della* matematica.
Geography is less difficult / easier than mathematics.

Loro guadagnano *più* denaro *di* noi.
They earn more money than we do.

The preposition **di** is also required when a number word is used to express a quantity.

> **Quella nuova macchina sportiva costa *più di* quarantacinque milioni.**
> That new sports car costs more than forty-five million lire.

> **In questa scuola ci sono *meno di* duemila studenti.**
> In this school there are fewer than two thousand students.

2. The conjunction **che** is used when what is being compared (nouns, adjectives, verbs, prepositional phrases of place, and adverbs) relates directly to the same subject.

> **Quel ristorante ha *più* camerieri *che* clienti.**
> That restaurant has more waiters than customers.

> **Tuo cugino è *più* forte *che* intelligente.**
> Your cousin is stronger than he is intelligent.

> **A quei ragazzi piace *più* giocare *che* studiare.**
> Those boys like playing more than studying.

> **Ci sono *meno* stranieri a Bologna *che* a Firenze.**
> There are fewer foreigners in Bologna than in Florence.

> **Andiamo al mare! È *più* caldo lì *che* qui.**
> Let's go to the beach! It's warmer there than here.

When the second term of comparison is a conjugated verb, the phrase **di quel che** (or **di quello che**) is required.

> **Marietta era *più* giovane *di quel che (di quello che)* io pensavo.**
> Marietta was younger than I thought.

**B.** Equal Comparisons

To express comparisons of equality, Italian uses the adverbs **così . . . come** and **tanto . . . quanto** (as . . . as), where **così** and **tanto** come before the adjective, and **come** and **quanto** follow it.

Italians commonly omit **così** and **tanto** when comparing two nouns or two pronouns.

> **Il pranzo è buono *come (quanto)* la cena.**
> The dinner is as good as the supper.

> **Tu non sei gentile *come (quanto)* me.**
> You are not as kind as I am.

After **come** and **quanto** the personal object pronouns **me, te, lui, lei, noi, voi,** and **loro** must be used.

In the comparison of two adjectives or two verbs, the forms **così . . . come** and **tanto . . . quanto** are normally used.

> **Angela è una ragazza *tanto* bella *quanto* intelligente.**
> Angela is as beautiful a girl as she is intelligent.

> **Mi piace *così* scrivere *come* leggere.**
> I like writing as much as reading.

The English expression *as much (many)* + noun + *as* is rendered in Italian by **tanto** + noun + **quanto**. Since **tanto** here is used as an adjective, it must agree in gender and number with the noun.

> **Luisa compra *tanta* frutta *quanto* Elisabetta.**
> Luisa buys as much fruit as Elisabetta.

> **Io ho letto *tanti* libri *quanto* te.**
> I have read as many books as you have.

Some adjectives have irregular comparative forms in addition to the regular formation with **più**. The two adjectives whose irregular forms are more commonly used are **buono** and **cattivo**.

| | |
|---|---|
| **buono** good | **più buono** or **migliore** better |
| **cattivo** bad | **più cattivo** or **peggiore** worse |

**Migliore** and **peggiore** replace the regular comparative forms **più buono** and **più cattivo** when one wishes to emphasize a person's professional abilities and/or individual skills.

> **Quel giovane medico è bravo, ma il dottor Carli è *migliore* di lui.**
> That young doctor is good, but Dr. Carli is better than he.

> **Gino e Leo sono cattivi insegnanti; Leo, però, è *peggiore* di Gino.**
> Gino and Leo are bad teachers; Leo, however, is worse than Gino.

When **migliore** and **peggiore** refer to things, they emphasize material qualities.

> **È vero che la tua camicia costa poco, ma è *peggiore* della mia!**
> It's true that your shirt does not cost much, but it's of a worse quality than mine!

# EXERCISES

**A. Complete the sentences to form comparatives expressing *more*.**

1. La bistecca di manzo è _____ buona _____ carne tritata.

2. Il mio padrone di casa ha _____ figli _____ figlie.

3. In questa città ci sono _____ alberghi _____ ristoranti.

4. A Anna piace _____ lavorare _____ studiare.

5. Quella studentessa era _____ alta _____ sua insegnante.

6. Ieri il cassiere della banca ha incassato _____ trecentoventi assegni.

7. Loro hanno _____ nemici _____ amici.

8. La nostra macchina e _____ vecchia _____ voi pensate.

9. In quel negozio di abbigliamento ci sono _____ commesse _____ commessi.

10. È _____ facile telefonarsi _____ scriversi.

ANSWERS
p. 241

**B.** Complete the sentences to form comparatives expressing *less*.

1. Quello stadio è _____ grande _____ questa piazza.
2. Giuseppe è stato _____ intelligente _____ noi tutti.
3. Forse Luciana era _____ bella _____ sua sorella.
4. Adriana legge _____ romanzi _____ dite.
5. Generalmente i giovani hanno _____ denaro _____ vecchi.
6. È vero che a loro piace _____ viaggiare _____ rimanere a casa?
7. Oggi il postino ci ha portato _____ tre lettere.
8. La mia vita è sempre stata _____ interessante _____ vostra.
9. Giorgio compra sempre _____ camicie _____ cravatte.
10. Quelle medicine costano _____ trentamila lire.

ANSWERS
pp. 241–242

**C.** Change the following sentences from the comparative of inequality to the comparative of equality.

> *Example:* Lui mangia più di me. **Lui mangia *come/quanto* me.**

1. Loro avevano più amici che parenti.
2. Alcuni clienti amano più parlare che comprare.
3. Le strade di Ferrara sono meno lunghe di quelle di Roma.
4. In questa casa ci sono più porte che camere.
5. Quel ragazzo è più buono che intelligente.
6. Nella classe c'erano più ragazze bionde che brune.
7. Spesso i poveri sono meno felici dei ricchi.
8. I treni non sono sempre più veloci delle automobili.
9. Tu eri meno grasso di me.
10. C'erano più stranieri al mare che sul lago.

ANSWERS
p. 242

**D.** Select the more appropriate comparative form to complete the sentence.

1. Il mio insegnante di francese spiega molto bene la lezione e piace a tutti gli studenti. Quando, invece, il professore di matematica spiega la lezione, nessuno capisce nulla. Il professore di francese è (**migliore, più buono**) _____ del professore di matematica.

2. I signori Ghetti hanno due figli, Luca e Matteo. Né Luca né Matteo sono molto buoni. Generalmente, però, Luca è (**peggiore, più cattivo**) _____ di suo fratello.

3. Sabato scorso abbiamo comprato una bottiglia di vino rosso e una di vino bianco. Il vino rosso era buono, quello bianco era eccellente. Possiamo dire che il vino bianco era (**migliore, più buono**) _____ del vino rosso.

4. Tu ieri non hai voluto dare nulla a quella povera vecchia. Oggi le hai dato cinquemila lire. Oggi tu sei (**più buono, migliore**) _____ di ieri.

5. I nostri zii si chiamano Renato e Augusto. Mentre lo zio Renato ci porta sempre dei dolci, lo zio Augusto non ci porta mai niente. Lo zio Renato è certamente (**più buono, migliore**) _____ dello zio Augusto.

6. Sergio e Alberto sono commessi in un negozio di abbigliamento. Sergio parla molto, ma lavora poco. Alberto conosce tanti clienti e riesce sempre a vendere molti vestiti. Come commesso Sergio è (**più cattivo, peggiore**) _____ di Alberto.

# GRAMMAR III    The Superlative

Italian has two superlative forms; they are called **superlativo relativo** and **superlativo assoluto.**

A. The **superlativo relativo,** which corresponds to the English superlative (such as *most difficult, easiest*), is obtained by placing the definite article before the comparatives formed with **più** or **meno** or before **migliore** and **peggiore.**

| | |
|---|---|
| Rosa è *la più bella* di tutte. | Rosa is the most beautiful of all. |
| Lui è il *migliore studente* della classe. | He is the best student in the class. |

Note the following:

1. Italian uses **di** (alone or with the definite article), while English normally uses *in.*

| | |
|---|---|
| Ecco la più lunga via *del* paese! | Here is the longest street in the town! |
| Questo è il più grande stadio *d'*Italia. | This is the largest stadium in Italy. |

2. The irregular comparative forms **migliore** and **peggiore** may drop their final e before words beginning with a vowel or a consonant (except **s** + consonant or **z**).

Abbiamo dormito nel *miglior* albergo di Roma.
We slept in the best hotel in Rome.

È stata la *peggior* settimana della mia vita.
It has been the worst week of my life.

3. When the superlative follows the noun, the definite article is not repeated before **più, meno** or **migliore, peggiore.**

Ho parlato *all'*uomo *più forte* del mondo.
I spoke to the strongest man in the world.

Questo è *il* negozio *meno caro* della città.
This is the least expensive store in town.

4. The second term of the comparison is at times omitted.

Il locale è *il treno meno veloce.*
The *locale* is the slowest train.

Queste mele sono *le peggiori!*
These are the worst apples!

B. The **superlativo assoluto** corresponds to the English expressions formed with the adverbs *very, extremely,* and *exceedingly* + adjective. These are two ways to form the **superlativo assoluto:**

1. By combining the adverb **molto** with the adjective:

    Giovanni è *molto gentile* con tutti.    Giovanni is very kind with everyone.

    Sara è una bambina *molto buona*.    Sara is an extremely good child.

    Ho visto degli alberi *molto alti*.    I saw some very tall trees.

2. By dropping the last vowel of the adjective and adding in its place -issimo or -issima:

    Lei è una *bravissima* mamma.    She is an excellent mother.

    Questa lezione è *difficilissima*.    This lesson is exceedingly difficult.

    Abbiamo dei vestiti *carissimi*.    We have some very expensive clothes.

    Hanno comprato delle macchine *velocissime*.    They bought some very fast cars.

Note that:

1. Adjectives ending in **co/ca** and **go/ga** add an h before -issimo/-issima.

    ricco, a    ricchissimo, ricchissima

    largo, a    larghissimo, larghissima

    Le mani di Elisabetta sono *bianchissime*.
    Elizabeth has extremely white hands.

    Ho viaggiato su un *lunghissimo* treno.
    I traveled on a very long train.

2. The adjective **vecchio, a** and other adjectives ending in unstressed io/ia drop these endings before adding -issimo and -issima.

    Abito in una *vecchissima* casa.
    I live in a very old house.

    Il professore ha dei libri *vecchissimi*.
    The professor has some extremely old books.

3. The adjectives **buono** and **cattivo** have the following regular and irregular superlative forms:

    buono, a    molto buono, a / buonissimo, a  and  ottimo, a

    cattivo, a    molto cattivo, a / cattivissimo, a  and  pessimo, a

4. The irregular superlative forms **ottimo** and **pessimo** are used mostly to emphasize professional qualities, individual skills, and the material qualities of things and objects.

    Luigi è un bambino *molto buono*, ma un *pessimo* studente.
    Luigi is a very good child, but a very bad student.

    Non sarà una donna molto gentile, ma è un'*ottima* pianista!
    She may not be a very kind woman, but she is an excellent pianist!

    In quel piccolo ristorante abbiamo mangiato un *ottimo* arrosto di vitello.
    In that small restaurant we ate an excellent roast of veal.

# EXERCISES

ANSWERS
p. 242

**A. Complete the following sentences with the appropriate form of the *superlativo relativo*.**

1. Il rapido è (*the fastest*) _____ treno italiano.
2. Abbiamo comprato (*the most expensive*) _____ automobile francese.
3. La nostra casa era (*the smallest one*) _____ del paese.
4. Lucia è (*the youngest*) _____ delle nostre bambine.
5. Enrico era (*the worst*) _____ studente della scuola.
6. Il Grand Hotel è (*the most elegant*) _____ albergo di Firenze.
7. Hanno visto (*the best*) _____ film dell'anno.
8. Voi non avete ancora letto (*the most interesting*) _____ romanzo di quello scrittore.
9. Il signor Bastiani è sempre stato (*the least generous*) _____ cliente che noi abbiamo.
10. Questo è (*the easiest problem*) _____ che dobbiamo fare.

ANSWERS
p. 242

**B. Translate the following.**

1. He was the smartest kid in the family.
2. That skirt was the least beautiful one in the store.
3. This is the worst storm of the year.
4. She has always been the kindest of them all.
5. Renata is the smallest girl in her class.

ANSWERS
pp. 242–243

**C. Give all possible forms of the *superlativo assoluto* for the following adjectives.**

*Example:* bello    molto bello, bellissimo

| | |
|---|---|
| 1. alto | 11. regolare |
| 2. ricca | 12. difficile |
| 3. divertente | 13. nuova |
| 4. basso | 14. felice |
| 5. leggero | 15. pronto |
| 6. moderno | 16. vera |
| 7. pesante | 17. importante |
| 8. normale | 18. bionda |
| 9 vecchia | 19 magro |
| 10. buona | 20. brutta |

ANSWERS
p. 243

**D. Complete the following sentences with the superlative ending in *-issimo/-issima*.**

1. Questo cameriere è sempre (**occupato**) _____.
2. Domani leggerò un libro (**interessante**) _____.

3. La mia nonna è una (**bella**) _____ donna.
4. Quel signore sembrava (**gentile**) _____.
5. Questa macchina è (**veloce**) _____.
6. Robert studia molto e il suo italiano è (**buono**) _____.
7. Giovanna Bellini è una violinista (**conosciuta**) _____.
8. Stefano spesso non va a scuola; è un (**cattivo**) _____ studente.
9. La cattedrale di questa città è (**grande**) _____.
10. Ieri un amico ci ha portato una (**bella**) _____ notizia.
11. Giorgio ora ha un buon lavoro e così è (**felice**) _____.
12. É veramente una persona intelligente anche se ancora (**giovane**) _____.

# GRAMMAR IV   Verbs Used in the Third Person Singular

Verbs expressing atmospheric changes and other natural phenomena are normally in the third person singular or in the infinitive. In the **passato prossimo** (as in other compound tenses) they are normally conjugated with **essere**.

| | | | |
|---|---|---|---|
| albeggiare | to dawn | piovere | to rain |
| diluviare | to pour | tirare vento | to blow (wind) |
| lampeggiare | to lightning | tramontare | to set, go down |
| nevicare | to snow | tuonare | to thunder |

> **Non sono uscito perché** *diluviava.*
> I didn't go out because it was pouring.

> **Quando mi sono alzato,** *albeggiava.*
> When I got up, dawn was breaking.

> **Ieri è** *nevicato,* **ma oggi c'è il sole.**
> Yesterday it snowed, but today the sun is out.

When the above verbs (except for **tramontare**) express a continuous action, they prefer the auxiliary verb **avere**.

> **Lunedì** *ha piovuto* **per molte ore.**
> On Monday it rained for many hours.

# EXERCISE

Complete the sentences, translating the words in parentheses.

1. Domani andremo al mare, se (*it will not rain*) _____.
2. Ieri ci siamo messi il cappotto perché (*the wind was blowing*) _____.
3. Dobbiamo prendere l'ombrello! Fuori (*it's pouring*) _____.
4. Tornano sempre a casa quando il sole (*is going down*) _____.
5. L'inverno scorso (*it snowed*) _____ quasi tutti i giorni.
6. Nelle strade ora non c'è nessuno perché (*it's thundering and lightning*) _____

# GRAMMAR V   Idiomatic Use of the *Imperfetto* with the Preposition *da*

To express the continuity of a past action, English uses the pluperfect indicative with the preposition *for.* Italian renders this construction with the **imperfetto** + **da.**

> Quando Giovanni è tornato in ufficio, *pioveva da* due ore.
> When Giovanni returned to the office, it had been raining for two hours.

> Quando sono entrato in classe, l'insegnante *spiegava* la lezione *da* dieci minuti.
> When I entered the room, the teacher had been explaining the lesson for ten minutes.

# EXERCISE

Complete the sentences, translating the words in parentheses.

1. I bambini erano stanchi perché (*they had been playing*) _____ da tre ore.
2. (*She had been resting*) _____ da mezz'ora quando ha squillato il telefono.
3. Ieri siamo andati tutti al mare perché (*it had been hot*) _____ da due settimane.
4. Quando il treno si è fermato alla stazione di Ṭaranto, (*I had been traveling*) _____ da parecchie ore.
5. Ieri faceva molto freddo perché (*it had been snowing*) _____ da tre giorni.
6. Quando loro ci hanno scritto (*we had been*) _____ all'ẹstero da due mesi.

# GRAMMAR VI   Present Conditional of *-are, -ere,* and *-ire* Verbs; Present Conditional of *avere* and *ẹssere*

**A.** Whereas English forms the conditional with the auxiliary *would,* Italian forms the present conditional by adding appropriate conditional endings to the stem of the infinitive.

|  | *-are / -ere* | *-ire* |
|---|---|---|
| io | -erei | -irei |
| tu | -eresti | -iresti |
| lui, lei, Lei | -erebbe | -irebbe |
| noi | -eremmo | -iremmo |
| voi | -ereste | -ireste |
| loro, Loro | -erẹbbero | -irẹbbero |

|  | *guadagn are* | *vinc ere* | *segu ire* |
|---|---|---|---|
| io | guadagn erei | vinc erei | segu irei |
|  | (I would earn) | (I would win) | (I would follow) |
| tu | guadagn eresti | vinc eresti | segu iresti |
| lui, lei, Lei | guadagn erebbe | vinc erebbe | segu irebbe |
| noi | guadagn eremmo | vinc eremmo | segu iremmo |
| voi | guadagn ereste | vinc ereste | segu ireste |
| loro, Loro | guadagn erebbero | vinc erebbero | segu irebbero |

Note that:

1. Verbs whose infinitives end in **-ciare** and **-giare** drop the **i** of the stem before adding conditional endings (**cominc*erei*, cominc*eresti*,** etc.; **mang*erei*, mang*eresti*,** etc.).

2. Verbs whose infinitives end in **-care** and **-gare** add an **h** before all conditional endings (**dimentic*herei*, dimentic*heresti*,** etc.; **pag*herei*, pag*heresti*,** etc.).

3. The verbs **capire, finire, preferire,** and **uscire** form the conditional as any other **-ire** verbs do. **Piacere** too is regular in the formation of the conditional.

4. All direct and indirect object pronouns, **ne** included, precede the conditional.

**B.** Present Conditional of **avere** and **essere**

| io | **avrei** (I would have) | **sarei** (I would be) |
|---|---|---|
| tu | **avresti** | **saresti** |
| lui, lei, Lei | **avrebbe** | **sarebbe** |
| noi | **avremmo** | **saremmo** |
| voi | **avreste** | **sareste** |
| loro, Loro | **avrebbero** | **sarebbero** |

**C.** Use of the Conditional

In Italian, as in English, the conditional is normally used to express an action that depends on another fact or action expressed or implied, or to express a future hypothetical situation.

> *Comprerei* quella macchina sportiva, ma costa troppo.
> I would buy that sports car, but it costs too much.

> Per dire la verità, oggi *preferirei* rimanere a casa.
> To tell the truth, today I would prefer to stay home.

In Italian, the conditional is required when expressing what is reported as rumor or hearsay.

> Dicono che suo padre gli *regalerebbe* una nuova moto.
> They say that his father is going to give him a new motorcycle.

> Secondo voi, chi *sarebbe* la migliore cliente di questo negozio?
> In your opinion, who is this store's best customer?

# EXERCISES

**A. Change the verbs in the following phrases to the conditional.**

1. Loro amavano studiare.
2. Io le ho regalato un libro.
3. Noi vendiamo la macchina al cliente.
4. Alberto mi ha parlato.
5. Tu tornerai alle sei.
6. I ragazzi hanno finito il compito.
7. Voi preferite fare una passeggiata.
8. Luigi le telefonava spesso.
9. Loro erano stranieri.
10. Voi avete avuto ragione.
11. Noi porteremo del pane.
12. Tu hai trovato del denaro.
13. Io metto la giacca sul letto.
14. Noi siamo usciti presto.
15. Abbiamo guadagnato due milioni.
16. Mia madre cucina molto bene.
17. Domani nevicherà.
18. Che cosa desiderate?
19. Con chi parlavano loro?
20. Abbiamo speso troppo.

**B. Supply the appropriate form of the conditional for the verbs in parentheses.**

1. Quello straniero (**desiderare**) _____ incassare degli assegni, ma la banca è chiusa.
2. È vero che voi (**essere**) _____ pronti alle due?
3. Loro (**ascoltare**) _____ la radio, ma non ne hanno una.
4. Vittorio (**vendere**) _____ il negozio, ma sua moglie non vuole.
5. Secondo le previsioni del tempo, nel pomeriggio (**nevicare**) _____.
6. Ti (**spedire**) _____ ora quella lettera, ma non ho francobolli.
7. Signora, (**avere**) _____ la bontà di darmi quell'ombrello?
8. Lei (**cucinare**) _____ molto bene, ma preferisce mangiare al ristorante.
9. Secondo il mio insegnante, io non (**essere**) _____ molto intelligente.
10. Mario, ti (**dare**) _____ subito il libro, ma voglio prima finire di leggerlo.

# 12 All'agenzia di viaggi
## (At the Travel Agency)

## PAROLE DA RICORDARE

| | | | |
|---|---|---|---|
| abbastanza | enough | la nave | ship |
| l'aereo | plane | peggio (*adv.*) | worse |
| l'aeroporto | airport | il posto | place |
| l'Africa | Africa | la prenotazione | reservation |
| africano, a | African | seguente | following |
| l'agenzia | agency | senza | without |
| l'agenzia di viaggi | travel agency | volentieri | willingly, gladly |
| l'Australia | Australia | il volo | flight |
| australiano, a | Australian | accompagnare | to accompany |
| l'aviogetto | jet plane | avere paura (di) | to fear, be afraid (of) |
| l'avvocato[1] | lawyer, attorney | credere | to believe |
| il capoufficio | office manager | decidere[2] | to decide |
| (*pl.* i capiufficio) | | fare il biglietto | to purchase a ticket |
| l'Europa | Europe | fare un giro | to take a tour |
| europeo, a | European | iniziare | to begin, start |
| giornaliero, a | daily | insegnare | to teach |
| il giro | tour | lasciare | to leave, leave behind |
| la Grecia | Greece | mettersi a + *inf.* | to start (doing |
| incantevole | charming | | something) |
| invece (di) | instead (of) | noleggiare | to rent (a car) |
| l'isola | island | piangere[2] | to cry |
| Londra | London | salpare | to sail |

[1]*Avvocato, like professore and dottore, is a title and can be used alone in addressing a person who has the right to such a title, as in: Buon giorno, avvocato; come sta?*
[2]*Note that the verbs decidere, piangere, and vivere have irregular past participles: deciso, pianto, vissuto.*

| lontano (*adv.*) | far | sbagliare | to make a mistake |
| lontano, a | far | smettere (di) + *inf.* | to stop, cease |
| meglio (*adv.*) | better | temere (di) + *inf.* | to fear, be afraid (of) |
| l'opuscolo | brochure, pamphlet | vivere[2] | live |
| volare | to fly | a presto | see you soon |

# DIALOGO    All'agenzia di viaggi

L'avvocato Rosi e la moglie vorrebbero passare le vacanze all'estero. Non avendo ancora deciso quale posto visitare, vanno a trovare un amico, direttore d'un'agenzia di viaggi.

DIRETTORE    Dove volete andare, in America, in Australia, in Africa. . . ?

AVVOCATO ROSI    A me piacerebbe visitare gli Stati Uniti.

SIGNORA ROSI    Anche a me, ma l'America è troppo lontana. Preferirei restare in Europa.

DIRETTORE    Siete stati in Inghilterra, in Spagna?

AVVOCATO ROSI    Sì, l'anno scorso. Ci è piaciuta molto Londra . . . ma ha piovuto sempre!

DIRETTORE    Allora perché non andate in Grecia. Lì troverete certo bel tempo. Passate qualche giorno ad Atene e poi fate un bel giro delle isole. Sono veramente incantevoli.

AVVOCATO ROSI    Non è una cattiva idea. E come ci si va?

DIRETTORE    Con l'aereo. Ci sono voli giornalieri da Roma. Oppure potreste prendere la nave e portarvi dietro la macchina . . . invece di noleggiarne una in Grecia.

SIGNORA ROSI    Sì, è meglio così. E da dove salpa la nave?

DIRETTORE    Da Brindisi, tutti i giorni. Lascia l'Italia di sera e arriva in Grecia nel pomeriggio del giorno seguente.

AVVOCATO ROSI    Dobbiamo fare i biglietti adesso?

DIRETTORE    No, leggete prima questi opuscoli e tornate da me fra due o tre giorni. Faremo allora le prenotazioni per gli alberghi e vi darò i biglietti per la nave. Va bene?

AVVOCATO ROSI    Benissimo . . . grazie mille e a presto!

# DIALOGUE    At the travel agency

Mr. Rosi, an attorney, and his wife would like to spend their vacation abroad. Since they haven't decided yet what place to visit, they go to see a friend, the manager of a travel agency.

MANAGER    Where do you wish to go, to America, Australia, Africa. . . ?

MR. ROSI    I would like to visit the United States.

| | |
|---|---|
| MRS. ROSI | Me too, but America is too far. I would prefer to stay in Europe. |
| MANAGER | Have you been to England, to Spain? |
| MR. ROSI | Yes, last year. We liked London a lot . . . but it rained all the time! |
| MANAGER | Why don't you go to Greece, then? You'll find good weather there. Spend a few days in Athens, and then take a nice tour of the islands. They are really charming. |
| MR. ROSI | It's not a bad idea. And how does one get there? |
| MANAGER | By plane. There are daily flights from Rome. Or you can take a ship and bring along your car . . . instead of renting one in Greece. |
| MRS. ROSI | Yes, it's better that way. And where does the ship sail from? |
| MANAGER | From Brindisi, every day. It leaves Italy at night and gets to Greece the afternoon of the following day. |
| MR. ROSI | Should we purchase the tickets now? |
| MANAGER | No, first read these brochures and then come back to see me in two or three days. We'll make the hotel reservations then, and I will issue you your ship tickets. Okay? |
| MR. ROSI | Fine, thanks a lot and see you soon. |

# EXERCISES

**A. Read the following statements; then check the true or false blank.**

ANSWERS p. 244

|  | T | F |
|---|---|---|
| 1. I signori Rosi vorrẹbbero passare le vacanze all'ẹstero. | ___ | ___ |
| 2. Non conọscono affatto il direttore dell'agenzia di viaggi. | ___ | ___ |
| 3. L'avvocato Rosi e la moglie si rẹcano all'agenzia per comprare dei biglietti. | ___ | ___ |
| 4. L'anno scorso loro hanno visitato gli Stati Uniti. | ___ | ___ |
| 5. Vogliono andare a Londra perché non hanno mai visto questa città. | ___ | ___ |
| 6. I signori Rosi non sono mai stati in Grecia. | ___ | ___ |
| 7. In Grecia vogliono visitare soltanto Atene. | ___ | ___ |
| 8. Per andare da Roma ad Atene si può prendere ogni giorno l'aereo. | ___ | ___ |
| 9. La nave per la Grecia parte da Brindisi solo tre volte alla settimana. | ___ | ___ |
| 10. La nave parte il lunedì e arriva ad Atene il giovedì seguente. | ___ | ___ |
| 11. Il direttore dell'agenzia dà ai signori Rosi degli opụscoli da leggere. | ___ | ___ |
| 12. L'avvocato e sua moglie torneranno fra pochi giorni all'agenzia. | ___ | ___ |

**B. Write the correct definite article before the following nouns.**

1. _____ bicchiere
2. _____ sangue
3. _____ direttrice
4. _____ piatto
5. _____ maniche
6. _____ fabbrica
7. _____ sport
8. _____ bontà
9. _____ negozi
10. _____ baffi
11. _____ congratulazioni
12. _____ scelta
13. _____ ospedale
14. _____ fiore
15. _____ esame
16. _____ salute
17. _____ piede
18. _____ pantaloni
19. _____ bar
20. _____ ufficio
21. _____ sindaci
22. _____ clima
23. _____ mani
24. _____ poeta

# GRAMMAR I  Present Conditional of Stem-Changing Verbs

**A.** All verbs that are irregular in the future are irregular also in the conditional. To form the conditional of these verbs, add the endings, **-ei, -esti, -ebbe, -emmo, -este, -ebbero** to the stem of the future.

The verbs listed below have an irregular future and conditional, whose first-person-singular form is given.

| Verb | Future | Future Stem | Conditional |
|---|---|---|---|
| andare | (io) andrò | andr- | (io) andrei |
| bere | berrò | berr- | berrei |
| dare | darò | dar- | darei |
| dire | dirò | dir- | direi |
| dovere | dovrò | dovr- | dovrei |
| fare | farò | far- | farei |
| rimanere | rimarrò | rimarr- | rimarrei |
| potere | potrò | potr- | potrei |
| sapere | saprò | sapr- | saprei |
| stare | starò | star- | starei |
| tenere | terrò | terr- | terrei |
| vedere | vedrò | vedr- | vedrei |
| venire | verrò | verr- | verrei |
| volere | vorrò | vorr- | vorrei |

**B.** The verb **vivere** (to live), whose past participle is **vissuto,** is also irregular in the future and the conditional.

Future: **vivrò, vivrai, vivrà, vivremo, vivrete, vivranno**

Conditional: **vivrei, vivresti, vivrebbe, vivremmo, vivreste, vivrebbero**

| | |
|---|---|
| **Glielo *direi,* ma ora non posso.** | I would tell it to him, but I can't now. |
| **Loro *verrebbero,* ma non hanno la macchina.** | They would come, but they have no car. |
| **Mi *daresti* l'ombrello, per favore?** | Would you give me the umbrella, please? |
| **Signor Brown, Lei *vivrebbe* in Italia?** | Would you live in Italy, Mr. Brown? |

**C.** Use and Meaning of the Conditional of the Verbs **dovere, potere, volere**

The conditional of the verbs **dovere, potere,** and **volere** is used to express intention or desire (*would like to, would want to*), possibility (*could, would be able to*), and obligation (*should, ought to, would have to*).

| English | Italian |
|---|---|
| *would* + verb | conditional of verb |
| I would study | **studierei** |
| *would like* + verb | conditional of **volere** + infinitive of verb |
| I would like to study | **vorrei studiare** |
| *could* + verb | conditional of **potere** + infinitive of verb |
| I could study | **potrei studiare** |
| *should* + verb | conditional of **dovere** + infinitive of verb |
| I should study | **dovrei studiare** |

When the conditional of **dovere, potere,** or **volere** is followed by an infinitive, direct/indirect object pronouns (**ne** included) either precede **dovere/potere/volere** or are attached to the infinitive. The same rule applies if the infinitive is a reflexive verb.

| | |
|---|---|
| *Vorrei* dir*glielo.* | *Glielo vorrei* dire. |
| *Potresti* mandarmene due? | *Me ne potresti* mandare due? |
| *Dovrebbero* darceli. | *Ce li dovrebbero* dare. |
| *Potremmo* vestirci. | *Ci potremmo* vestire. |

# EXERCISES

ANSWERS
p. 244

**A.** Supply the appropriate form of the conditional.

1. Lui (**tenere**) _____ spesso la macchina davanti alla banca.
2. Loro (**mettersi**) _____ sempre gli stessi abiti.
3. Lucia, tu (**venire**) _____ da me domani sera?
4. Dottore, Lei a Milano in quale albergo (**stare**) _____?
5. Luisa, a che ora tu (**alzarsi**) _____ domenica?

6. Voi (**fare**) _____ una gita in macchina con me?

7. Loro (**bere**) _____ volentieri dell'acqua, ma questa è caldissima!

8. Leo e Rita, che cosa (**dare**) _____ ai vostri genitori per Natale?

9. Scusi, Lei (**sapere**) _____ come si va alla stazione?

10. Mi domandi come io (**andare**) _____ a Atene. Perché vuoi saperlo?

11. Oggi Gino (**vedere**) _____ quel film, ma sua moglie non vuole uscire.

12. È vero che lei (**rimanere**) _____ in ufficio anche il sabato?

13. Ma chi mai (**vivere**) _____ in quella città! La vita lì è carissima!

14. Angela, (**avere**) _____ un po' di zucchero, per favore? Io non ne ho più.

**ANSWERS**
**p. 245**

**B.** For each sentence, give the verb first in the conditional, then the forms used in Italian to express intention, possibility, and obligation.

*Example:* io parlo   parlerei, vorrei parlare, potrei parlare, dovrei parlare

1. Giovanni ora si riposa.
2. Loro ascoltano la radio.
3. Voi partite a mezzanotte.
4. Noi paghiamo il conto.
5. Tu spedisci il pacco.
6. Margherita non beve nulla.
7. I nostri amici fanno colazione.
8. Chi mi regala quel paio di scarpe?
9. La mamma li accompagna a scuola.
10. Noi noleggiamo un autobus.
11. Glielo porto subito.
12. Il commesso ne vende tre.

**ANSWERS**
**p. 245**

**C.** Complete the following sentences, giving the Italian equivalent of the words in parentheses.

1. (*We would like to remain*) _____ in Australia per un altro mese.
2. Signorina Betti, (*you shouldn't bring him*) _____ nulla perché è stato cattivo!
3. (*They could phone us*) _____ almeno una volta al mese.
4. (*He would do it*) _____, ma non glielo voglio chiedere.
5. Tutti i vostri amici (*should celebrate*) _____ il compleanno di Giorgio.
6. (*We could come there*) _____, ma non prima delle sette e mezzo di sera.

# GRAMMAR II   Future Perfect and Perfect Conditional

**A.** To form the future perfect and the perfect conditional of any verb, Italian uses the future and the present conditional of **avere** and **ẹssere** plus the past participle of the verb.

1. Transitive Verbs

Future perfect:   **avrò, avrai, avrà, avremo, avrete, avranno** + past participle

Perfect conditional:   **avrei, avresti, avrebbe, avremmo, avreste, avrẹbbero** + past participle

**Ieri sera *avranno mangiato* troppo.**   Last night they must have eaten too much.

**Cosa *avresti comprato* a Roma?**   What would you have bought in Rome?

2. Intransitive Verbs

Future perfect:   **sarò, sarai, sarà, saremo, sarete, saranno** + past participle

Perfect conditional:   **sarei, saresti, sarebbe, saremmo, sareste, sarẹbbero** + past participle

**Io *sarei andato* in centro.**   I would have gone downtown.

**Lei *sarà rimasta* a casa.**   She will have remained home.

Note that:

a. The verbs **dormire** and **viaggiare**, though intransitive, require the auxiliary **avere**.

**Mario *avrà dormito* sul treno.**   Mario will have slept on the train.

**Chi *avrebbe viaggiato* con lui?**   Who would have traveled with him?

b. All reflexive verbs are conjugated with **ẹssere**.

*Si saranno alzati* presto.   They will have gotten up early.

*Mi sarei rilassato* per un'ora.   I would have relaxed for one hour.

c. When **dovere, potere,** and **volere** are conjugated in a compound tense followed by an intransitive verb, they take the auxiliary that is required by the intransitive verb.

*Sono voluti rimanere* in ufficio.   They wanted to remain in the office.

*Oggi lei sarebbe dovuta andare a scuola.*   She should have gone to school today.

*Avrei potuto viaggiare in ạutobus.*   I could have traveled by bus.

**B.** Future Perfect and Perfect Conditional of **avere** and **essere**

| *avere* | | |
|---|---|---|
| io | avrò avuto (I will have had) | avrei avuto (I would have had) |
| tu | avrai avuto | avresti avuto |
| lui, lei, Lei | avrà avuto | avrebbe avuto |
| noi | avremo avuto | avremmo avuto |
| voi | avrete avuto | avreste avuto |
| loro, Loro | avranno avuto | avrębbero avuto |
| *essere* | | |
| io | sarò stato, a (I will have been) | sarei stato, a |
| tu | sarai stato, a | saresti stato, a |
| lui, lei, Lei | sarà stato, a | sarebbe stato, a |
| noi | saremo stati, e | saremmo stati, e |
| voi | sarete stati, e | sareste stati, e |
| loro, Loro | saranno stati, e | sarębbero stati, e |

**C.** In Italian the future perfect is used to express an action that will already have happened when the action of the main clause takes place.

> **Faremo colazione dopo che *ci saremo fatti* la barba.**
> We'll have breakfast after we have shaved.

> **Gli telefonerò quando *avrò letto* il giornale.**
> I'll call him when I have read the newspaper.

The future perfect, like the future present, is also used to express conjecture, probability, or possibility, though in the past. It corresponds to the English expression *it must have been* or *it probably was*.

> **In casa non c'è nessuno. *Saranno* già *usciti*.**
> There is no one home. They must have already gone out.

> **Non mi ha mai scritto. *Si sarà dimenticata* di me!**
> She never wrote me. She has probably forgotten me.

**D.** The perfect conditional is required:
  1. When expressing what is reported by rumor, hearsay, supposition, or speculation.

> **Secondo loro, tu *saresti* sempre *stato* malato.**
> According to them, you have always been sick.

  2. In indirect discourse, normally after verbs of saying or knowing in the past where English uses the conditional present.

> **Sapevo che lui *sarebbe partito* per gli Stati Uniti.**
> I knew he would leave for the United States.

> **Ha telefonato per dire che *avrebbe fatto tardi*.**
> She called to say that she would be late.

E. Perfect Conditional of **dovere, potere, volere** + infinitive

| English | Italian |
|---|---|
| *would have* + past participle | perfect conditional of the verb |
| I would have bought it | **l'avrei comprato** |
| *would have liked* + infinitive | perfect conditional of **volere** + infinitive |
| I would have liked to buy it | **l'avrei voluto comprare / avrei voluto comprarlo** |
| *could have* + past participle | perfect conditional of **potere** + infinitive |
| I could have bought it | **l'avrei potuto comprare / avrei potuto comprarlo** |
| *should have* + past participle | perfect conditional of **dovere** + infinitive |
| I should have bought it | **l'avrei dovuto comprare / avrei dovuto comprarlo** |

# EXERCISES

**A. Give the compound form of the verbs in the following sentences.**

> *Examples:* verrò    **sarò venuto**
>
> verrei    **sarei venuto**

1. Faremo un esame difficilissimo.
2. Chi chiuderà quella porta?
3. Tu ti divertiresti molto a Venezia.
4. Non potrei dirvi niente.
5. Il bambino nascerà oggi.
6. Olga preferirebbe un bicchiere di latte.
7. Dovrẹbbero stare qui con noi.
8. Potremmo volare invece di prẹndere il treno.
9. Non vorranno invitarti a pranzo.
10. Io ci ritornerei volentieri.
11. Dovreste avere pazienza.
12. Saremo più felici in montagna.

ANSWERS
p. 246

**B. Complete the sentences, giving the Italian equivalent of the words in parentheses.**

1. Ugo, invece di scrivere, (*you should have called*)_____.
2. Oggi Lucia non ha salutato il professore. (*She probably didn't see him*)_____.
3. (*I would have rented*)_____una mạcchina, ma costava troppo.
4. Non pensavo che Giovanni (*would cash*)_____subito il mio assegno.

5. Adesso è troppo tardi! (*Boys, you should have gotten up*)_____tre ore fa.
6. Secondo il direttore della scuola, quegli studenti (*did not learn*)_____nulla.
7. Potrai comprarti quella bella moto giapponese quando (*you have earned*)_____un po' di denaro.
8. Per dire la verità, non sapevo che (*she would like me*)_____.
9. Farò i compiti dopo che (*I have studied*)_____la lezione.
10. Il capoufficio (*could have taken*)_____il rapido delle ventidue, ma non ha voluto.

# GRAMMAR III   The *Trapassato Prossimo*

**A.** The **trapassato prossimo**, or past perfect tense, is formed with the **imperfetto** of avere or essere plus the past participle of the verb.

1. Transitive Verbs

   **avevo, avevi, aveva, avevamo, avevate, avevano** + past participle

2. Intransitive Verbs

   **ero, eri, era, eravamo, eravate, erano** + past participle

Remember that some intransitive verbs, such as **dormire** and **viaggiare**, require **avere** as their auxiliary. Reflexive verbs, as usual, are conjugated with **essere**.

Loro *avevano imparato* l'italiano all'Università per Stranieri di Perugia.
They had learned Italian at the University for Foreigners in Perugia.

Gina *era rimasta* in classe dopo la lezione per studiare i verbi.
Gina had stayed in class after the lesson to study the verbs.

Noi *avevamo dormito* benissimo per tutta la notte.
We had slept very well all night long.

*Si erano coricate* presto e *si erano addormentate* subito.
They had gone to bed early and they had fallen asleep right away.

3. Trapassato Prossimo of avere and essere

| io | avevo avuto (I had had) | ero stato, a (I had been) |
|---|---|---|
| tu | avevi avuto | eri stato, a |
| lui, lei, Lei | aveva avuto | era stato, a |
| noi | avevamo avuto | eravamo stati, e |
| voi | avevate avuto | eravate stati, e |
| loro, Loro | avevano avuto | erano stati, e |

**B.** The **trapassato prossimo** is used in conjunction with other past tenses, such as the **imperfetto**, the **passato prossimo**, the conditional perfect, and the **passato**

remoto (past absolute, to be presented later). The **trapassato prossimo** indicates an action that took place before that expressed by another past tense.

> Rosa *faceva* la spesa, come sua madre le *aveva chiesto*.
> Rosa was grocery shopping, as her mother had asked her to.

> Quando il direttore *è arrivato*, noi *eravamo usciti*.
> When the director arrived, we had gone out.

> Lino *aveva detto* che mi *avrebbe accompagnato* alla stazione.
> Lino said that he would accompany me to the station.

# EXERCISES

A. Give the forms of the *trapassato prossimo* for the verbs in italics, making all required changes in agreement.

1. Le *vediamo* spesso al caffè.
2. Chi *ci sveglierà*?
3. Gli *spediremo* tre pacchi.
4. Con chi *escono* Marisa e Silvia?
5. Che cosa *farà* la signora Boschi?
6. Lei *rimarrà* al mare fino ad agosto.
7. Noi lo *sapevamo* già.
8. Marianna *farà* un bel giro dell'isola.
9. Mi *piaceva* molto tuo fratello.
10. Dove *andrete* a Natale?
11. Le ragazze *si sono lavate* le mani.
12. Non *guadagniamo* mai abbastanza denaro.

B. Translate the following sentences.

1. When I was seven years old, I had already been to Greece.
2. Michele had already had breakfast when I got up.
3. I did not want to go to the movies with Pietro, because I had already seen that film.
4. It was cold because it had snowed for several hours.
5. She was unhappy because I had not called her.
6. They wanted to go to Rome because they had never seen the Pope.
7. She did not want to tell me why she had not answered my letters.
8. Maria wasn't eating, because she had already had dinner.
9. I had bought two tickets at the travel agency, but then I did not feel well and I didn't go to Spain.
10. I had already seen those islands but did not remember how beautiful they were.

# GRAMMAR IV  The *Gerundio*

### A. Gerundio Present

In Italian the **gerundio** is one of the verb forms that corresponds to the *-ing,* or gerund, form of the English verb. The Italian **gerundio** has two tenses: present and past.

| | |
|---|---|
| -are verbs: | add the ending **-ando** to the stem of the infinitive (**mangi***ando,* **dimentic***ando,* **pag***ando,* **am***ando*) |
| -ere/-ire verbs: | add the ending **-endo** to the stem of the infinitive (**tem***endo,* **ricev***endo,* **fin***endo,* **dorm***endo*) |

Note that:

1. **Avendo** and **essendo** are **gerundio** forms of **avere** and **essere.**

2. **Bere, dire,** and **fare** have irregular **gerundio** forms: **bevendo, dicendo, facendo.** All other irregular verbs studied so far form the **gerundio** according to the above rule (**andando, dando, potendo, uscendo, volendo,** etc.).

3. Reflexive verbs form the **gerundio** like any other -are, -ere, and -ire verbs. The reflexive pronoun **si** follows the verb and is attached to it. (**svegli***andosi,* **ripos***andosi,* **ved***endosi,* **vest***endosi*).

### B. Gerundio Past

1. Transitive verbs: **avendo** + past participle of the verb

   **avendo viaggiato   avendo detto   avendo dormito   avendo finito**

2. Intransitive verbs: **essendo** + past participle of the verb

   **essendo andato, a      essendo venuto, a      essendo nato, a**

3. Avere and essere:

   **avendo avuto      essendo stato, a**

### C. Meaning and Use of the **Gerundio**

The **gerundio present** expresses a secondary action that takes place at the same time as that of the verb in the main clause. The subjects of the **gerundio,** though not expressed, and of the main verb must be the same.

*Andando* a casa, ho incontrato mio padre. Going home, I met my father.

The **gerundio past** expresses a secondary action that occurred prior to that indicated by the main verb. Also, here, the subjects are the same.

*Avendo mangiato* troppo ieri, oggi lui non si sente bene.
Having eaten too much yesterday, today he doesn't feel well.

Note that both gerund forms are used to express time, cause, condition, and, at times, the manner in which an action takes place. English equivalents of the Italian

**gerundio** are often introduced by *while* and *after* (time), *because* and *since* (cause), and *if* (condition).

> *Essendo* malata, Silvia oggi non lavora.
> Because she is sick, Silvia will not work today.

> *Aprendo* la porta, lui mi ha visto.
> While opening the door, he saw me.

> *Avendo guadagnato* molto, siamo potuti andare all'ęstero.
> Because we earned a lot, we were able to go abroad.

> *Essendo stati buoni,* hanno giocato tutto il pomeriggio.
> Because they were good, they played the whole afternoon.

> *Sbagliando* s'impara.
> One learns by making mistakes.

> Elisabetta è tornata a casa *piangendo.*
> Elisabetta went back home crying.

**D.** Position of Direct, Indirect, and Reflexive Pronouns with the **Gerundio**
**Gerundio** Present: All pronouns, **ne** included, follow the **gerundio** and are attached to the verb.

> *Vedęndolo,* sąlutalo!     If you see him, greet him!
> *Dąndomeli,* lei piangeva.   While giving them to me, she was crying.

**Gerundio** Past: All pronouns are attached to **avendo** or **ęssendo**.

> *Essęndomi vestita,* sono uscita.   After getting dressed, I went out.
> *Avęndomene parlato,* era felice.   After talking to me about it, he was happy.

# EXERCISES

**A.** Provide the *gerundio* present for the following verbs.

| | |
|---|---|
| 1. sapere | 11. dare |
| 2. capire | 12. venire |
| 3. vedere | 13. smęttere |
| 4. accompagnare | 14. seguire |
| 5. fare | 15. aiutare |
| 6. credere | 16. potere |
| 7. pensare | 17. vincere |
| 8. salpare | 18. piangere |
| 9. uscire | 19. volere |
| 10. festeggiare | 20. sentire |

**B.** Provide the *gerundio* past for the following conjugated verbs.

> *Examples:* abbiamo detto    avendo detto
>
>                arriverò          essendo arrivato

1. lasciamo
2. ho spiegato
3. saluteremo
4. si sono pettinate
5. studio
6. pagherei
7. avremo guardato
8. sarebbe stata
9. hanno letto
10. si è messo
11. desideravano
12. viaggiano
13. ritorneranno
14. esco

**C.** Make one sentence, substituting the *gerundio* present for the verb in italics.

> *Example: Devo* studiare. Ora non posso giocare.
>           **Dovendo studiare, ora non posso giocare.**

1. *Andiamo* spesso al cinema. Vediamo parecchi film.
2. *Prendo* l'aereo. Arrivo prima a Londra.
3. *Dormite* fino alle nove. Farete tardi.
4. *Ascoltate* la radio. Saprete se farà bel tempo.
5. Non *vi riposate* abbastanza. Sarete stanchi.

**D.** Make one sentence, substituting the *gerundio* past for the verbs in italics.

> *Example: Ho fatto* le prenotazioni. Avremo certamente una camera in
>           quell'albergo.
>           **Avendo fatto le prenotazioni, avremo certamente una camera in
>           quell'albergo.**

1. *Siamo uscite* all'alba. Abbiamo fatto colazione al bar.
2. *Ho telefonato* a Lucia. Ho saputo che lei è in Francia.
3. *Siete arrivati* tardi alla stazione. Avete perso il treno.
4. *Hai speso* poco. Hai ancora molto denaro.
5. *Si sono parlati*. Si sono detti molte cose.

**E.** Give the appropriate form of the *gerundio* present or past.

1. (*Having spoken to her*) _____, ho capito che aveva ragione.
2. Questo libro è molto interessante; (*if you read it*) _____, imparerai molte cose.
3. (*While shaving*) _____ Marco ascoltava la radio.
4. (*When they saw them*) _____, si sono fermati a parlargli.
5. (*Since she rested*) _____ tutto il pomeriggio, ieri sera lei si è coricata molto tardi.

# GRAMMAR V   Special Construction of *stare* with the *Gerundio*

The verb **stare** followed by the **gerundio** present of another verb is used to express an action in progress. This construction is much less common in Italian than it is in English.

**Francesco, che cosa *stai facendo* adesso?**   Francesco, what are you doing now?

**Quando le ho telefonato, lei *stava cucinando*.**   When I called her, she was cooking.

**Mi *stai dicendo* la verità, Maria?**   Mary, are you telling me the truth?

**Ora loro *staranno arrivando*.**   They must be arriving now.

# EXERCISE

Change the verb in italics to express an action in progress.

> *Example:* Io *andavo* al cinema quando ho visto Antonio. **Stavo andando al cinema quando ho visto Antonio.**

1. Cosa fate al supermercato? *Facciamo* la spesa.
2. Quando Stefano ha telefonato, io *dormivo*.
3. Mentre il marito leggeva il giornale, sua moglie *preparava* da mangiare.
4. Rosa mi ha fermato mentre io *entravo* in casa.
5. Quando loro si riposeranno, noi *lavoreremo* ancora.
6. Lei è tornata proprio quando io *facevo* il bagno.

# GRAMMAR VI   The Infinitive

A. In Italian, the infinitive is sometimes used as the subject of a sentence without the article. Its English equivalent is the *-ing*, or gerund, form of the verb.

**Lavorare è necessario quasi per tutti.**   Working is necessary for almost everyone.

**Guardare non costa nulla.**   Looking doesn't cost anything.

B. When a direct or an indirect object pronoun follows the infinitive, it is attached to it.

**Vederlo adesso è la cosa migliore.**   Seeing it now is the best thing.

**Andarci in macchina era più facile.**   Going there by car was easier.

C. An infinitive, as seen in the preceding lessons, may also be the complement (or object) of a verb, either alone or after a preposition.

**Dovete *avere* pazienza.**   You must be patient.

**Loro desiderano *tornare* a casa.**   They wish to return home.

| | |
|---|---|
| Lei comincia *a scrivere*. | She is beginning to write. |
| Noi pensiamo *di partire* domani. | We are thinking of leaving tomorrow. |

**D.** The infinitive may also be used after the prepositions **invece di** (instead of), **prima di** (before), and **senza** (without).

| | |
|---|---|
| È partito *senza salutare* nessuno! | He left without saying goodbye! |
| Gioca sempre *invece di studiare*. | He is always playing instead of studying. |
| Telefonami *prima di uscire*. | Call me before going out. |

**E.** The following verbs require the preposition **di** before an accompanying infinitive:

| | | | |
|---|---|---|---|
| avere paura | to fear | offrire | to offer |
| cercare | to try, attempt, to look for | pensare | to think |
| | | preoccuparsi | to worry |
| chiędere | to ask | ricordare | to remember |
| crędere | to believe | scrįvere | to write |
| dimenticare | to forget | smęttere | to stop |
| dire | to say, tell | temere | to fear |
| finire | to finish | | |

**F.** The following verbs require the preposition **a** before an accompanying infinitive:

| | | | |
|---|---|---|---|
| aiutare | to help | insegnare | to teach |
| andare | to go | invitare | to invite |
| cominciare | to begin | męttersi | to start, set out |
| continuare | to continue | prepararsi | to get ready |
| divertirsi | to amuse oneself | riuscire | to succeed |
| imparare | to learn | tornare | to come back, return |
| iniziare | to start | venire | to come |

# EXERCISES

**A.** Complete the following sentences, giving the Italian equivalent for the words in parentheses.

1. (*Grocery shopping*) _____è una cosa che fanno anche gli uọmini.

2. (*Going to the movies*) _____con lei sarà molto divertente.

3. (*Speaking to him*) _____non sarà fącile; non è mai a casa!

4. (*Having a lot of money*) _____non vuol dire ęssere felici.

5. (*Buying it* [f.]) _____adesso costerà meno.

6. (*Writing*) _____in una lingua straniera è sempre stato facilịssimo per lui.

**B. Complete the sentences with the appropriate preposition.**

1. Quei ragazzi non riescono _____ fare i compiti.

2. Carlo, non dimenticare _____ comprare il pane!

3. Elena si è messa _____ cucinare alle undici e ha finito _____ preparare il pranzo all'una.

4. Loro si preoccupavano _____ fare tardi.

5. Lei mi ha detto _____ non parlarti.

6. Michelina ha finalmente imparato _____ leggere.

7. Anche voi cominciate _____ capire qualcosa.

8. Franco torna _____ parlare sempre delle stesse cose.

9. Perché voi cercate _____ lavorare così poco?

10. Loro continuerebbero _____ scriverle anche all'estero.

11. Sono andato _____ incassare un assegno.

12. Li abbiamo invitati _____ pranzare con noi.

13. Signora Mattia, non abbia paura _____ dire quello che pensa.

14. Ragazzi miei, cosa credete _____ fare adesso?

15. Gli abbiamo offerto _____ tornare a casa in macchina con noi.

16. Tu hai smesso _____ lavorare sabato scorso.

17. Ogni giorno quei ragazzi imparano _____ leggere e _____ scrivere meglio.

18. A che ora si comincia _____ lavorare in questo negozio?

19. Lei teme sempre _____ sbagliare.

20. Marco, ricorda _____ spedire quel pacco!

# 13 All'ufficio postale
## (At the Post Office)

## PAROLE DA RICORDARE

| | | | |
|---|---|---|---|
| adagio | slowly | lento, a | slow |
| un attimo | a moment, an instant | male | badly |
| | | malissimo | very badly |
| la buca delle lettere | mail box, slot | il mittente | sender |
| la busta | envelope | la Posta Centrale | main post office |
| la casella postale | post office box | postale | postal |
| la cassetta delle lettere | mailbox | principale | principal |
| | | la raccomandata | registered letter |
| centrale | central | raccomandato, a | by registered mail |
| comodo, a | comfortable, convenient | rapido, a | fast, quick |
| | | la ricevuta | receipt |
| la corrispondenza | correspondence | la ricevuta pagata di ritorno | paid return receipt |
| la data | date | | |
| dentro | inside | il rione | city ward, district, neighborhood |
| il destinatario | addressee | | |
| il documento | document | solo, a | alone |
| dolce | sweet | lo sportello | office window |
| l'espresso | special-delivery letter | tranquillo, a | peaceful |
| finale | final | l'ufficio postale | post office |
| l'impiegato, l'impiegata dell'ufficio postale | postal clerk | (per) via aerea | (by) airmail |
| | | (per) via mare | (by) sea |
| | | assicurare | to insure |
| l'indirizzo | address | bisognare | to be necessary |
| consigliare | to suggest, advise | camminare | to walk |
| imbucare | to mail | inviare | to send |
| impostare | to post, mail | sorridere (*past participle* sorriso) | to smile |

160

Note that **bisognare** is normally used in the third person singular.

The second person singular of the present indicative of **inviare** is **invii**; the formal **Lei** and **Loro** forms of the imperative are **invii** and **inviino** (because the **i** is stressed).

# DIALOGO    All'ufficio postale

In Italia, per fare un vaglia, spedire una raccomandata o inviare un telegramma, si deve andare all'ufficio postale. Sebbene ci siano uffici postali nei rioni della città in cui lei abita, la signora Melli preferisce recarsi alla Posta Centrale, dove ci sono più sportelli e più impiegati.

| | |
|---|---|
| SIGNORA MELLI | Vorrei spedire questa lettera raccomandata. Ci sono dentro dei documenti molto importanti. |
| IMPIEGATA | Allora è meglio che Lei l'assicuri, con ricevuta pagata di ritorno. |
| SIGNORA MELLI | Va bene. Quant'è? |
| IMPIEGATA | Un attimo, signora, Bisogna che pesi la lettera. Seimila cinquecento lire. |
| SIGNORA MELLI | Avrei anche bisogno di chiederLe una cosa. |
| IMPIEGATA | Prego, signora, dica pure. |
| SIGNORA MELLI | Devo mandare un pacco a degli amici americani. Pensa che sia meglio spedirlo via aerea o via mare? |
| IMPIEGATA | Se il pacco è leggero e Lei vuole che arrivi presto, sarebbe bene spedirlo per via aerea. Se invece è pesante, Le consiglio di mandarlo via mare. Costa molto meno. |
| SIGNORA MELLI | Se lo spedisco via mare, diciamo, domani, quando crede che i miei amici possano riceverlo? |
| IMPIEGATA | Non prima di sette o otto settimane. Ci metterà forse anche di più. |
| SIGNORA MELLI | Va bene, farò così. Grazie, signorina, Lei è stata molto gentile. |

# DIALOGUE    At the post office

In Italy, to purchase a money order, mail a registered letter, or send a telegram, one needs to go to a post office. Even though there are neighborhood post offices in the city where she lives, Mrs. Melli prefers to go to the main post office, where there are more windows and more clerks.

| | |
|---|---|
| MRS. MELLI | I would like to send this as a registered letter. There are some important papers inside. |
| POST OFFICE CLERK | Then it's better to insure it, with a paid return receipt. |
| MRS. MELLI | That's fine. How much is it? |
| POST OFFICE CLERK | One moment, ma'am. I must weigh the letter. Six thousand five hundred lire. |
| MRS. MELLI | I also need to ask you something. |

| | |
|---|---|
| POST OFFICE CLERK | Please go ahead, ma'am. |
| MRS. MELLI | I must send a package to some American friends of mine. Do you think it's better to send it by airmail or by sea? |
| POST OFFICE CLERK | If the package is not heavy, and you want it to get there soon, it would be better to send it airmail. If instead it's heavy, I suggest that you send it by sea. It costs much less. |
| MRS. MELLI | If I mail it by sea, let's say tomorrow, when do you think my friends may receive it? |
| POST OFFICE CLERK | Not before seven or eight weeks. Perhaps it will take even longer. |
| MRS. MELLI | Fine, I shall do it that way. Thanks, Miss, you have been very kind. |

# EXERCISES

A. **Read the sentences and/or questions that follow; then complete or answer them on the basis of the information provided in this or the preceding lessons.**

1. In Italia per fare un vaglia è necessario andare _____.
2. Quando gli uffici postali sono chiusi, dove si può andare a comprare dei francobolli? _____.
3. Dove si trovano generalmente gli uffici postali nelle città italiane? _____
4. Perché la signora Melli va alla Posta Centrale? _____
5. Con chi parla appena lei entra alla Posta Centrale? _____
6. Quanto paga la signora Melli per spedire la raccomandata? _____
7. Dove abitano gli amici ai quali lei desidera inviare un pacco? _____
8. Se il pacco è leggero, è meglio mandarlo per via aerea o per via mare? _____
9. Quando si spedisce un pacco via mare dall'Italia agli Stati Uniti, dopo quante settimane arriva il pacco in America? _____
10. È vero che inviare un pacco per via aerea costa quanto spedirne uno per via mare? _____

B. **Match Italian on the left with the corresponding English translation on the right.**

1. Quanto viene al mese?
2. Ora vorrei fare il bagno.
3. Fuori diluvia e tira vento.
4. Posso incassare questo vaglia?
5. Proprio davanti al mio sportello.
6. Il pacco leggero arriverà prima.
7. Ti consiglio di non dire nulla.
8. Ecco la mia casella postale.
9. Scriva l'indirizzo del mittente.
10. EccoLe la ricevuta!

a. Please write the sender's address.
b. They would like to, but can't.
c. This car provides a fast and comfortable ride.
d. Here is your receipt.
e. I suggest you say nothing.
f. You must leave at once.
g. How much is it per month?
h. I would like to take a bath now.
i. Outside it is pouring and the wind is blowing.
l. Just in front of my window.

11. Sia gentile; mi imposti queste cartoline.

12. Vorrẹbbero, ma non pọssono.

13. In questa macchina si viaggia velocemente e comodamente.

14. Bisogna che tu parta subito.

m. May I cash this money order?

n. This is my post office box.

o. Be kind; mail these postcards for me.

p. The light package will arrive sooner.

# GRAMMAR I　Adverbs

Adverbs are words that are normally used to modify the meaning of other adverbs, verbs, and adjectives.

| | |
|---|---|
| Parlava *veramente* bene l'inglese. | He spoke English really well. |
| Marisa camminava *lentamente*. | Marisa was walking slowly. |
| Questo è un luogo *molto* tranquillo. | This is a very peaceful place. |

Italian adverbs are formed by adding -mente to:

1. The feminine singular form of adjectives ending in **o**

| | | |
|---|---|---|
| certo | f. certa + mente = **certamente** | certainly |
| pronto | f. pronta + mente = **prontamente** | readily |
| vero | f. vera + mente = **veramente** | really, truly |

2. The singular form of adjectives ending in **e**

| | |
|---|---|
| breve + mente = **brevemente** | briefly |
| dolce + mente = **dolcemente** | sweetly, softly |
| intelligente + mente = **intelligentemente** | intelligently |

Note that adjectives ending in **le** or **re** drop the final **e** before adding -mente.

| | |
|---|---|
| fạcile + mente = **facilmente** | easily |
| finale + mente = **finalmente** | finally |
| regolare + mente = **regolarmente** | regularly |

Not all Italian adverbs, however, end in **-mente.** Some common ones that do not:

| | | | |
|---|---|---|---|
| **adagio** | slowly, gently | **poco** | little, not very |
| **bene** | well | **presto** | early, soon |
| **male** | badly | **spesso** | often |
| **molto** | much, very | **tardi** | late |
| **piano** | slowly, softly | **volentieri** | willingly |

# EXERCISE

**ANSWERS**
p. 249

Complete the following sentences by using the adverbial form of the adjectives in parentheses.

1. Quest'uomo vive (**povero**) _____.
2. Il capoufficio ha parlato (**breve**) _____ a tutti gli impiegati.
3. Lo studente ha risposto (**pronto**) _____ alla domanda dell'insegnante.
4. Giuseppe scrive sempre (**veloce**) _____.
5. Mia zia si veste (**elegante**) _____.
6. Il telefono ha squillato (**forte**) _____.
7. Renata sorrideva (**incantevole**) _____.
8. Ogni giorno lui andava (**regolare**) _____ al bar.
9. Mio padre mi dava (**facile**) _____ del denaro.
10. Il professore di matematica pensava (**scientifico**) _____ a tutto.
11. Il nonno andava (**difficile**) _____ al cinema da solo.
12. Non tutti conoscono (**necessario**) _____ il dottor Bellini.

# GRAMMAR II   The Comparative and Superlative of Adverbs

A. The comparative of adverbs is formed with the words **più/meno . . . di** or **che/così . . . come,** or **tanto . . . quanto,** as illustrated below. The same rules given in lesson 11 apply here with regard to the use of **di** and **che** (than) after **più** or **meno.**

> **I telegrammi viaggiano** *più velocemente delle* **lettere.**
> Telegrams travel more quickly than letters.

> **Si viaggia** *meno comodamente* **in autobus** *che* **in treno.**
> One travels less comfortably by bus than by train.

> **Lei non risponde alle mie lettere** *così prontamente come* **suo zio.**
> She doesn't answer my letters as promptly as her uncle.

B. The **superlativo assoluto** of all adverbs is formed with **molto** plus the adverb.

| | |
|---|---|
| **Stefano mi scrive** *molto brevemente.* | very briefly |
| **Lo vediamo** *molto spesso* **allo stadio.** | very often |
| **Quella vecchia signora cammina** *molto lentamente.* | very slowly |

C. The adverbs **bene, male, molto,** and **poco** have the following comparative and superlative forms:

| | | | | |
|---|---|---|---|---|
| bene | meglio | better | molto bene, benissimo | very well |
| male | peggio | worse | molto male, malissimo | very badly |
| molto | più, di più | more | moltissimo | very much |
| poco | meno, di meno | less | pochissimo | very little |

# EXERCISES

**A.** Complete the sentences with the appropriate adverbs.

1. Giovanni lavora (*quickly*) _____, ma io lavoro (*more quickly*) _____ di lui.
2. Laura parla francese (*worse than*) _____ Carlo.
3. A casa sua si mangia (*well*) _____, ma da noi si mangia (*better*) _____.
4. A Roberto piace (*a lot*) _____ andare al mare; a me invece piace (*more*) _____ andare in montagna.
5. Se quelle camicette cọstano (*little*) _____, queste cọstano ancora (*less*) _____.
6. Lei non si veste (*as elegantly as*) _____ sua sorella.
7. Noi andiamo all'università (*more often than*) _____ loro.

**B.** Substitute adverbs of opposite meaning for those in italics.

1. I miei parenti hanno sempre vissuto *molto poveramente.*
2. Hai fatto *malịssimo* a non dirci niente!
3. Quell'insegnante va a scuola sempre *molto presto.*
4. Sergio mi ha parlato *brevemente* anche di voi.
5. Quando lei è partita, ci siamo salutati *molto caldamente.*

# GRAMMAR III    Present Subjunctive

Whereas the indicative states a fact, the subjunctive expresses an opinion, a doubt, a possibility, or a feeling of uncertainty. In Italian, the subjunctive has four tenses: present, imperfect, perfect, and pluperfect.

Here's how the present subjunctive is formed:

1. First-, Second-, and Third-Conjugation Verbs

|  | -are | -ere | -ire |
|---|---|---|---|
| first, second, third person singular | -i | -a | -a |
| first person plural | -iamo | -iamo | -iamo |
| second person plural | -iate | -iate | -iate |
| third person plural | -ino | -ano | -ano |

parlare:   **parli, parli, parli, parliamo, parliate, parlino**

ricẹvere:   **riceva, riceva, riceva, riceviamo, riceviate, ricẹvano**

dormire:   **dorma, dorma, dorma, dormiamo, dormiate, dọrmano**

Note that:

a. Verbs ending in -iare drop the i of the stem before all present subjunctive endings beginning with i.

consigliare: **consigli, consigliamo, consigliate, consiglino**

b. Verbs ending in -care and -gare add an h before all present subjunctive endings.

imbucare: **imbuchi, imbuchiamo, imbuchiate, imbuchino**

pagare: **paghi, paghiamo, paghiate, paghino**

c. Verbs such as **capire, finire**, and **preferire** (and a few others encountered in preceding lessons) form the present subjunctive by adding isc before the endings of the first, second, and third person singular and the third person plural.

capire: **capisca, capiamo, capiate, capiscano**

d. The present subjunctive of **inviare** is **invii, inviamo, inviate, inviino**.

e. Because all singular persons of the present subjunctive have the same endings, the subject pronouns **io, tu, lui, lei,** and **Lei** are normally expressed to avoid confusion.

2. Present Subjunctive of **avere** and **essere**

avere: **abbia, abbiamo, abbiate, abbiano**

essere: **sia, siamo, siate, siano**

3. Present Subjunctive of Stem-Changing Verbs

Most stem-changing verbs form the present subjunctive with the same irregular stem used to form the present indicative.

| | | |
|---|---|---|
| bere | bevo (pres. ind.) | beva (pres. subj.) |
| dire | dico | dica |
| fare | faccio | faccia |
| andare | vada, andiamo, andiate, vadano | |
| bere | beva, beviamo, beviate, bevano | |
| dare | dia, diamo, diate, diano | |
| dire | dica, diciamo, diciate, dicano | |
| dovere | deva, dobbiamo, dobbiate, devano | |
| fare | faccia, facciamo, facciate, facciano | |
| morire | muoia, moriamo, moriate, muoiano | |
| piacere | piaccia, piacciamo, piacciate, piacciano | |
| potere | possa, possiamo, possiate, possano | |
| rimanere | rimanga, rimaniamo, rimaniate, rimangano | |
| sapere | sappia, sappiamo, sappiate, sappiano | |
| stare | stia, stiamo, stiate, stiano | |

| | |
|---|---|
| tenere | tenga, teniamo, teniate, tęngano |
| uscire | esca, usciamo, usciate, ęscano |
| venire | venga, veniamo, veniate, vęngano |
| volere | voglia, vogliamo, vogliate, vǫgliano |

# EXERCISES

**ANSWERS
p. 250**

A. Give the present subjunctive of the following verbs, for the subjects in parentheses.

1. rispǫndere (**noi**)
2. vedere (**tu**)
3. guadagnare (**Bruno**)
4. vestirsi (**voi**)
5. amare (**io**)
6. sorrįdere (**voi**)
7. venire (**tu**)
8. camminare (**noi**)
9. imbucare (**lui**)
10. spedire (**Loro**)
11. assicurare (**voi**)
12. finire (**lei**)
13. sapere (**tu**)
14. vęndere (**io**)
15. ritornare (**noi**)
16. nąscere (**loro**)
17. męttere (**voi**)
18. chiųdere (**tu**)
19. firmare (**voi**)
20. riposarsi (**le ragazze**)

**ANSWERS
p. 250**

B. Change the following conjugated verbs to the present subjunctive.

*Example:* lui è partito   lui parta

1. potevi
2. chiamiamo
3. Maria vuole
4. i ragazzi studieranno
5. io ho viaggiato
6. i signori facęvano
7. io piaccio
8. voi siete state
9. loro rimarranno
10. noi abbiamo dato
11. lei ha vinto
12. voi andrete
13. lui veniva
14. il professore sapeva
15. la mamma è uscita
16. noi beviamo
17. lei è morta
18. Ugo ha finito
19. l'amica dirà
20. voi siete andati

# GRAMMAR IV   Perfect Subjunctive

**A.** Transitive verbs, and such intransitive verbs as **viaggiare** and **dormire**, form the perfect subjunctive by combining:

present subjunctive of **avere** + past participle of the verb

|  | *parlare* | *ricevere* | *dormire* |
|---|---|---|---|
| first, second, third person singular | abbia parlato | abbia ricevuto | abbia dormito |
| first person plural | abbiamo parlato | abbiamo ricevuto | abbiamo dormito |
| second person plural | abbiate parlato | abbiate ricevuto | abbiate dormito |
| third person plural | abbiano parlato | abbiano ricevuto | abbiano dormito |

**B.** Intransitive Verbs form the perfect subjunctive by combining:

present subjunctive of essere + past participle of the verb

|  | *arrivare* | *rimanere* | *partire* |
|---|---|---|---|
| first, second, third person singular | sia arrivato, a | sia rimasto, a | sia partito, a |
| first person plural | siamo arrivati, e | siamo rimasti, e | siamo partiti, e |
| second person plural | siate arrivati, e | siate rimasti, e | siate partiti, e |
| third person plural | siano arrivati, e | siano rimasti, e | siano partiti, e |

**C.** Avere and essere form the perfect subjunctive as follows:

|  | *avere* | *essere* |
|---|---|---|
| first, second, and third person singular | abbia avuto | sia stato, a |
| first person plural | abbiamo avuto | siamo stati, e |
| second person plural | abbiate avuto | siate stati, e |
| third person plural | abbiano avuto | siano stati, e |

# EXERCISE

Change the following verbs to the perfect subjunctive.

*Examples:* capirai   tu abbia capito
andate   siate andati, e

1. Martino andava
2. dormite
3. hai veduto
4. finiamo
5. tengono
6. mi alzerò
7. Marisa si è vestita
8. il commesso è partito
9. io berrò
10. noi mettiamo
11. spedisci
12. chiamavate
13. i bambini escono
14. ho viaggiato
15. risponderanno
16. Luisa andrà
17. impariamo
18. hai voluto
19. lui ha preso
20. diciamo
21. ti sei lavata
22. il babbo sta bene
23. leggeremo
24. gli studenti scrivono
25. mia figlia è nata

# GRAMMAR V   The Subjunctive: Use (Part I)

In Italian—much more than in English—the subjunctive is frequently used not only in writing, but also in speaking.

The subjunctive is normally used in a dependent clause and it may be introduced by:

1. Verbs expressing opinion, impression, hope, and doubt, such as:

| | | | |
|---|---|---|---|
| credere | to believe | sembrare | to seem |
| pensare | to think | sperare | to hope |

2. Verbs expressing command, demand, desire, or will, such as:

| | | | |
|---|---|---|---|
| chiedere | to ask | ordinare | to command, to order |
| desiderare | to wish | volere | to want |

3. Verbs or phrases expressing preference, fear, and feelings of pleasure or displeasure, such as:

| | | | |
|---|---|---|---|
| avere paura, temere | to be afraid of, to fear | essere scontento | to be displeased |
| essere contento/felice/lieto | to be happy | preferire | to prefer |
| essere dispiaciuto | to be sorry | | |
| essere infelice | to be unhappy | | |

In these cases the verb of the main clause introducing the subjunctive is followed immediately by the conjunction **che**. The subject of the verb of the main clause and that of the verb of the dependent clause are different.

> *Io* voglio che *tu* rimanga qui.   I want you to remain here.

> *Loro* temono che *voi* non veniate.   They fear you are not coming.

If the subject of the verb in the main clause and the subject of the verb in the dependent clause are the same, the infinitive is used instead of the subjunctive.

> Lui crede di partire domani.   He believes he is leaving tomorrow.

> Teresa ha paura di volare.   Teresa is afraid of flying.

The past infinitive (formed by **avere** or **essere** and the past participle of the verb) must be used when it refers to an action that has already taken place.

> Lei crede di *avere visto* Mario.   She believes she saw Mario.

> Sono felice di *essere arrivato* ora.   I'm happy I arrived now.

4. Several common conjunctions, such as:

| | | | |
|---|---|---|---|
| affinché, perché | so that | a patto che, purché | provided that |
| benché, | although | prima che | before |
| quantunque, sebbene | | qualora | in case |
| a meno che non | unless | senza che | without |

Note that **prima che** and **senza che** require the subjunctive only when the main and the dependent clauses have different subjects.

> *Io* gli telefono prima che *lui* parta.
> I call him before he leaves.

> *Lui* parte senza che *lei* lo saluti.
> He leaves without her saying goodbye to him.

With all the other conjunctions listed above, the subjunctive is required whether the main and the dependent clauses have the same subjects or not.

**Loro vogliono uscire sebbene siano stanchissimi.**
They want to go out although they are very tired.

**Glielo dirò qualora lui mi telefoni.**
I'll tell him in case he calls me.

5. Numerous impersonal verbs and impersonal expressions (used positively and negatively), indicating emotion, necessity, impression, possibility, or doubt, such as:

| | | | |
|---|---|---|---|
| basta che | it's enough that | è importante che | it's important that |
| non importa che | it doesn't matter that | è meglio che | it's better/best that |
| occorre che, | it's necessary that | è possibile/ | it's possible/impossible |
| bisogna che | | impossibile che | that |
| può darsi che | it may be that | è probabile/ | it's probable/ |
| sembra che | it seems that | improbabile che | improbable that |
| è facile/difficile che | it's easy/difficult that | è giusto che | it's fair/right that |

The subjunctive is required after these impersonal verbs and expressions only when the subject of the dependent clause is clearly expressed.

**Occorre che *lei* parta ora.**    It's necessary for her to leave now.

**Sembra che *loro* non lo sappiano.**  It seems that they don't know it.

**È possibile che *lui* sia partito?**   Is it possible that he has left?

When the subject is not expressed, then the infinitive is used.

**Non è più facile vivere in questo paese!**
It's no longer easy to live in this town!

**Bisogna studiare di più e giocare di meno.**
It's necessary to study more and play less.

# EXERCISES

A. **Rephrase each sentence, replacing the subject of the verb in the dependent clause with the subjects given in parentheses and changing the verb accordingly.**

*Example:* Lei crede che tu studi molto. (voi)  **Lei crede che voi studiate molto.**

1. Marta spera che suo marito possa lavorare a Roma. (**io, voi, i suoi cugini**)
2. Non credo che voi abbiate fame. (**tu, Giorgio, i bambini**)
3. Desiderano che io rimanga qui per tre mesi. (**voi, noi, tu**)
4. Hanno paura che noi non paghiamo il conto. (**tu, il cliente, quei signori**)
5. Non è affatto importante che lui sappia tutto. (**io, voi, Elisabetta**)
6. Sono contento che loro stiano bene. (**tu, voi, la signorina Betti**)
7. Voglio che tu faccia subito i compiti. (**gli studenti, Rosa, voi**)
8. Sergio preferisce che io vada a mangiare a casa sua. (**noi, loro, tu**)
9. Lei è dispiaciuta che noi dobbiamo partire. (**io, loro, voi**)
10. Occorre che io le parli subito di quel problema. (**voi, tu, noi**)

B. Rephrase each sentence, replacing the subject of the verb in the dependent clause with the subjects given in parentheses and changing the verbs accordingly.

> *Example:* Non sono contenta che tu ti sia alzata tanto tardi. (Rita)
> **Non sono contenta che Rita si sia alzata tanto tardi.**

1. Non è possibile che tu abbia guadagnato così poco! (io, voi, loro)
2. Mi sembra che Massimo abbia bevuto troppo. (i vostri amici, tu, loro)
3. Temiamo che loro non siano ancora ritornati. (tu, Manuela, i nostri figlioli)
4. Io credo che lei non abbia risposto alle domande dell'insegnante. (Giovanni, voi, gli studenti)
5. È facile che io non l'abbia visto alla stazione. (noi, sua moglie, voi)
6. Basta che Roberto le abbia scritto almeno una cartolina! (tu, loro, voi)
7. Non è possibile che Giovanni abbia già spedito quel pacco in America. (noi, tu, voi)
8. Speriamo che loro abbiano imbucato l'espresso. (tu, Luisa, voi)
9. Non è giusto che noi abbiamo dovuto pagare il conto. (io, voi, i miei suoceri)
10. Può darsi che io mi sia dovuto preoccupare troppo. (Lei, signora Bonetti; voi; tu, Alfredo)

C. Replace the subject of the dependent clause with the word(s) given in parentheses, making all necessary changes.

> *Example:* Non capisco nulla, benché lui parli abbastanza bene l'italiano. (voi)
> **Non capisco nulla, benché voi parliate abbastanza bene l'italiano.**

1. La mamma esce di casa prima che io mi sia alzato. (**Roberto e Anna**)
2. Oggi andiamo a fare la spesa purché tu ci accompagni con la macchina. (**voi**)
3. Teresa non è felice sebbene tu non abbia dimenticato il suo compleanno. (**i suoi genitori**)
4. Quantunque io sia abbastanza vecchio, sembro ancora giovane. (**Susanna**)
5. Voglio mandare un telegramma senza che nessuno lo sappia. (**loro**)
6. Sebbene loro mangino spesso, hanno sempre fame. (**tu**)
7. Qualora voi dobbiate partire, telefonate a Salvatore! (**Lei**)
8. Verrò anch'io a patto che tu inviti i signori Rossetti. (**voi**)
9. Silvio compra tante cose benché suo padre non gli abbia dato molto denaro. (**noi**)
10. Il professore spiega due o tre volte la stessa lezione affinché noi capiamo bene tutto. (**gli studenti**)

# GRAMMAR VI   Tense Sequence: Indicative/Subjunctive (Part I)

A. When the subjunctive is required in a dependent clause, the tense to be used—present or perfect—is determined by the verb in the main clause, which can be a present indicative, a future, or an imperative.

**B.** The present subjunctive is required when the action expressed by the verb in the main clause takes place at the same time as the action expressed by the verb in the dependent clause.

*Spero* che Carlo *sia* qui.    I hope that Carlo is here.
[present indicative] [present subjunctive]

*Bisogna* che tu lo *veda* subito.    It's necessary that you see him right away.
[present indicative] [present subjunctive]

Le *parlerò* benché io non la *conosca*.    I'll talk to her although I don't know her.
[future indicative] [present subjunctive]

*Dammi* il denaro affinché io lo *compri*.    Give me the money so that I may
[imperative] [present subjunctive]                  buy it.

**C.** The perfect subjunctive is required when the action expressed by the verb of the dependent clause occurred before the action expressed by the verb of the main clause.

*Credo* che Gina *sia uscita*.    I believe Gina went out.

[present indicative] [perfect subjunctive]

*È bene* che voi *siate stati* a casa.    It's good that you were at home.

[present indicative] [perfect subjunctive]

Lei *penserà* che non mi *sia* piaciuta.    She will think that I did not like her.

[future indicative] [perfect subjunctive]

*Sii* contento ch'io ti *abbia telefonato*.    Be happy that I called you.

[imperative] [perfect subjunctive]

# EXERCISES

**A. Complete the following sentences, conjugating the verb in parentheses.**

1. Non è necessario che Alberto e Stefano (**fare**) _____ i compiti.
2. Non penso che tuo cognato (**andare**) _____ in ufficio oggi.
3. Benché lei (**essere**) _____ povera, è molto generosa.
4. È meglio che voi (**dire**) _____ a me quello che sapete.
5. Bisogna che io (**guardare**) _____ i vostri documenti.
6. Loro hanno paura che voi stasera (**annoiarvi**) _____.
7. Non è giusto che noi (**dovere**) _____ pagare per tutti!
8. È impossibile che loro (**conoscere**) _____ il mio indirizzo.
9. Qualora loro (**scrivere**) _____ al capoufficio, lui gli risponderà subito.
10. Datemi il libro affinché io (**potere**) _____ preparare la lezione.

ANSWERS
p. 252

B. Complete the following sentences, translating the word(s) in parentheses.

1. È probàbile che Maria (**saw**) _____ Alfonso a Milano.

2. Quantunque lui (**learned**) _____ l'inglese a Londra, non lo parla molto bene.

3. È bene che Lei, signora, (**mailed**) _____ il pacco ieri mattina.

4. Mi sembra che loro (**spent**) _____ troppo denaro.

5. Non importa che tu (**took**) _____ il treno invece dell'autobus.

6. Dove credete che Vittoria (**bought**) _____ quel vestito?

7. Può darsi che anche loro (**left**) _____ alla stessa ora.

8. Non penso affatto che tu (**were wrong**) _____

9. Oggi loro riceveranno notizie di Francesco purché lui (**posted**) _____ la lèttera due giorni fa.

10. Non ci sembra che il professore (**explained**) _____ molto chiaramente questo difficile problema.

ANSWERS
p. 252

C. Translate these sentences into Italian.

1. We are happy that we went abroad last month.

2. She doesn't believe her husband is sick.

3. It's better not to smoke.

4. In case my friends call, tell (*fam. pl.*) them that I am at the office.

5. I'll give it (*f.*) to you (*fam. sing.*) unless you don't want it.

6. We can understand her provided that she speaks slowly.

7. It's possible that they saw each other last February.

8. They fear that I am not feeling well.

# 14

# Dal meccanico
## (At the Mechanic's)

---

## PAROLE DA RICORDARE

| | | | |
|---|---|---|---|
| la benzina | gasoline | il pedale | gas pedal |
| il benzinaio | gas station attendant | dell'acceleratore | |
| la candela | spark plug, candle | la portiera | car door |
| il carburatore | carburetor | la ruota | wheel, tire |
| il carro attrezzi | tow truck | seccante *(adj.)* | annoying |
| il cofano | hood | il semaforo | traffic light |
| il cruscotto | dashboard | il serbatoio | tank |
| il faro | car headlight | il tergicristallo | windshield wiper |
| la finestra | window | (*pl.* i tergicristalli) | |
| il finestrino | car window | il traffico | traffic |
| il freno | brake | (*pl.* traffici, | |
| la frizione | clutch | traffichi) | |
| il guasto | breakdown | il volante | steering wheel |
| intenso, a | heavy, intense | a causa di | because of |
| lento, a | loose, slow | al massimo | at the most |
| il meccanico | mechanic | a posto | in order |
| (*pl.* meccanici) | | lungo *(prep.)* | along |
| il motore | motor, engine | sotto *(prep.)* | under |
| l'olio | oil | verso *(prep.)* | around, about |
| il parabrezza | windshield | accendere | to turn on, light |
| (*pl.* i parabrezza) | | aggiustare | to fix, repair |
| il parafango | fender | controllare | to check, control |
| (*pl.* i parafanghi) | | essere sicuro, a | to be sure |
| il paraurti | bumper | essere a posto | to be in order, in place |
| (*pl.* i paraurti) | | fare il pieno | to fill up (the tank) |
| il pedale | pedal | funzionare | to work, run |

| | | | |
|---|---|---|---|
| riparare | to repair | stare tranquillo, a | not to worry |
| spegnere[1] | to turn off, put out | verificare | to check out, verify |
| spegnersi | to die out, go out | notare | to note, notice |
| | | pulire | to clean |

# DIALOGO   Dal meccanico

Prima di partire per un lungo viaggio, il signor Longhi porta sempre l'auto dal meccanico per far controllare il motore. Questo perché lui vuole essere sicuro che tutto sia a posto sotto il cofano. È infatti molto seccante avere un guasto lungo l'autostrada, specialmente d'estate, quando a causa del traffico intenso bisogna aspettare ore prima che arrivi un carro attrezzi.

| | |
|---|---|
| MECCANICO | C'è qualcosa che non funziona bene, signor Longhi? |
| SIGNOR LONGHI | Sì, credo che il pedale della frizione sia un po' lento. |
| MECCANICO | Nessun problema; l'aggiusto subito. |
| SIGNOR LONGHI | Ho anche notato che in questi ultimi giorni il motore si spegne quando mi fermo a un semaforo. |
| MECCANICO | Controllerò il carburatore e pulirò le candele. |
| SIGNOR LONGHI | Per favore, controlli anche i freni e se necessario cambi l'olio. |
| MECCANICO | Vuole che faccia lavare la macchina? |
| SIGNOR LONGHI | Sì, grazie. E non dimentichi di verificare la pressione delle ruote. |
| MECCANICO | Stia tranquillo, signor Longhi. Penserò io a tutto. |
| SIGNOR LONGHI | Quanto tempo ci vorrà? |
| MECCANICO | Un paio d'ore; tre al massimo. Oggi non ho molto lavoro. |
| SIGNOR LONGHI | Benissimo. Tornerò a prendere la macchina verso le cinque. Un'ultima cosa . . . |
| MECCANICO | Dica . . . |
| SIGNOR LONGHI | Faccia anche il pieno, per favore. |
| MECCANICO | Certo . . . A più tardi allora. |

# DIALOGUE   At the mechanic's

Before leaving on a long trip, Mr. Longhi always takes his car to the mechanic to have the engine checked. This is because he wants to make sure that everything is in order under the hood. It's in fact most annoying to have a breakdown along the highway, especially during the summer, when, because of the heavy traffic, one must wait for hours before a tow truck arrives.

---

[1]*The verb* **spegnere** *has the following irregular forms: present indicative—***spengo, spegni, spegne, spegniamo, spegnete, spengono;** *past participle—***spento;** *imperative—***spegni, spenga, spegniamo, spegnete, spengano;** *present subjective—***spenga, spegniamo, spegniate, spengano.**

| MECHANIC | Is anything wrong with your car, Mr. Longhi? (Is there something that doesn't work right, Mr. Longhi?) |
| --- | --- |
| MR. LONGHI | Yes, I believe that the clutch pedal is a bit loose. |
| MECHANIC | No problem; I'll fix it right away. |
| MR. LONGHI | I have also noticed that in the last few days the engine dies out when I stop at a traffic light. |
| MECHANIC | I'll check the carburetor and clean the spark plugs. |
| MR. LONGHI | Please also check the brakes and change the oil if necessary. |
| MECHANIC | Do you want to have your car washed? |
| MR. LONGHI | Yes, thank you. And don't forget to check the tire pressure. |
| MECHANIC | Don't worry, Mr. Longhi. I'll take care of everything. |
| MR. LONGHI | How long will it take? |
| MECHANIC | A couple of hours; three at the most. I'm not very busy today. |
| MR. LONGHI | Very well, I'll come back to pick the car up around five. One last thing . . . |
| MECHANIC | Go ahead . . . |
| MR. LONGHI | Fill up the tank too, please. |
| MECHANIC | Sure . . . See you later, then. |

# EXERCISES

**ANSWERS
p. 252**

**A. Read the following sentences and select the answers that seem correct to you.**

1. Che cosa si trova sotto il cofano di un'automobile? (**le ruote—il motore—il paraurti**)
2. Da chi bisogna portare la macchina per farla riparare? (**da un benzinaio—da un meccanico—da un autista**)
3. Se il motore si spegne, che cosa è bene controllare subito? (**i freni—l'olio—il carburatore e le candele**)
4. Per fermare l'auto, cosa bisogna usare? (**il pedale dei freni—il pedale dell'acceleratore—il pedale della frizione**)
5. Quand'è che bisogna far lavare la macchina? (**quando è sporca—quando è nuova—quando si fa un lungo viaggio**)
6. Avere un guasto lungo l'autostrada è molto seccante perché (**costa molto—c'è molto traffico—bisogna aspettare il carro attrezzi**).
7. Per far funzionare l'automobile è necessario mettere nel serbatoio (**l'olio—la benzina—l'acqua**).
8. Per pulire il parabrezza, bisogna usare (**la frizione—il volante—i tergicristalli**).

**ANSWERS
p. 253**

**B. Complete the following sentences by translating the phrases in parentheses.**

1. Quell'automobile sportiva ha (*a beautiful dashboard*) _____.
2. (*I must rent a car*) _____ perché la mia è dal meccanico.
3. Bisogna fermare la macchina quando (*the traffic light is red*) _____.
4. La sua macchina ha (*four doors*) _____.

5. Lui non ha mai paura (*to make a mistake*) _____.
6. Quando fuori diluvia, è necessario uscire (*with an umbrella*) _____.
7. (*They decided*) _____ di fare un lungo viaggio.
8. Il sabato sera mi piace molto (*to listen to the radio*) _____.
9. Loro verranno da noi (*the following week*) _____.
10. (*We purchased the tickets*) _____ un mese fa.
11. Questo paese è (*very picturesque*) _____.
12. Lei spedisce sempre tutto (*by airmail*) _____.

# GRAMMAR I    The *Passato Remoto*

**A.** The **passato remoto** (remote past or absolute past) is a past tense that uses neither of the auxiliary verbs **avere** or **essere**.

**B.** To form the past absolute of **-are**, **-ere**, and **-ire** verbs, add the following endings to the stem of the infinitive:

|  | -are | -ere | -ire |
|---|---|---|---|
| io | -ai | -ei | -ii |
| tu | -asti | -esti | -isti |
| lui, lei, Lei | -ò | -é | -ì |
| noi | -ammo | -emmo | -immo |
| voi | -aste | -este | -iste |
| loro, Loro | -arono | -erono | -irono |

parlare: **parlai, parlasti, parlò, parlammo, parlaste, parlarono**

temere: **temei, temesti, temé, tememmo, temeste, temerono**

finire: **finii, finisti, finì, finimmo, finiste, finirono**

**C.** While the **passato prossimo** is a narrative tense used to express an action that took place in the not-too-distant past, the **passato remoto** is used to express actions that took place and were completed in the past and no longer have reference to the present. Though in modern Italian the **passato remoto** is seldom used in conversation (except for some areas of southern Italy and Sicily, where it often replaces the **passato prossimo**), it is extensively used in writing or in reference to historical or past events.

Note that the **imperfetto,** or descriptive past, is used as much with the **passato remoto** as with the **passato prossimo.**

> **Quando Napoleone** *partì* **per l'Egitto,** *era* **ancora molto giovane.**
> When Napoleon left for Egypt, he was still very young.

> **Quando** *comprai* **la mia prima casa,** *abitavo* **vicino a Roma.**
> When I bought my first house, I was living near Rome.

Direct and indirect object pronouns precede the **passato remoto,** just as they precede other tenses of the indicative.

*Si incontrarono* a Londra nel 1926, e lui *se la portò* subito in Italia.
They met in London in 1926, and he took her immediately with him to Italy.

# EXERCISES

**A.** Give the *passato remoto* of the following verbs for the subjects in parentheses.

1. vestirsi (**loro**)
2. vedere (**noi**)
3. provare (**io**)
4. lavorare (**voi**)
5. incassare (**tu**)
6. sentire (**Lucia**)
7. aprire (**io**)
8. aiutare (**noi**)
9. entrare (**loro**)
10. visitare (**Loro**)
11. pesare (**il macellaio**)
12. verificare (**il meccanico**)
13. pulire (**tu**)
14. pagare (**voi**)
15. svegliarsi (**noi**)
16. uscire (**Lei**)
17. riposarsi (**tu**)
18. aggiustare (**noi**)
19. riparare (**io**)
20. avere (**loro**)

**ANSWERS**
**p. 253**

**B.** Conjugate the verbs in parentheses in *passato prossimo* or *passato remoto* as required by the context.

1. Noi (**visitare**) _____ l'Egitto quando eravamo ancora bambini.
2. La settimana scorsa lei (**partire**) _____ per la Francia; tornerà fra quindici giorni.
3. Suo nonno (**imparare**) _____ l'italiano quasi trent'anni fa.
4. Ora sono solo perché mia moglie (**andare**) _____ dai suoi genitori per passare con loro il Natale.
5. Il primo romanzo di quel famoso scrittore (**uscire**) _____ almeno cinquant'anni fa.
6. Ieri in banca voi (**incassare**) _____ un assegno di venti milioni.
7. I vecchi dicono che quando Garibaldi (**passare**) _____ per questo paese, lui era stanco e malato.
8. Prima di partire per Milano, Giorgio (**fare**) _____ il pieno.
9. Durante la lezione di storia il professore domanda a uno studente: "Chi (**essere**) _____ il primo re d'Italia?"
10. Renata non (**capire**) _____ una sola parola di quello che voi dicevate.

# GRAMMAR II   The *Passato Remoto* of Stem-Changing Verbs

Listed below are all the verbs presented in this text that are irregular in the formation of the **passato remoto**. Most of these are irregular in the first and third person singular and in the third person plural. In the formation of the other persons, the endings of the **passato remoto** are added to the regular stem of the infinitive. Only **dare** and **stare** are completely irregular.

| | |
|---|---|
| accendere | accesi, accendesti, accese, accendemmo, accendeste, accesero |
| bere | bevvi, bevesti, bevve, bevemmo, beveste, bevvero |
| chiedere | chiesi, chiedesti, chiese, chiedemmo, chiedeste, chiesero |
| chiudere | chiusi, chiudesti, chiuse, chiudemmo, chiudeste, chiusero |
| conoscere | conobbi, conoscesti, conobbe, conoscemmo, conosceste, conobbero |
| correre | corsi, corresti, corse, corremmo, correste, corsero |
| dare | diedi, desti, diede, demmo, deste, diedero |
| decidere | decisi, decidesti, decise, decidemmo, decideste, decisero |
| dire | dissi, dicesti, disse, dicemmo, diceste, dissero |
| fare | feci, facesti, fece, facemmo, faceste, fecero |
| leggere | lessi, leggesti, lesse, leggemmo, leggeste, lessero |
| mettere | misi, mettesti, mise, mettemmo, metteste, misero |
| morire | morii, moristi, morì, morimmo, moriste, morirono |
| nascere | nacqui, nascesti, nacque, nascemmo, nasceste, nacquero |
| perdere | persi, perdesti, perse, perdemmo, perdeste, persero |
| piacere | piacqui, piacesti, piacque, piacemmo, piaceste, piacquero |
| piangere | piansi, piangesti, pianse, piangemmo, piangeste, piansero |
| piovere | piovve, piovvero (the most commonly used forms) |
| prendere | presi, prendesti, prese, prendemmo, prendeste, presero |
| rimanere | rimasi, rimanesti, rimase, rimanemmo, rimaneste, rimasero |
| rispondere | risposi, rispondesti, rispose, rispondemmo, rispondeste, risposero |
| sapere | seppi, sapesti, seppe, sapemmo, sapeste, seppero |
| scrivere | scrissi, scrivesti, scrisse, scrivemmo, scriveste, scrissero |
| sorridere | sorrisi, sorridesti, sorrise, sorridemmo, sorrideste, sorrisero |
| spegnere | spensi, spegnesti, spense, spegnemmo, spegneste, spensero |
| stare | stetti, stesti, stette, stemmo, steste, stettero |
| tenere | tenni, tenesti, tenne, tenemmo, teneste, tennero |
| vedere | vidi, vedesti, vide, vedemmo, vedeste, videro |
| venire | venni, venisti, venne, venimmo, veniste, vennero |

| vincere | vinsi, vincesti, vinse, vincemmo, vinceste, vinsero |
| vivere | vissi, vivesti, visse, vivemmo, viveste, vissero |
| volere | volli, volesti, volle, volemmo, voleste, vollero |

Note the following:

1. **Correre** (to run) has an irregular past participle, **corso**. Although it is normally conjugated with **essere,** it may also use **avere** as its auxiliary when used transitively.

   *Sono corso* a casa appena ho saputo la notizia.
   I ran home as soon as I heard the news.

   **Mario Andretti** *ha corso* molte volte la Indianapolis 500.
   Mario Andretti raced many times in the Indianapolis 500.

2. The present subjunctive of **morire** is **muoia, moriamo, moriate, muoiano**; the imperative is **muori, muoia, moriamo, morite, muoiano.** The past participle is also irregular: **morto.**

3. **Ridere** (to laugh) conjugates exactly like **sorridere** (to smile). Its past participle is **riso.**

4. **Vivere** (to live) is conjugated with both **avere** (when used transitively) and **essere** (when used intransitively).

   **Lui** *ha vissuto* una vita lunga e interessante.
   He lived a long and interesting life.

   **Io** *sono vissuto* per molti anni in Inghilterra.
   I lived in England for many years.

# EXERCISES

ANSWERS
p. 253

A. **Substitute the infinitive in parentheses with the** *passato remoto.*

1. Giuseppe Garibaldi (**morire**) _____ nel 1882.

2. Francesco Petrarca, uno dei più grandi poeti italiani, (**scrivere**) _____ molti libri in italiano e in latino.

3. Per il suo compleanno noi gli (**spedire**) _____ un lungo telegramma.

4. Io (**rispondere**) _____ al capoufficio di non sapere nulla.

5. Perché loro non (**rimanere**) _____ in America e invece (**ritornare**) _____ in Italia?

6. Mio padre (**conoscere**) _____ i suoi suoceri quando loro abitavano a Genova.

7. Il rapido (**fermarsi**) _____ sul binario.

8. Quando lei (**andare**) _____ in Inghilterra, le (**piacere**) _____ molto Londra.

9. Durante i mesi estivi del 1908 (**piovere**) _____ un giorno sì e uno no.

10. Noi (**leggere**) _____ la brutta notizia sul giornale.

B. Change the verbs in italics to the *passato remoto.*

1. *Hanno messo* molti alberi in quel parco.
2. Loro *sono nati* a Parigi.
3. Quando *hanno saputo* che tu eri tornato, io ero già partito.
4. Chi *ha vinto*, l'Inghilterra o la Francia?
5. Loro *ridevano* perché erano felicissimi.
6. Dante *è nato* a Firenze nel 1265.
7. I miei cugini *sono andati* nel Canadà e ci *sono rimasti* vent'anni.
8. Noi *abbiamo visto* quel film molti anni fa.
9. Quella famosa scrittrice *è vissuta* e *è morta* in Africa.
10. Mio nonno *ha fatto* molte cose interessanti durante la sua lunga vita.
11. I nostri parenti australiani *sono venuti* a trovarci dieci anni fa.
12. Voi *avete deciso* di non tornare più qui.
13. Quando Leo *è partito, ha preso* la nave. Non *abbiamo saputo* più nulla di lui.
14. Anch'io *ho pianto* quando *ho letto* quel dramma di Shakespeare.
15. Quando lui mi *ha chiesto* del denaro, gli *ho risposto* di non potergli dare nemmeno mille lire.

# GRAMMAR III   The *Trapassato Remoto*

A. The **trapassato remoto,** or past perfect absolute, is a past tense used to express an action that occurred before that indicated by the **passato remoto**. This tense is therefore used mostly in conjunction with the **passato remoto.**

B. Formation
   1. Transitive verbs form the **trapassato remoto** by combining:

   **passato remoto** of **avere** + past participle of the verb

|  | *impostare* | *sorridere* | *dormire* |
|---|---|---|---|
| io | ebbi impostato<br>(I had mailed) | ebbi sorriso<br>(I had smiled) | ebbi dormito<br>(I had slept) |
| tu | avesti impostato | avesti sorriso | avesti dormito |
| lui, lei, Lei | ebbe impostato | ebbe sorriso | ebbe dormito |
| noi | avemmo impostato | avemmo sorriso | avemmo dormito |
| voi | aveste impostato | aveste sorriso | aveste dormito |
| loro, Loro | ebbero impostato | ebbero sorriso | ebbero dormito |

   2. Intrasitive verbs from the **trapassato remoto** by combining:

   **passato remoto** of **essere** + past participle of the verb

|  | *andare* | *partire* |
|---|---|---|
| io | fui andato, a (I had gone) | fui partito, a (I had left) |
| tu | fosti andato, a | fosti partito, a |
| lui, lei, Lei | fu andato, a | fu partito, a |
| noi | fummo andati, e | fummo partiti, e |
| voi | foste andati, e | foste partiti, e |
| loro, Loro | furono andati, e | furono partiti, e |

C. Use

The **trapassato remoto** is used only in a dependent clause after the words **quando, appena,** and **dopo che**; the tense of the verb in the main clause is **passato remoto.**

*Quando* loro *furono arrivati,* noi li salutammo.
When they had arrived, we greeted them.

*Appena ebbe finito* il compito, *andò* a giocare.
As soon as he had finished the (his) homework, he went to play.

*Dopo* che noi *avemmo scritto* la lettera, la *impostammo.*
After we had written the letter, we mailed it.

# EXERCISES

**A. Change the verbs to the *trapassato remoto.***

1. viaggiai
2. dissero
3. facemmo
4. deste
5. perdemmo
6. usciste
7. mangiate!
8. portava
9. verrete
10. siamo rimasti
11. parlavano
12. mangerò
13. chiederanno
14. risero
15. hanno controllato
16. dovremo
17. eravate tornati
18. avevi detto
19. siamo usciti
20. pulirete
21. avevamo aggiustato
22. vivevano

**B. Complete the following sentences with the correct form of the *trapassato remoto.***

1. (**parlare**) Dopo che io gli _____, mi disse che avevo ragione.
2. (**spiegare**) Dopo che l'insegnante _____ la lezione, gli studenti fecero gli esercizi.
3. (**fare**) Quando tu _____ il bagno, ti vestisti.
4. (**vedere**) Dopo che loro _____ quel nuovo film americano, decisero di imparare l'inglese.

5. (**nascere**) Appena il nostro bambino _____, noi telefonammo ai nostri genitori per dargli la bella notizia.

6. (**prendere**) Quando l'impiegata _____ il caffè, cominciò finalmente a lavorare.

7. (**entrare**) Appena Roberto _____ in casa, chiuse subito la porta.

8. (**morire**) Dopo che lui _____, tutti piansero per molto tempo.

9. (**conoscere**) Appena Giorgio _____ Anna, volle subito uscire con lei.

10. (**riparare**) Dopo che il meccanico _____ il guasto, lavò la macchina.

# GRAMMAR IV    Imperfect Subjunctive

A. The imperfect subjunctive of -are, -ere, and -ire verbs is formed by adding the following endings to the stem of the infinitive.

|  | -are | -ere | -ire |
|---|---|---|---|
| io | -assi | -essi | -issi |
| tu | -assi | -essi | -issi |
| lui, lei, Lei | -asse | -esse | -isse |
| noi | -assimo | -essimo | -issimo |
| voi | -aste | -este | -iste |
| loro, Loro | -assero | -essero | -issero |

parlare: parlassi, parlassi, parlasse, parlassimo, parlaste, parlassero

ricevere: ricevessi, ricevessi, ricevesse, ricevessimo, riceveste, ricevessero

dormire: dormissi, dormissi, dormisse, dormissimo, dormiste, dormissero

B. The imperfect subjunctive of **avere** and **essere** is as follows:

avere: avessi, avessi, avesse, avessimo, aveste, avessero

essere: fossi, fossi, fosse, fossimo, foste, fossero

C. The imperfect subjunctive of stem-changing verbs is as follows:

bere: bevessi, bevessi, bevesse, bevessimo, beveste, bevessero

dare: dessi, dessi, desse, dessimo, deste, dessero

dire: dicessi, dicessi, dicesse, dicessimo, diceste, dicessero

fare: facessi, facessi, facesse, facessimo, faceste, facessero

stare: stessi, stessi, stesse, stessimo, steste, stessero

# EXERCISES

A. Give the imperfect subjunctive of the following verbs for the subjects in parentheses.

| | |
|---|---|
| 1. recarsi (**noi**) | 11. vincere (**io**) |
| 2. volere (**lei**) | 12. finire (**tu**) |
| 3. imbucare (**tu**) | 13. pulire (**lei**) |
| 4. riparare (**loro**) | 14. alzarsi (**Marisa**) |
| 5. potere (**io**) | 15. mettere (**Aldo**) |
| 6. fare (**loro**) | 16. stare (**voi**) |
| 7. inviare (**io**) | 17. pettinarsi (**io**) |
| 8. verificare (**voi**) | 18. uscire (**loro**) |
| 9. tornare (**noi**) | 19. sapere (**noi**) |
| 10. coricarsi (**lui**) | 20. rimanere (**lei**) |

B. Change the following verbs from the present to the imperfect subjunctive.

| | |
|---|---|
| 1. io muoia | 12. tu metta |
| 2. tu dica | 13. il meccanico verifichi |
| 3. Lei faccia | 14. voi diciate |
| 4. noi rispondiamo | 15. noi vendiamo |
| 5. voi siate | 16. Leo nasca |
| 6. tu venga | 17. voi chiudiate |
| 7. io vada | 18. io prenda |
| 8. lui capisca | 19. noi cambiamo |
| 9. voi beviate | 20. tu pesi |
| 10. loro giochino | 21. loro aggiustino |
| 11. lei si vesta | 22. voi vi rechiate |

# GRAMMAR V    Pluperfect Subjunctive

A. *Transitive verbs* (and intransitive verbs such as **viaggiare** and **dormire**) form the pluperfect subjunctive by combining:

imperfect subjunctive of **avere** + past participle of the verb

| | *parlare* | *ricevere* | *dormire* |
|---|---|---|---|
| io | avessi parlato | avessi ricevuto | avessi dormito |
| tu | avessi parlato | avessi ricevuto | avessi dormito |
| lui, lei, Lei | avesse parlato | avesse ricevuto | avesse dormito |
| noi | avessimo parlato | avessimo ricevuto | avessimo dormito |
| voi | aveste parlato | aveste ricevuto | aveste dormito |
| loro, Loro | avessero parlato | avessero ricevuto | avessero dormito |

**B.** *Intransitive verbs* form the pluperfect subjunctive by combining:
imperfect subjunctive of **essere** + past participle of the verb

|  | *arrivare* | *rimanere* | *partire* |
|---|---|---|---|
| io | fossi arrivato, a | fossi rimasto, a | fossi partito, a |
| tu | fossi arrivato, a | fossi rimasto, a | fossi partito, a |
| lui, lei, Lei | fosse arrivato, a | fosse rimasto, a | fosse partito, a |
| noi | fossimo arrivati, e | fossimo rimasti, e | fossimo partiti, e |
| voi | foste arrivati, e | foste rimasti, e | foste partiti, e |
| loro, Loro | fossero arrivati, e | fossero rimasti, e | fossero partiti, e |

**C.** **Avere** and **essere** form the pluperfect subjunctive as follows:

|  | *avere* | *essere* |
|---|---|---|
| io | avessi avuto | fossi stato, a |
| tu | avessi avuto | fossi stato, a |
| lui, lei, Lei | avesse avuto | fosse stato, a |
| noi | avessimo avuto | fossimo stati, e |
| voi | aveste avuto | foste stati, e |
| loro, Loro | avessero avuto | fossero stati, e |

# EXERCISES

ANSWERS
p. 255

**A.** Give the pluperfect subjunctive of the following verbs for the subjects in parentheses.

1. chiedere (**noi**)
2. spedire (**tu**)
3. correre (**lui**)
4. funzionare (**Loro**)
5. dire (**tu**)
6. sentire (**io**)
7. coricarsi (**Luisa**)
8. nascere (**Edoardo**)
9. bere (**noi**)
10. riparare (**tu**)
11. leggere (**voi**)
12. mandare (**io**)
13. morire (**Loro**)
14. dare (**io**)
15. fare (**Lei**)
16. essere (**Sergio**)
17. guadagnare (**tu**)
18. capire (**voi**)
19. arrivare (**loro**)
20. avere (**noi**)

ANSWERS
p. 255

**B. Change the following verbs to the pluperfect subjunctive.**

1. andavamo
2. preferirò
3. dicevate
4. moriva
5. scrivono
6. leggeranno
7. fate!
8. io rimanessi
9. ci siamo lavati
10. partirai
11. abbiamo pulito
12. avevi scritto
13. bevessero
14. siamo nate
15. penserete
16. verificano
17. tu abbia viaggiato
18. dessero
19. hai offerto
20. si saluteranno

# GRAMMAR VI   Tense Sequence: Indicative/Subjunctive (Part II)

**A.** The imperfect subjunctive is required when the past action expressed by the verb in the main clause took place at the same time as the action expressed by the verb in the dependent clause.

*Speravo* che tu *rimanessi* con noi.          I hoped you would remain with us.
[imperfect indicative] [imperfect subjunctive]

*Hai pensato* che lei *fosse* ancora in ufficio?          Did you think she was still
[*passato prossimo*] [imperfect subjunctive]          at the office?

Mi *diedero* il giornale perché lo *leggessi*.          They gave me the paper so that I
[*passato remoto*] [imperfect subjunctive]          would read it.

**B.** The pluperfect subjunctive is used when the past action expressed by the verb in the dependent clause occurred before the action expressed by the verb in the main clause.

Antonio non *credeva* che voi *foste* già *usciti*.
[imperfect indicative] [pluperfect subjunctive]
Antonio did not believe you had already gone out.

*È stato* bene che tu *avessi telefonato* a tuo padre.
[*passato prossimo*] [pluperfect subjunctive]
It was good that you had called your father.

Mi *domandarono* che cosa io le *avessi detto*.
[*passato remoto*] [pluperfect subjunctive]
They asked me what I had told her.

*Avevano pensato* che voi *vi foste sentiti* male.
[*trapassato prossimo*] [pluperfect subjunctive]
They had thought you had not felt well.

# EXERCISES

ANSWERS
p. 256

A. Complete the following sentences with the appropriate form of the imperfect or pluperfect subjunctive.

> *Examples:* Ieri sera io pensavo che lei (**andare**) _____ a Napoli la settimana scorsa.
>
> **Ieri sera io pensavo che lei *fosse andata* a Napoli la settimana scorsa.**
>
> Sebbene lui (**guadagnare**) _____ molto, non aveva mai abbastanza denaro.
>
> ***Sebbene lui guadagnasse molto, non aveva mai abbastanza denaro.***

1. Ieri noi temevamo che i nostri parenti americani (**arrivare**) _____ in Italia tre giorni prima.
2. Tu pensavi che io (**essere**) _____ ancora all'università, non è vero?
3. Non era necessario che voi (**telefonare**) _____ a Renata proprio alle cinque.
4. Sebbene io (**portare**) _____ l'automobile dal meccanico quindici giorni fa, ieri la macchina non era ancora pronta.
5. Era impossibile che noi (**potere**) _____ spendere tanto denaro in un'ora!
6. Dicemmo tutto a Eleonora affinché lei (**sapere**) _____ subito quello che tu pensavi di lei.
7. Martedì faceva caldo quantunque lunedì notte (**piovere**) _____ per molte ore.
8. Vennero a casa nostra senza che noi li (**invitare**) _____.
9. Non era giusto che voi (**dovere**) _____ lavorare anche per lui!
10. Bisognava che lui (**spedire**) _____ il telegramma lo scorso giovedì.

ANSWERS
p. 256

B. Change the verb of the main clause in the following sentences from the present to the past; then make all other necessary changes in the dependent clause.

> *Examples:* Penso che lei sia malata.     *Pensavo* che lei *fosse* malata.
>
> Mi sembra che tu sia stata buona.     **Mi *sembrava* che tu *fossi* stata buona.**

1. Guadagna poco sebbene lavori moltissimo.
2. Sono stanchissimi quantunque abbiano dormito per diverse ore.
3. È facile che io non l'abbia mai incontrato prima.
4. Ha paura che voi non la capiate.
5. Glielo do qualora me lo chieda.
6. Il postino arriva davanti alla casa senza che nessuno si accorga di lui.
7. Sembra che fuori ci sia molta gente.
8. Laura pensa che noi abbiamo già cenato.

9. La signorina Melli può comprarsi un nuovo paio di scarpe purché suo padre le abbia spedito il vaglia.

10. Il signor Longhi crede che il suo meccanico sia molto bravo.

**C.  Translate the following sentences.**

1. I don't think he prefers to live in that small house along the highway.

2. He did not want to go home so early.

3. Although she likes me, she never calls me.

4. We will write that letter provided that you buy the stamps.

5. It was important that he had spoken to his landlord.

6. His friends were afraid he had already received the bad news.

7. I want my wife to go to the train station to meet my parents.

8. Unless they take the bus, they will be late; it's already eight-fifteen A.M.

# 15 In cerca di lavoro
## (Looking for a Job)

---

## PAROLE DA RICORDARE

| | | | |
|---|---|---|---|
| allegato, a | enclosed | la laurea[1] | college, university |
| l'annuncio | announcement, ad | | degree |
| azzurro, a | light blue | il lavoro | job |
| cęlibe (*m.*) | single | il liceo | high school |
| la cittadina (*f.*) | citizen | la mącchina | typewriter |
| il cittadino (*m.*) | citizen | da scrivere | |
| il cognome | last name | materno, a | motherly, maternal |
| il colloquio | interview | il mọdulo | form |
| la conoscenza | knowledge | la nąscita | birth |
| la conoscenza | computer literacy | | |
| del computer | | | |
| la contabilità | accounting | nativo, a | native |
| il corso | course | la nazionalità | nationality |
| la data | date | il nome | first name |
| la dattilọgrafa (*f.*) | typist | nụbile (*f.*) | single |
| il dattilọgrafo (*m.*) | typist | numeroso, a | numerous |
| Dio | God | l'opportunità | opportunity |
| la ditta | firm | il peso | weight |
| divorziato, a | divorced | privato, a | private |
| l'esperienza | experience | richiesto, a | requested, demanded |
| esperto, a | experienced | la segretaria (*f.*) | secretary |

[1]Most Italian institutions of higher learning award only one degree, the **laurea**, which gives the holder the right to bear the title **dottore** or **dottoressa**. This degree (more or less the equivalent of an American master of arts or master of science degree) is earned usually after four to six years of study, depending on the field of specialization. Lately major universities have instituted an advanced degree, the **dottorato di ricerca**, or research doctorate.

| l'esportazione (*f.*) | export | il segretario (*m.*) | secretary |
| l'impiego | job, employment | separato, a | separated |
| l'importazione (*f.*) | import | sposato, a | married |
| l'informatica | computer science | | |
| l'inserzione (*f.*) | ad | lo stato di famiglia | family status |
| l'interprete (*pl.* gli, | interpreter | la statura | height |
| le interpreti) | | il tipo | type, kind |
| il titolo di studio | university degree | avere pratica di | to have experience |
| il traduttore (*m.*) | translator | | with |
| la traduttrice (*f.*) | translator | compilare | to fill out |
| l'ufficio personale | personnel | frequentare | to attend |
| | department | laurearsi | to graduate from a |
| la vedova | widow | | college or university |
| il vedovo | widower | | |
| in cerca di | looking for, | presentarsi | to present, introduce |
| | in search of | | oneself |
| presso | at, with | scrivere a macchina | to type |
| avere luogo | to take place | trasferirsi | to move, relocate |

# NARRATIVA    In cerca di lavoro

Susan Helen White vive da sette anni in Italia, dove si è trasferita dopo essersi laureata negli Stati Uniti. Ha studiato lingue straniere e, oltre all'inglese, sua lingua nativa, parla benissimo l'italiano e abbastanza bene il francese. All'università ha anche frequentato numerosi corsi di contabilità, "marketing" e informatica, e è un'esperta dattilografa.

Qualche giorno fa ha trovato su un giornale di Roma l'inserzione di una ditta di importazioni/esportazioni in cerca di una segretaria che sapesse due o più lingue straniere, fra cui l'inglese, sapesse scrivere a macchina e avesse pratica di contabilità e anche una buona conoscenza del computer. Proprio il tipo di lavoro che Susan desiderava!

Dopo aver letto l'annuncio, lei ha scritto, come richiesto nell'inserzione, all'indirizzo dato nel giornale, per chiedere un colloquio. Ieri pomeriggio lei ha ricevuto una raccomandata in cui era scritto che il colloquio avrebbe avuto luogo alle undici di mattina il venti luglio e che prima di presentarsi al capo dell'ufficio personale della ditta avrebbe dovuto compilare il modulo allegato.

Contenta che le sia stata offerta l'opportunità di trovare un buon impiego in Italia, Susan si affretta ora a compilare il modulo.

1. **Nome e cognome** <u>Susan Helen White</u>

2. **Data e luogo di nascita** <u>11 aprile 1970, Indianapolis, Indiana, USA</u>

3. **Indirizzo/No. di telefono** <u>Via Alessandro Manzoni, 39, Roma; 90 23 687</u>

4. **Stato di famiglia**    celibe ___ nubile <u>X</u> sposato/sposata ___ divorziato/divorziata ___ separato/separata ___ vedovo/vedova ___

5. **Colore degli occhi** <u>azzurri</u>    6. **Colore dei capelli** <u>biondi</u>

7. **Statura** <u>1, 75 m.</u>    8. **Peso** <u>52 kg.</u>

9. **Scuole frequentate** <u>liceo; università (dal 1988 al 1992)</u>

10. **Tịtoli di studio** <u>Laurea in lingue straniere e in contabilità, Indiana University, Bloomington, Indiana, maggio 1992</u>

11. **Nazionalità** <u>Cittadina degli Stati Uniti d'America</u>

12. **Esperienza di lavoro** <u>(a) insegnante d'inglese presso una scuola privata di Milano, settembre 1993–giugno 1995; (b) interprete e traduttrice, giugno 1995 ad oggi; (c) segretaria, agenzia di viaggi Il Mondo di Milano, gennaio 1996 ad oggi</u>

13. **Conoscenza lingue straniere** <u>inglese (lingua materna); ottima conoscenza dell'italiano scritto e parlato; buona conoscenza del francese</u>

# NARRATIVE   Looking for a job

For seven years, Susan Helen White has been living in Italy, where she moved after graduating from a university in the United States. She studied foreign languages and, besides English, her native tongue, she speaks Italian very well and French fairly well. She also took numerous accounting, marketing, and computer science courses and is an experienced typist.

A few days ago she found in a Rome newspaper the ad of an import/export firm that was looking for a secretary who knew two or more foreign languages, including English, knew how to type, had experience with accounting procedures, and was also computer literate. Exactly the type of work Susan wanted!

After having read the announcement, she wrote, as requested in the ad, to the address given in the paper, to ask for an interview. Yesterday afternoon she received a certified letter in which it was written that her interview would take place at eleven A.M. on July 20 and that before presenting herself to the manager of the personnel department she should fill out the enclosed form.

Happy that she had been offered the opportunity of finding a good job in Italy, Susan hurried to fill out the form.

1. **First and last name** <u>Susan Helen White</u>

2. **Date and place of birth** <u>April 11, 1970, Indianapolis, Indiana, USA</u>

3. **Address and telephone no.** <u>Via Alessandro Manzoni, 39, Rome; 90 23 687</u>

4. **Family status**      single <u>X</u> married __ divorced __

5. **Color of eyes** <u>light blue</u>        6. **Color of hair** <u>blonde</u>

7. **Height** <u>5 ft. 9 in.</u>                8. **Weight** <u>114 pounds</u>

9. **Education (schools attended)** <u>high school; college (1988–1992)</u>

10. **Degrees earned** <u>B.A. in foreign languages and accounting, Indiana University, Bloomington, Indiana, May 1992</u>

11. **Nationality** <u>Citizen of the United States of America</u>

12. **Work experience** <u>(a) teacher of English in a private school, Milan, September 1993–June 1995; (b) interpreter and translator, June 1995 to present; (c) secretary, Il Mondo travel agency, Milan, January 1996 to present</u>

13. **Knowledge of Foreign Languages** <u>English (native tongue); excellent knowledge of spoken and written Italian; good knowledge of French</u>

# EXERCISES

**A. Answer the following question based on the content of the narrative.**

1. Come si chiama la persona che cerca lavoro?
2. Dove abita adesso questa ragazza?
3. È vero che parla bene anche il tedesco e lo spagnolo?
4. Che cosa ha studiato negli Stati Uniti?
5. Quale università ha frequentato e quando si è laureata?
6. Da quanto tempo abita in Italia?
7. È vero che lei non sa affatto scrivere a macchina e che non le piace la contabilità?
8. Che cosa ha letto su un giornale pochi giorni fa?
9. Il giornale era di Milano, di Bologna o di Roma?
10. È vero che è nata nel 1961 a Chicago?
11. Perché scrive subito all'indirizzo dato nel giornale?
12. In quale giorno dovrà presentarsi al capo dell'ufficio personale?
13. Che cosa si affretta a compilare?
14. È vero che lei è molto bassa e grassa e che ha i capelli neri?

**ANSWERS p. 257**

**B. Complete the sentences, giving the Italian equivalent of the words in parentheses.**

1. Mio cugino Albert (*is graduating*) _____ quest'anno; lui studia (*computer science*) _____ all'Università di Boston.
2. Mi piace viaggiare su questo treno perché è (*very comfortable and fast*) _____.
3. Bisogna aprire (*the car windows*) _____ perché fa caldo.
4. Lei mi domanda: (*"What color are your eyes?"*) _____
5. Il dottor Bianchi è direttore (*of an important Italian firm*) _____.
6. Giorgio ha studiato per molti anni e ha (*many university degrees*) _____.
7. Vorrei spedire questa lettera (*with a paid return receipt*) _____.
8. La mia segretaria (*types*) _____ molto velocemente.
9. Roberto conosce molte lingue straniere e è (*an experienced translator*) _____.
10. Quello era (*an excellent job*) _____.

# GRAMMAR I    The Subjunctive: Use (Part II)

The subjunctive may also be introduced by:

1. A relative superlative, as in:

> Elena è *la più bella* ragazza che io *conosca*.
> Helen is the most beautiful girl I know.
>
> Era *il più difficile* problema che Giulio *avesse* mai *avuto*.
> It was the most difficult problem Giulio had ever had.

2. The adjectives ụnico, a (pl. ụnici, ụniche); solo, a; primo, a; and ụltimo, a when the dependent clause is preceded by the pronoun che or another relative pronoun

> Questa è *la sola* segretaria *che abbia* prạtica di contabilità.
> This is the only secretary who has experience with accounting.

> Quelli sono stati *gli ụnici* cittadini *che avẹssero compilato* quei moduli.
> Those have been the only citizens who had filled out those forms.

3. The pronoun che preceded by niente, nulla, and nessuno in the main clause

> Mi dispiace, ma non c'è *nulla che* io *possa* fare per te.
> I'm sorry, but there is nothing I can do for you.

> Non conoscevamo *nessuno che avesse* tanto denaro quanto lui.
> We didn't know anyone who had as much money as he did.

4. The words qualunque/qualunque cosa (whatever), chiunque (whoever, whomever), and dovunque (wherever) in the dependent clause

> Non crederemo a Mario *qualunque cosa* lui ci *dica*.
> We shall not believe Mario, whatever he tells us.

> Sarò felice di conoscerlo *chiunque* lui *sia*.
> I shall be happy to meet him, whoever he is.

> La seguiva sempre *dovunque* lei *andasse*.
> He always followed her, wherever she went.

5. The verbs chiẹdere, domandare, non capire, and non sapere followed in the dependent clause by chi, che cosa, dove, come, quando, and perché

> Non sappiamo *che cosa* loro *vọgliano*.
> We don't know what they want.

> Mi domando *perché* voi *siate partiti* così in fretta.
> I ask myself why you left in such a hurry.

6. The relative pronoun che having a specific meaning or expressing purpose

> Cercate una segretaria *che sappia* tre lingue?
> Are you looking for a secretary who knows three languages?

> Volevamo comprare una moto *che* non *costasse* troppo.
> We wanted to buy a motorcycle that did not cost too much.

# EXERCISES

ANSWERS
p. 257

A. Complete the sentences, translating the words in parentheses.

1. La mamma desịdera comprare della carne (*which is not*) _____ troppo grassa.

2. Non capivo perché (*she wanted*) _____ rimanere a casa a cucinare.

3. Qualunque treno (*you* [fam. sing.] *take*) _____, non arriverai in tempo in Venezia.

4. Non sapevamo quando gli impiegati dell'ufficio postale (*opened*) _____ gli sportelli.

5. Le chiederò (*who came*) _____ ieri sera.

6. Giovanna era la migliore interprete (*who had worked*) _____ in quell'ufficio.

7. Voi non imparerete mai nulla (*whatever book you read*) _____.

8. Questo è il primo vestito che quel commesso (*sold*) _____ stamattina.

9. È vero che il capoufficio non conosceva nessuno (*who could type*) _____ così bene come Marina Fabbri?

10. In quel negozio di abbigliamento non c'era niente (*that she liked*) _____.

**ANSWERS**
**p. 258**

**B. Give the Italian equivalent of the following sentences.**

1. She is not going to answer whoever calls her.

2. That surely was the most interesting foreign movie I had ever seen.

3. Not even his parents know where he went last night.

4. Although they attended that high school, they haven't learned much.

5. She often asks herself when they graduated.

# GRAMMAR II   *If* Clauses with the Subjunctive

The construction *if* clause + subjunctive is used to express hypothetical, likely, or unlikely situations in the present or the past.

1. When the action expressed by the verb in the main clause depends directly on a simultaneous action expressed by the verb in the dependent clause; the construction used is:

   present conditional + **se** + imperfect subjunctive

   Ti *darei* dello zucchero *se* ne *avessi* un po'.
   I would give you some sugar if I had any.

   *Se* ora non *piovesse, andremmo* a fare una passeggiata.
   If it weren't raining now, we would go for a walk.

2. When the action expressed by the verb in the main clause depends directly on a previous action expressed by the verb in the dependent clause, the construction used is:

   present conditional + **se** + pluperfect subjunctive

   Stamattina *farebbe* caldo *se* non *avesse piovuto* per tutta la notte.
   It would be warm this morning if it had not rained all night long.

   Ora *starei* meglio *se* martedì scorso *fossi andato* dal medico.
   I would feel better now if I had gone to the doctor's last Tuesday.

3. To express purely imaginary and contrary-to-fact situations in the past, the construction used is:

   perfect conditional + **se** + pluperfect subjunctive

Gliel'*avrei detto se l'avessi saputo.*
I would have told it to him, had I known it.

Mi *sarei riposato* meglio *se avessi dormito* nel mio letto.
I would have rested better if I had slept in my own bed.

If the condition expressed by the verb in the dependent clause is considered real or highly possible, the verbs in the main and the dependent clauses are normally in the indicative (or in the imperative).

Se ora *mangi,* non *hai* più fame.
If you eat now, you are no longer hungry.

Se *avete* sete, *bevete!*
If you are thirsty, drink!

# EXERCISES

A. **Rewrite the following sentences, changing the verb in the main clause to the conditional and the verb in the dependent clause to the subjunctive as shown in the examples.**

   *Examples:*      Se desidero dormire, vado a letto.
   Se *desiderassi* dormire *andrei* a letto.

   Se lui è arrivato, ora posso parlargli
   Se lui *fosse arrivato,* ora *potrei* parlargli.

   1. Se oggi fa freddo, noi rimaniamo a casa.
   2. Se ieri sera hai parlato a Margherita, lei ora sa tutto.
   3. Se Stefano beve troppo, si sente male.
   4. Se hanno preso l'aviogetto, stamattina sono qui.
   5. Se i bambini sono buoni, la mamma gli compra un bel gelato.
   6. Se il compito non è difficile, lo facciamo subito.
   7. Se la mia macchina ha un guasto, la porto da quel bravo meccanico.
   8. Se Marisa ha finito di scrivere a macchina, alle cinque può uscire dall'ufficio.
   9. Se vi consiglio di andare in vacanza in Francia, ci andate?
   10. Se ti dicono quella cosa, sbagliano.

B. **Rewrite the following sentences, changing the verbs in the main and dependent clauses to express contrary-to-fact situations in the past.**

   *Example:* Se tu l'hai vista, l'hai salutata. Se tu l'*avessi vista,* l'*avresti salutata.*

   1. Se tu hai viaggiato con il rapido, hai pagato di più.
   2. Se il direttore ha ricevuto il tuo telegramma, ha capito tutto.
   3. Se loro hanno aperto il pacco, ci hanno trovato quegli importanti documenti.
   4. Se Roberto e Francesca sono andati al mare, hanno fatto il bagno.
   5. Se io ti ho scritto, ti ho anche parlato di lei.
   6. Se loro gli hanno creduto, non sono state molto intelligenti.
   7. Se noi abbiamo chiuso la porta di casa, voi non siete potuti entrare.
   8. Se non avete fatto la prenotazione, non avete trovato una camera libera.

9. Dottor Pucci, se Lei ha preso l'autostrada, ha notato che c'era molto traffico.

10. Se loro hanno fatto una gita in campagna, hanno mangiato in quel piccolo ristorante vicino a Siena.

# GRAMMAR III    Additional Uses of the Subjunctive

**A.** The imperfect subjunctive may at times be introduced by a present conditional followed by the conjunction **che** when the actions expressed by the two verbs take place at the same time.

> Lisa *vorrebbe che* io mi *alzassi* subito.
> Lisa would like me to get up immediately.
>
> *Bisognerebbe* ch'io *studiassi* di più.
> It would be necessary for me to study more.

**B.** The present subjunctive, often preceded by **che**, may also be used to express a blessing, a curse, or an exhortation.

> Che Dio ci *aiuti!*
> May God help us!
>
> Che lui *stia* bene!
> May he feel fine!

The present conditional in English becomes a perfect conditional in Italian when the verb in the main clause is conjugated in a past tense.

> Mi ha detto che *sarebbe stato* qui alle otto.    He told me he would be here at eight.

Where in English an *if* clause follows a present conditional introduced by a past tense in the main clause, in Italian the construction is a perfect conditional followed by se and the pluperfect subjunctive.

> Ho detto che *l'avrei fatto* se *avessi potuto*.    I said I would do it if I could.

# EXERCISE

ANSWERS
pp. 258–259

Translate the following sentences.

1. It would be better for his secretary to fill out all those forms.

2. May your father return home soon!

3. They wrote they would prefer to rent a smaller car.

4. It would be necessary for us to learn how to type.

5. I would like my grandmother to come to visit us for Christmas.

6. I realized she would buy it if I liked it.

7. They would not want their children to play all afternoon.

8. May God listen to us!

9. The mechanic said he would clean the spark plugs if he did not have too many things to do.

10. It would be enough for Stefano to move from Naples to Milan, where there are more jobs.

# GRAMMAR IV   The Passive Construction

**A.** When the sentence *Mary is writing a letter* becomes *A letter is being written by Mary*, the sentence has been changed from active to passive.

Italian forms the passive exactly as English. The passive voice of any transitive verb is obtained with the conjugated forms of the auxiliary **essere** + the past participle of the verb (with the proper gender and number endings), followed by the preposition **da** if the agent is expressed.

**B.** Formation (first person singular)

|  |  | *comprare* | *ricevere* | *finire* |
|---|---|---|---|---|
| **INDICATIVE** | | | | |
| Present | sono | | | |
| Imperfect | ero | | | |
| Future | sarò | | | |
| *Passato remoto* | fui | + comprato, a | ricevuto, a | finito, a |
| *Passato prossimo* | sono stato, a | | | |
| *Trapassato prossimo* | ero stato, a | | | |
| *Trapassato remoto* | fui stato, a | | | |
| Future perfect | sarò stato, a | | | |
| **CONDITIONAL** | | | | |
| Present | sarei | + comprato, a | ricevuto, a | finito, a |
| Perfect | sarei stato, a | | | |
| **SUBJUNCTIVE** | | | | |
| Present | sia | | | |
| Imperfect | fossi | + comprato, a | ricevuto, a | finito, a |
| Perfect | sia stato, a | | | |
| Pluperfect | fossi stato, a | | | |
| **GERUND** | | | | |
| Simple | essendo | + comprato, a | ricevuto, a | finito, a |
| Compound | essendo stato, a | | | |
| **INFINITIVE** | | | | |
| Present | essere | + comprato, a | ricevuto, a | finito, a |
| Past | essere stato, a | | | |

C. Active Versus Passive Sentences

| Active | Passive |
|---|---|
| Noi compriamo il pane. | Il pane *è comprato* da noi. |
| We are buying the bread. | The bread is been bought by us. |
| Chi ha spedito la lettera? | Da chi *è stata spedita* la lettera? |
| Who mailed the letter? | By whom has the letter been mailed? |
| Luca diede il modulo a Rosa. | Il modulo *fu dato* a Rosa da Luca. |
| Luca gave the form to Rosa. | The form was given to Rosa by Luca. |
| Credeva che io conoscessi Gina. | Credeva che Gina *fosse conosciuta* da me. |
| He believed I knew Gina. | He believed Gina was known by me. |
| Noi avremmo scritto la lettera. | La lettera *sarebbe stata scritta* da noi. |
| We would have written the letter. | The letter would have been written by us. |

D. Note that when the doer of an action is not clearly expressed, in Italian is possible to use the impersonal pronoun **si** + the third person singular of the verb (if the subject is singular) or the third person plural (if the subject is plural). Even though the phrase may seem impersonal, its meaning is really passive.

> In questo ristorante *si mangia* un eccellente arrosto di vitello.
> In this restaurant an excellent roast veal is eaten.

> Qui *si parlavano* tre lingue straniere.
> Three foreign langauges used to be spoken here.

# EXERCISES

ANSWERS
p. 259

A. **Change the following sentences from active to passive.**

1. La mamma credeva che voi aveste mangiato tutta la frutta.
2. I miei amici bevono il caffè senza zucchero.
3. Marianna ha svegliato il marito alle sette.
4. Perché voi non controllate la pressione del sangue?
5. Loro direbbero molte cose.
6. Noi faremo gli esercizi più tardi.
7. Mia zia aveva cucinato un ottimo piatto di spaghetti.
8. L'impiegato della ditta mise la macchina del capoufficio nel garage.
9. Avendo noi finito il lavoro, siamo usciti.
10. Ieri sera tutti hanno ascoltato la radio.

ANSWERS
p. 259

B. **Complete the following sentences, translating the words in parentheses.**

1. Marisa (*has been seen*) _____ in centro venerdì alle due di notte.
2. Hanno capito solo la lezione che (*has been explained*) _____ dal Professor Tonti.

3. (*It has been told to me*) _____ che tu eri partito tre giorni fa.

4. (*It would have been impossible*) _____ verificare la pressione delle ruote.

5. In quel negozio di abbigliamento (*one can buy*) _____ delle bellissime giacche italiane.

6. Stia tranquilla, signora. Il suo pacco (*will be mailed*) _____ domattina.

7. Ecco i documenti che (*have been signed*) _____ dal direttore della banca!

8. La notizia del nostro arrivo (*was received*) _____ con grande piacere da tutti.

9. Quella bellissima macchina sportiva (*has been rented*) _____ da quel ricchissimo signore australiano.

10. In quel ristorante francese (*one can order*) _____ degli ottimi piatti.

# GRAMMAR V   Nouns and Adjectives Combined with a Suffix

Many Italian nouns and some adjectives acquire different shades of meaning when combined with certain suffixes. The most commonly used suffixes are:

1. **-ino/-ina, -etto/-etta.** These indicate smallness, affection, or endearment.

> **Noi abbiamo comprato una bella *casetta* al mare.**
> We bought a nice little house by the sea.

> **Mario è *piccolino* anche se ha già dodici anni.**
> Mario is a bit small even though he is already twelve years old.

2. **-one** (*m.*) and **-ona** (*f.*). These denote largeness of size or quantity.

> **A casa del professor Berti ci sono tanti *libroni*.**
> In Professor Berti's home there are many big books.

> **Giovanna è una *ragazzona*! È alta due metri!**
> Giovanna is a big girl! She is two meters tall!

3. **-accio/-accia.** These denote strong disapproval or convey a bad or ugly quality.

> **Quel bambino dice sempre molte *parolacce*.**
> That child always says many bad words.

> **Fuori piove. Che *tempaccio*!**
> It's raining outside. What ugly weather!

As a general rule, the final vowel of the noun or adjective is dropped before the suffix is added.

> macchina → macchinetta     Luigi → Luigino     cattivo → cattivaccio

Nouns and adjectives ending in ca, co, ga, go add an h before a suffix beginning with i or e.

> barca → barc + h + etta     dialogo → dialog + h + ino

The word **uomo** loses the u in these adapted forms: **omino** and **ometto** (little man); **omone** (big man); **omaccio** (bad, ugly man).

Because not all Italian nouns and adjectives may combine with the suffixes listed above (and not always according to those rules), use only those forms you have learned and of whose meaning you are sure.

# EXERCISES

**A.** Add the suffixes *-ino/-ina*, *-accio/-accia*, and *-one/-ona* to the following words.

1. lettera
2. penna
3. cravatta
4. cappello
5. ombrello
6. parola
7. professore
8. problema
9. vestito
10. gelato
11. quaderno
12. fratello
13. sorella
14. macchina

**B.** Add the suffixes *-etto/-etta* to the following words.

1. borsa
2. strada
3. scarpa
4. albergo
5. amica
6. lungo
7. camera
8. romanzo
9. amico
10. isola
11. lavoro
12. donna
13. casa
14. piazza

**C.** Give the Italian equivalent of the following phrases, using words with the appropriate suffixes.

1. a small hand
2. an ugly man
3. a nice little island
4. a big child
5. a little restaurant
6. a big envelope
7. an ugly hat
8. a nice little jacket
9. a little apple
10. a big doctor
11. an ugly house
12. a small train

# GRAMMAR VI   Special Constructions with *fare, lasciare, mẹtterci,* and *volerci*

### A. Fare

The construction **fare** + infinitive, commonly used in Italian, corresponds to the English expressions *to have something done* and *to make/have someone do something*.

Direct and indirect object pronouns precede **fare** except when it is in the infinitive or is conjugated in the familiar forms of the imperative.

| | |
|---|---|
| Il professore *fa parlare* gli studenti. | The professor is having the students talk. |
| Il professore li *fa parlare.* | The professor makes them talk. |
| Desịdero *fare lavare* la macchina. | I wish to have the car washed. |
| Desịdero *farla lavare.* | I wish to have it washed. |
| *Fate alzare* i bambini! | Have the children get up! |
| *Fạteli alzare!* | Make them get up! |
| *Ho fatto partire* il treno. | I had the train leave. |
| *L'ho fatto partire.* | I had it leave. |

1. When the person made to perform and the act performed are both expressed in a sentence, the result of the action is the direct object, and the performer is the indirect object.

| | |
|---|---|
| *Faccio scrịvere* la lẹttera a Luigi. | I'm having Luigi write the letter. |
| Gliela *faccio scrịvere.* | I'm having him write it. |
| Mi *hai fatto mangiare* troppa carne. | You made me eat too much meat. |
| Me ne *hai fatta mangiare* troppa. | You made me eat too much of it. |

2. A sentence such as **Faccio scrivere a Maria una lẹttera a Antonio** may present some ambiguity; to clarify what person is doing the writing, the preposition **a** preceding Maria is replaced by **da.** The sentence will then read:

   Faccio scrivere *da* Maria una lẹttera a Antonio.
   I'm having a letter written by Maria to Antonio.

   The infinitive of **fare** may follow a conjugated form of the same verb.

| | |
|---|---|
| Lei *fa fare* il cọmpito a sua figlia. | She is having her daughter do the homework. |
| (Lei glielo *fa fare.*) | She is having her do it. |

3. Equallly common is the expression formed with **farsi** + **fare** or the infinitive of another verb. The noun for the doer of the action is preceded by the preposition **da.** The auxiliary used in compound tenses is **ẹssere.**

| | |
|---|---|
| *Mi sono fatto fare* un vestito da Sergio. | I had Sergio make me a suit. |
| Il babbo *si farà svegliare* dalla mamma. | Father will have mother wake him up. |

### B. Lasciare

When the verb **lasciare** is followed by an infinitive, it means *to let, allow, permit*. Its construction here is similar to that of **fare** + infinitive. Direct and indirect object pronouns precede or follow **lasciare** just as they precede or follow **fare**.

| | |
|---|---|
| *Lasciate parlare* quel signore! | Let that gentleman talk! |
| *Lasciatelo* parlare! | Let him talk! |
| Non mi *hanno lasciato* giocare. | They didn't let me play. |
| Si *era lasciato* consigliare male. | He allowed himself to be ill advised. |

### C. Metterci and volerci

The expressions formed with **ci** + **mettere** (**metterci**) and **ci** + **volere** (**volerci**) are used mostly with reference to time needed to do something or go somewhere. **Metterci** is required when the subject of the sentence, be it a person or an object, is clearly indicated; otherwise **volerci** is used. The following sentences illustrate the difference in use and meaning between these two verbs.

Quanto tempo *ci vuole* per andare in centro?
How long does it take to go downtown?

Francesco, quanto tempo *ci metti* per andare in centro in macchina?
How long does it take you, Francesco, to go downtown by car?

Con quell'autobus *ci vogliono* trenta minuti, ma il ventidue *ci mette* soltanto quindici minuti.
With that bus it takes thirty minutes, but it takes the 22 only fifteen.

Per scrivere quel romanzo *ci sono voluti* sei anni.
It took six years to write that novel. *or* Six years were needed to write that novel.

Questo *scrittore ci ha messo* sei anni per scrivere quel romanzo.
This writer took six years to write that novel.

# EXERCISES

ANSWERS
p. 260

A. Rephrase the following sentences, using *fare.*

   *Example:* Compro una penna. **Faccio comprare una penna.**

1. Scriviamo molte lettere.
2. Perché leggi quel romanzo?
3. Quando avete aperto quel negozio?
4. Le ragazze hanno fatto la spesa.
5. La mamma ha lavato tutte le mie camicie.
6. Io darò quei documenti al direttore.
7. Loro hanno messo le lettere nella casella postale.
8. È vero che tu assicureresti quel pacco?

ANSWERS
p. 260

B. Rewrite the following sentences, replacing the words in italics with the appropriate direct/indirect object pronouns.

1. Faremo bere *un po' di latte* a Pino.
2. Ho fatto imbucare *quella lettera.*
3. *Mi* sono fatto fare *il conto.*
4. Perché non vuoi incassare *quest'assegno?*
5. Farei lavare *la mạcchina a mio nipote,* ma oggi lui non può.
6. *Le* facevano spesso cucinare *parecchie bistecche.*
7. Marisa si è fatta lavare *i capelli.*

ANSWERS
pp. 260–261

C. Translate the following sentences.

1. She had her father stay home all day.
2. They make her work too many hours.
3. I had my mother accompany me to the doctor's.
4. His grandmother used to make him drink a glass of milk every night.
5. She will have us listen to the radio for two hours.
6. I had the mailman bring you (*fam. sing.*) a registered letter.

ANSWERS
p. 261

D. Give the English equivalent of the following sentences.

1. Perché li hai lasciati partire così tardi?
2. Loro lasciạrono riposare tutti.
3. Giorgio aveva lasciato uscire i figli mentre fuori diluviava.
4. Non lasciare lẹggere quel romanzo a nessuno!
5. Scusi, signora, mi lascerebbe telefonare a sua figlia?
6. Lasciạtela piangere!
7. Qualche volta mi lasciavo consigliare dall'avvocato Mattei.
8. Non ci lascia conoscere i nomi dei suoi amici.

ANSWERS
p. 261

E. Translate the following sentences.

1. She will not let him close the door.
2. My father allowed me to listen to the radio.
3. I let them do everything they want.
4. Mr. Macchi, please let us go home early today!
5. Is it true that you (*fam. pl.*) will never allow me to pay that bill?

ANSWERS
p. 261

F. Translate the phrases in English to complete the following sentences.

1. (*It will take several years*) _____ per imparare a parlare bene questa lingua!
2. (*How many weeks does it take*) _____ per preparare tutti i documenti necessari?
3. (*It had taken us five years*) _____ per pagare quella mạcchina!
4. (*It took my uncle only three days*) _____ per rispọndere alla mia ụltima lẹttera.
5. (*It takes only a few minutes*) _____ per cucinare un piatto di spaghetti.

# Review Lesson 3

**ANSWERS**
pp. 261–263

### A. Translate the words in parentheses.

1. L'avvocato Rossi guadagna (*as much money as*) _____ il dottor Bianchi.

2. Massimo è (*taller than*) _____ suo zio.

3. Quando lei parla inglese, io la capisco (*more easily than*) _____ tutti i miei amici.

4. Molti anni fa quella signora era (*the richest woman in*) _____ quel paese.

5. Teresa non è soltanto (*the best typist*) _____ che noi abbiamo; lei è anche (*an excellent translator*) _____.

6. Tu hai messo (*less wine than water*) _____ nel mio bicchiere!

### B. Fill in the blanks, giving the italian equivalent of the words in parentheses.

1. Ciao, Elisabetta, dove (*have you been*) _____ in queste ultime settimane? (*I have not seen you*) _____ da più di due mesi!

2. (*I traveled*) _____ in Europa, dove (*I visited*) _____ Londra, Madrid e Parigi.

3. Quale di queste tre grandi città (*did you like*) _____ di più?

4. Parigi! Quando (*I was in Paris I used to get up*) _____ presto tutte le mattine, così avevo più tempo per vedere chiese e musei.

5. Hai conosciuto (*some interesting people*) _____?

6. Certo. (*I met*) _____ due ragazze molto gentili, (*to whom*) _____ scrivo spesso.

### C. Complete these sentences, giving the correct forms of the *passato remoto* and the *trapassato remoto,* as appropriate, for the infinitives in parentheses.

1. Dopo che noi (*cenare*) _____, (*prendere*) _____ il caffè al bar.

2. Quando Elena (*studiare*) _____, (*ascoltare*) _____ la radio.

3. Quando loro (*ritornare*) _____ a casa da quel lungo viaggio, io (*andare*) _____ subito a trovarli.

4. Dopo che voi (*fare*) _____ un bel giro in macchina, (*riposarsi*) _____ per varie ore.

5. Appena noi (*sentirsi meglio*) _____, (*decidere*) _____ di andare per una settimana in montagna.

6. Dopo che (*piovere*) _____ per molte ore, (*fare*) _____ nuovamente bel tempo.

### D. Complete these sentences, giving the correct form of the simple or compound gerund.

1. (*Having phoned*) _____ a mio fratello, ho saputo che il babbo non stava bene.

2. (*If you take*) _____ la macchina, arriverai prima.

3. (*While he was talking to me*) _____, lui scriveva a macchina una lettera.

4. (*While they were eating*) _____, loro fumavano.
5. (*Having gone out*) _____ presto, arrivarono in centro prima delle nove.
6. (*If we buy her*) _____ quel vestito, noi la faremo molto contenta.

### E. Conjugate the infinitives in parentheses in the correct forms of the subjunctive.

1. Bisogna che loro le (*inviare*) _____ un espresso.
2. Era necessario che tu me lo (*chiedere*) _____ subito. Ora è troppo tardi!
3. Giuliana crede che Sandra (*lavorare*) _____ anche ieri sera.
4. Benché Enrico (*bere*) _____ sempre molta acqua, lui ha sempre sete.
5. Mi dispiace molto che Lei, dottore, non (*venire*) _____ da noi lo scorso sabato.
6. Ieri noi pensavamo che Anna e Roberto (*conoscersi*) _____ l'anno scorso a Madrid.

### F. Translate the following sentences.

1. Not all the popes are Italian.
2. Sebastiano, do you know that man? He thinks he is a great artist.
3. Not many people like to remain home on Sunday.
4. Is it possible you (*fam. pl.*) never learn anything?
5. Mr. Battisti, phone her! It's possible that she hasn't left yet.
6. My physician believes that this new medicine is really fantastic!
7. She didn't know he drank so much.
8. It would have been necessary for us to have read some other books.
9. When they saw me in Naples last month, I had been working six months in Italy for an American import/export firm.
10. I'll give her a new typewriter as a gift so that she may type faster.
11. They went out without her being able to talk to them.
12. She will buy me another suit, although I already have many.
13. He always makes me wash his car!
14. Carlo, let her do what she wants!
15. Silvia used to like that nice little house near the public park a lot.
16. It took at least one hour to go to the airport by bus.
17. He is certainly a big man. He must weight at least two hundred kilograms.
18. After having seen the movie, we went to eat a pizza.
19. It will take me only a few minutes.
20. As soon as she received my telegram, she went to a travel agency to purchase the tickets.

### G. Read the following story and answer the questions based on its content.

Per andare in America non basta avere il denaro necessario per poter pagare tutte le spese del viaggio, ma bisogna anche avere il passaporto.

Umberto Velli, avendo deciso di passare un mese di vacanza negli Stati Uniti, dove non è mai stato, lunedì scorso si è recato all'ufficio passaporti di Genova.

Abitando in un paesino non molto vicino a questa città, quella mattina si è dovuto alzare molto presto perché il primo treno per Genova sarebbe partito alle sette e trenta.

Arrivato a Genova alle dieci meno un quarto, Umberto ha preso subito un autobus che dalla stazione ferroviaria lo ha portato in centro.

Quando Umberto è entrato nell'ufficio passaporti ha parlato con un impiegato, il quale gli ha dato alcuni moduli da compilare. Gli ha detto che il passaporto sarebbe stato spedito a casa sua fra due settimane in un busta raccomandata.

Uscito dall'ufficio passaporti, Umberto è andato in un bar per mangiare qualche cosa. Prima di partire da casa sua non aveva avuto il tempo di bere nemmeno un caffè.

Mentre Umberto beveva un cappuccino e mangiava una pasta, è entrata nel bar una signora bionda che, dopo averlo guardato un attimo, gli ha detto:

—"Ma tu, non sei Umberto Velli? Io sono Renata Poggi. . . . Abbiamo studiato insieme all'università, ricordi?"

—"Sì, certo che ti ricordo"—le ha risposto Umberto—"eravamo nella stessa classe di inglese con il professor Zeppi. Ma che bella sorpresa incontrarti qui a Genova dopo tanti anni! Dimmi, posso offrirti qualcosa?"

—"Un espresso, e il piacere di parlare un po' con te,"—ha detto sorridendo Renata.

1. Per andare dall'Italia in America che cos'è necessario avere?
2. È vero che Umberto Velli ha vissuto per sei mesi a Chicago quand'era bambino?
3. In quale giorno della settimana è andato a Genova?
4. Umberto abita a Milano, a Venezia, oppure a Firenze?
5. Quanto tempo ci ha messo il treno per arrivare a Genova?
6. Quando si è dovuto alzare Umberto per fare in tempo a prendere il treno delle sette e mezzo?
7. Che cosa ha fatto Umberto appena è arrivato alla stazione di Genova?
8. Che cosa ha dovuto compilare all'ufficio passaporti?
9. È vero che ci vorrà più d'un mese prima che Umberto possa avere il passaporto?
10. Umberto dovrà tornare a Genova quando il passaporto sarà pronto?
11. Per mangiare qualcosa Umberto è andato in un ristorante?
12. Chi riconosce Umberto mentre sta bevendo un cappuccino e mangiando una pasta?
13. È vero che Umberto e Renata hanno studiato insieme quando erano al liceo?
14. Che cosa ordina Renata?

# APPENDIX A
## Answers for Exercises and Reviews

This section of the book provides answers for all exercises in Lessons 1–15. You should check each answer after you have done the exercise.

## LESSON 1

**(p. 2)**

1. Buon giorno, signore.
2. Come sta?
3. Buona sera.
4. Ciao, come stai?
5. Sto bene, grazie. E Lei?
6. Mi chiamo Robert Smith.
7. Di dov'è Lei?
8. Arrivederci.
9. Non c'è male, grazie.
10. Signorina Bianchi, dove abita Lei?

**(pp. 3–4)**

1. anno: *m., pl.* anni (year, years)
2. matita: *f., pl.* matite (pencil, pencils)
3. nome: *m., pl.* nomi (noun, name; nouns, names)
4. città: *f., pl.* città (city, cities)
5. vacanza: *f. pl.* vacanze (vacation, vacations; holiday, holidays)

6. zucchero: *m.*, *pl.* zuccheri (sugar, sugars)
7. via: *f.*, *pl.* vie (street, road; streets, roads)
8. ragazza: *f.*, *pl.* ragazze (girl, girls)
9. ristorante: *m.*, *pl.* ristoranti (restaurant, restaurants)
10. signora: *f.*, *pl.* signore (lady, married woman; ladies, married women)
11. automobile: *f.*, *pl.* automobili (automobile, car; automobiles, cars)
12. sera: *f.*, *pl.* sere (evening, evenings)
13. ragazzo: *m.*, *pl.* ragazzi (boy, boys)
14. tassì: *m.*, *pl.* tassì (taxi, taxis; cab, cabs)
15. stazione: *f.*, *pl.* stazioni (station, stations)
16. università: *f.*, *pl.* università (university, universities)
17. bar: *m.*, *pl.* bar (bar, bars)
18. libro: *m.*, *pl.* libri (book, books)
19. lezione: *f.*, *pl.* lezioni (lesson, lessons)
20. piazza: *f.*, *pl.* piazze (square, squares)
21. notte: *f.*, *pl.* notti (night, nights)
22. film: *m.*, *pl.* film (film, movie; films, movies)
23. aeroplano: *m.*, *pl.* aeroplani (airplane, airplanes)
24. classe: *f.*, *pl.* classi (class, classes)
25. professoressa: *f.*, *pl.* professoresse (female professor, female professors)
26. autobus: *m.*, *pl.* autobus (bus, buses)
27. vino: *m.*, *pl.* vini (wine, wines)
28. bambina: *f.*, *pl.* bambine (girl, girls)
29. sport: *m.*, *pl.* sport (sport, sports)
30. hotel: *m.*, *pl.* hotel (hotel, hotels)

**(p. 4)**

1. un'automobile
2. una stazione
3. una signorina
4. una borsa
5. una casa
6. un caffè
7. una stanza
8. un autobus
9. una settimana
10. un treno
11. un giorno
12. un quaderno
13. una virtù
14. un piatto
15. un signore
16. un bar
17. una sera
18. uno zucchero
19. uno studente
20. una madre
21. un nome
22. una studentessa
23. un ristorante
24. un hotel
25. una classe
26. una città
27. un film
28. una notte

**A.** (p. 5)

| | |
|---|---|
| 1. la | 9. il |
| 2. il | 10. la |
| 3. l' | 11. il |
| 4. la | 12. la |
| 5. il | 13. la |
| 6. la | 14. lo |
| 7. la | |
| 8. l' | |

**B.** (p. 6)

| | |
|---|---|
| 1. i quaderni | 8. le università |
| 2. le piazze | 9. i film |
| 3. i ristoranti | 10. i professori |
| 4. gli anni | 11. i nomi |
| 5. le settimane | 12. gli hotel |
| 6. le virtù | 13. i treni |
| 7. le lezioni | 14. le classi |

**A.** (pp. 6–7)

1. tu
2. loro = they; Loro = you (*form. pl.*)
3. essa
4. Loro
5. egli = he; ella = she
6. Voi

**B.** (p. 7)

| | |
|---|---|
| 1. noi | 7. noi |
| 2. tu | 8. voi |
| 3. lei | 9. io |
| 4. essa | 10. lui |
| 5. loro | 11. essi |
| 6. Lei | 12. esse |

**(p. 8)**

| | |
|---|---|
| 1. abbiamo | 8. sono |
| 2. sei | 9. sono |
| 3. sono | 10. hai |
| 4. avete | 11. abbiamo |
| 5. ha | 12. è |
| 6. sono | 13. hanno |
| 7. ha | 14. sono |

**A. (p. 9)**

| | |
|---|---|
| 1. cento | 6. cento ottantanove |
| 2. ventun | 7. sei |
| 3. trecento quarantaquattro | 8. quarantadue |
| 4. quindici | 9. mille |
| 5. trecento sessantacinque | 10. tre |

**B. (p. 10)**

1. Il dottor Belli ha settecento quindici libri.
2. Il libro ha quarantun lezioni.
3. Io ho una macchina, una casa e cinque figlie.
4. Il professor Zatti ha undici studenti e diciannove studentesse.
5. A domani, signorina Alberti!

# LESSON 2

**A. (p. 13)**

1. spaghetti al pomodoro
2. una minestra di verdura
3. un'insalata verde
4. mezzo litro di vino bianco
5. due gelati

**B. (p. 13)**

| | |
|---|---|
| 1. lo, uno spumante | 6. il, un formaggio |
| 2. la, una fame | 7. la, una frutta |
| 3. il, un pomodoro | 8. la, una pasta |
| 4. il, un vitello | 9. la, una sete |
| 5. il, un centro | 10. il, un dolce |

## C. (pp. 13–14)

| | |
|---|---|
| 1. le bottiglie | 8. i vini |
| 2. i camerieri | 9. i cappuccini |
| 3. i gelati | 10. le acque |
| 4. le verdure | 11. i bicchieri |
| 5. gli espressi | 12. gli arrosti |
| 6. i contorni | 13. le parole |
| 7. i verbi | 14. gli spumanti |

## (pp. 15–16)

| | |
|---|---|
| 1. parliamo | 11. leggi |
| 2. incontro | 12. salutano |
| 3. domanda | 13. dormiamo |
| 4. offre | 14. guardano |
| 5. partono | 15. scriviamo |
| 6. desiderano | 16. è |
| 7. ordinate | 17. ricorda |
| 8. ricevi | 18. abbiamo |
| 9. abita | 19. comprate |
| 10. vediamo | 20. arriva |

## (p. 17)

| | |
|---|---|
| 1. dimentica | 6. cominciate |
| 2. studiano | 7. dimenticate |
| 3. mangiamo | 8. paga |
| 4. spiega | 9. mangiate |
| 5. cerchiamo | 10. cerca |

## A. (p. 18)

| | |
|---|---|
| 1. le lezioni difficili | 6. le ragazze brune |
| 2. i ragazzi grassi | 7. i piatti caldi |
| 3. gli autobus gialli | 8. i ristoranti italiani |
| 4. le signorine francesi | 9. le patate fritte |
| 5. i film divertenti | 10. le città inglesi |

## B. (p. 18)

1. Il padre e la madre sono bassi.
2. Mario e Antonio sono intelligenti.
3. La minestra di verdura è fredda.
4. L'autobus e l'automobile sono rossi.

5. Il ragazzo è bruno e la ragazza è bionda.
6. Le lezioni sono interessanti.

### A. (p. 19)

1. Voi non siete spagnoli.
2. Giovanni non è forte.
3. Luciano non incontra due ragazze americane.
4. Noi non desideriamo vedere Milano.
5. Lo studente non legge un libro interessante.

### B. (p. 19)

1. No, non mi chiamo Giuseppe.
2. No, l'arrosto di vitello non è freddo.
3. No, non guardiamo un film francese stasera.
4. No, Maria non ordina una bottiglia di acqua minerale.
5. No, non desidero un espresso.

### (p. 20)

1. Domani è mercoledì
2. La domenica loro mangiano in un ristorante del centro.
3. Venerdì lui compra della frutta e del formaggio.
4. L'acqua è fredda, ma il vino è caldo.
5. Il lunedì e il giovedì Giorgio incontra ventun(o) studenti canadesi.
6. Per contorno Rossana prende un'insalata verde.
7. Mi chiamo Antonella e desidero comprare una borsa.
8. Desideriamo una bottiglia di spumante.

# LESSON 3

### (pp. 22–23)

| | | |
|---|---|---|
| 1. F | 4. F | |
| 2. T | 5. T | |
| 3. F | 6. F | |

**(p. 23)**

1. Mi scusi.
2. Buona notte.
3. Buon appetito.
4. Ecco il resto.
5. Dove abita Lei?
6. Prego.
7. Benino.
8. Come si chiama Lei?
9. Io ho sete.
10. A domani.
11. Sto bene.
12. Così così.
13. Mi chiamo Roberto.
14. Io ho fame.
15. Oggi.
16. Io sono di Chicago.

**A. (p. 26)**

1. una brava studentessa
2. le signore spagnole
3. la bambina bruna
4. un ragazzo canadese
5. i ricchi signori
6. i giovani studenti

**B. (p. 26)**

1. i nuovi dottori
2. le madri inglesi
3. le brevi lezioni
4. quegli sport difficili
5. quei begli aeroplani
6. quei grandi amici
7. gli altri signori giapponesi
8. le lunghe vacanze italiane
9. le buone acque minerali
10. questi cattivi formaggi

**C. (p. 27)**

1. Luisa compra tanta pasta e tanto zucchero.
2. Noi abbiamo poche penne.
3. In quella grande città ci sono molte automobili e molti tassì.
4. All'università ci sono centoquindici studenti francesi e centoquindici studentesse americane.
5. Luigi, tu mangi troppa frutta.
6. Quanta acqua desideri bere?

**D. (p. 27)**

1. Marco prende quell'autobus.
2. Desidero mangiare quest'arrosto di vitello.
3. Marisa compra questa borsa gialla.
4. Quelle ragazze inglesi partono stasera.
5. Quei giovani dottori abitano a Bologna.
6. Questi film italiani sono molto divertenti.
7. Quegli spaghetti sono freddi.
8. Questa stazione è nuova e molto grande.

### E. (p. 27)

1. bella/buona/grande vacanza
2. bel/buon/gran vino
3. bel/buon/gran piacere
4. bei/buoni/grandi bicchieri
5. bella/buona/grande bottiglia
6. bell'/buon/grand'espresso
7. bel/buon/gran bar, bei/buoni/grandi bar
8. bello/buono/grande spumante
9. bel/buon/gran formaggio
10. bell'/buon/grand'arrosto

### F. (pp. 27–28)

1. una brava studentessa
2. molti ragazzi canadesi
3. Sant'Antonio
4. molto bassa
5. l'ultimo giorno
6. un buon espresso
7. molti piatti
8. quelle signorine spagnole
9. quelle belle penne
10. le stesse signore

### (p. 28)

1. finiamo
2. capiscono
3. preferite
4. finiscono
5. capisce
6. preferisci

### (p. 29)

1. sa
2. conosce
3. sai
4. sanno
5. conosciamo

### (p. 29)

1. ci sono
2. c'è
3. ci sono
4. c'è . . . c'è
5. c'è
6. ci sono

### A. (p. 31)

1. Sono le sette di mattina.
2. È mezzogiorno.
3. Sono le otto e sedici di sera.
4. Sono le cinque e cinquanta del mattino. *or* Sono le sei meno dieci del mattino.
5. È l'una e trenta del pomeriggio.

### B. (p. 31)

1. Alle otto e cinquanta *or* Alle nove meno dieci di mattina
2. A mezzogiorno e otto (minuti) *or* Alle dodici e otto
3. Alle undici e quindici *or* Alle undici e un quarto di sera
4. Alle sei del pomeriggio

5. Alle due e quarantacinque *or* Alle tre meno un quarto *or* Alle due e tre quarti di notte
6. Alle quattro e dieci del pomeriggio

**(p. 32)**

1. quattrocento ottantamila
2. cinquemila seicento
3. tredicimila novecento
4. settecentoventi
5. trentaquattromila settecentocinquanta
6. undici milioni

# LESSON 4

**A. (pp. 34–35)**

1. fra due giorni
2. quarant'anni
3. la sorella del babbo di Luca
4. i cugini di Luca
5. all'estero per affari
6. fuori

**B. (p. 35)**

1. to eat out
2. How much does it cost?
3. celebrate the birthday
4. second class
5. on business
6. is named / is called Antonio
7. abroad
8. Excuse me.
9. What a nice surprise!
10. Really?
11. And you, where are you from?
12. Here is the change!

**A. (p. 36)**

1. gli stadi pubblici
2. i lunghi viaggi
3. i ricchi medici
4. i nemici politici
5. i grandi orologi
6. le farmacie sporche
7. le piogge fredde
8. le lezioni scientifiche
9. le ciliegie greche
10. le lunghe barche
11. gli amici stanchi
12. le valigie necessarie

**B. (pp. 36–37)**

1. Questi pomeriggi sono molto belli.
2. Quei cuochi francesi sono alti e magri.
3. Questi orologi hanno gli stessi orari.
4. Noi desideriamo quelle belle arance.

5. I nuovi sindaci sono molto ricchi.

6. Quegli esercizi sono troppo lunghi.

7. Non conosciamo quelle giovani signore tedesche.

8. Le paghe delle ragazze francesi sono molto buone.

9. Gli alberghi dove loro abitano sono nuovi.

10. Ecco i monaci cattolici.

## A. (p. 38)

1. suo suocero

2. la tua casa

3. la loro camicia

4. il nostro figliolo

5. Suo marito

6. i suoi cugini

7. i suoi parenti

8. il mio compleanno

9. la loro cognata

10. la vostra paga

## B. (p. 38)

1. sua moglie

2. le loro cugine americane Luisa e Anna

3. la loro valigia; la nostra

4. suo marito

5. la tua bella sorella

6. il genero di Alberto; il mio

## C. (p. 39)

1. Ecco suo figlio.

2. La loro figliola è molto ricca.

3. Quel monaco è nostro amico.

4. Io saluto vostra nipote.

5. Maria vede la loro casa.

6. Tua zia abita a Roma.

## (pp. 39–40)

1. preferiscono

2. va

3. fa

4. sa

5. stanno

6. dà

7. uscite

8. facciamo

9. venite

10. vado

11. danno

12. sta

13. esce

14. festeggiano

15. paghi

**(p. 40)**

1. tutti i libri
2. tutte le mie amiche
3. tutta l'acqua minerale
4. tutte le lezioni
5. tutte le ragazze
6. tutti i dolci
7. tutti i film spagnoli
8. tutte le automobili

**(p. 41)**

1. Quanti anni ha, dottor Bruni? *or* Dottor Bruni, quanti anni ha Lei? Io ho cinquantadue anni.
2. Oggi Antonietta ha trentatrè anni.
3. Paolo e Luisa hanno due anni e otto mesi.
4. Questa signora è molto vecchia; lei ha novantasette anni.
5. Quella casa ha ventisette anni.
6. Sua zia ha sessantrè anni e suo zio ha sessantasei anni.
7. La signorina Bellini ha diciannove anni.
8. Domani è il mio compleanno; io ho sei anni.

**(p. 42)**

1. il sette (di) maggio
2. il trentuno (di) dicembre *or* il trentun dicembre
3. il primo (di) agosto
4. il quattordici (di) novembre
5. il due (di) marzo
6. il diciassette (di) febbraio
7. il ventidue (di) giugno
8. il ventitrè (di) settembre
9. il venticinque (di) aprile
10. il quattro (di) luglio
11. il dieci (di) maggio
12. il primo (di) gennaio

# LESSON 5

**A. (p. 45)**

| | |
|---|---|
| 1. T | 6. T |
| 2. F | 7. F |
| 3. F | 8. T |
| 4. T | 9. T |
| 5. F | 10. T |

### B. (pp. 45–46)

1. Che ora è? / Che ore sono?
2. Buon viaggio.
3. Che bella sorpresa!
4. Quando parte suo cugino?
5. Ecco una bella camera a due letti.
6. Noi viaggiamo sempre in prima classe.
7. Quanto costa questa macchina?
8. Ecco i miei genitori.
9. Lui viene a casa il lunedì.
10. Loro vanno all'estero per affari.
11. A mezzogiorno abbiamo sempre fame.
12. C'è un bar vicino allo stadio?
13. Sono le undici e quaranta di mattina. *or* È mezzogiorno meno venti.
14. Oggi è il primo (di) maggio.

### A. (p. 48)

| | |
|---|---|
| 1. su | 10. a |
| 2. per | 11. in . . . per |
| 3. a | 12. di |
| 4. da | 13. con |
| 5. con | 14. a |
| 6. in | 15. di |
| 7. in | 16. di |
| 8. fra | 17. da |
| 9. a | 18. per |

### B. (pp. 48–49)

1. Loro partono per gli Stati Uniti fra cinque settimane.
2. Lei va in Francia dall'Italia in autobus.
3. Oggi mangio in quel ristorante con il sindaco di Ferrara.
4. Io compro sempre molte bottiglie di acqua minerale per la mia famiglia.
5. Il diretto per Genova parte fra cinque minuti.
6. Io non conosco bene il marito di Lisetta.
7. Sua cognata viaggia su quel treno.
8. Fra/Tra Marisa e Roberta, io preferisco Marisa.
9. Sono le nove e io desidero andare da Mario.
10. Il mio babbo abita in Via Emerson.

### A. (pp. 49–50)

1. dai loro nonni
2. la cognata della signora Bettini
3. della camera
4. dall'hotel / dall'albergo
5. alla classe
6. dal binario numero ventitrè
7. alla stazione
8. sulla porta
9. del cameriere
10. nel mio caffè
11. alla signorina Pucci
12. alle otto di sera
13. della mia vacanza
14. fra le nove e le dieci di mattina
15. al terzo piano
16. allo stadio

### A. (p. 51)

1. degli
2. dello
3. delle
4. dei
5. dei
6. dell'
7. del

### B. (p. 51)

1. alcune valigie, qualche valigia
2. alcune studentesse greche, qualche studentessa greca
3. ci sono alcuni autobus rossi, c'è qualche autobus rosso
4. alcune belle case, qualche bella casa
5. alcune nostre nipoti, qualche nostra nipote
6. alcuni pacchi, qualche pacco
7. alcuni portieri parlano, qualche portiere parla

### C. (p. 51)

1. un po' di vino
2. un po' di caffè
3. un po' di verdura
4. un po' di formaggio
5. un po' d'insalata
6. un po' di spumante
7. un po' di dolce

**(p. 52)**

| | |
|---|---|
| 1. dobbiamo | 6. devi |
| 2. posso | 7. possiamo |
| 3. vogliono | 8. devono |
| 4. puoi | 9. vuole |
| 5. vuoi | 10. vogliono |

**(p. 53)**

| | |
|---|---|
| 1. che/quale | 7. quante |
| 2. che/quale | 8. che/quale |
| 3. chi | 9. chi |
| 4. che/quale | 10. quante |
| 5. che/quale | 11. a chi |
| 6. chi | 12. quanti |

**A. (pp. 54–55)**

| | |
|---|---|
| 1. domanderò | 11. riceveremo |
| 2. saranno | 12. spenderai |
| 3. offrirà | 13. incontrerà |
| 4. scriverai | 14. desidereranno |
| 5. uscirà | 15. preferirà |
| 6. saluteranno | 16. dormirete |
| 7. capirà | 17. leggerai |
| 8. finiranno | 18. guarderete |
| 9. partirà | 19. finiremo |
| 10. ricorderò | 20. visiteranno |

**B. (p. 55)**

1. Quando lui sarà all'estero, visiterà molte città francesi.
2. Carlo, se sarai buono, riceverai un bel libro da tuo zio.
3. Appena loro entreranno nell'albergo, parleranno al portiere.
4. Uscirò quando lui partirà.
5. Appena incontreranno i loro amici in centro, prenderanno l'autobus per andare a Pisa.

# REVIEW LESSON 1

### A. (p. 56)

| | |
|---|---|
| 1. gli sport | 11. i viaggi |
| 2. le patate | 12. i bagni |
| 3. gli spumanti | 13. le barche |
| 4. gli espressi | 14. le stagioni |
| 5. le insalate | 15. le arance |
| 6. gli orologi | 16. le piogge |
| 7. i bagni | 17. gli zii |
| 8. le facce | 18. i portieri |
| 9. le virtù | 19. i tabaccai |
| 10. i cuochi | 20. gli alberghi |

### B. (p. 57)

| | |
|---|---|
| 1. il caffè freddo | 11. il buon dolce |
| 2. lo studente greco | 12. quel numero |
| 3. il monaco cattolico | 13. quella banca |
| 4. il bar italiano | 14. la bella città |
| 5. il bambino magro | 15. l'ultimo piano |
| 6. la verdura fresca | 16. quella bottiglia |
| 7. la stazione ferroviaria | 17. il libro scientifico |
| 8. l'anno difficile | 18. la ciliegia rossa |
| 9. il formaggio francese | 19. il dialogo interessante |
| 10. quello stadio | 20. il parco pubblico |

### C. (p. 57)

1. offri, offre, offrono—offrirai, offrirà, offriranno
2. capisco, capisce, capite—capirò, capirà, capirete
3. spende, spendiamo, spendete—spenderà, spenderemo, spenderete
4. apri, apre, aprono—aprirai, aprirà, apriranno
5. sono, siamo, sono—sarò, saremo, saranno
6. aiuti, aiutate, aiutano—aiuterai, aiuterete, aiuteranno
7. ho, hai, ha—avrò, avrai, avrà
8. conosci, conosciamo, conoscono—conoscerai, conosceremo, conosceranno
9. finisco, finisce, finite—finirò, finirà, finirete
10. dormo, dormiamo, dormono—dormirò, dormiremo, dormiranno
11. ricevi, ricevete, riceviamo—riceverai, riceverete, riceveremo
12. sente, sentono, sento—sentirà, sentiranno, sentirò

### D. (p. 58)

1. Queste camicie sono sporche e grandi.
2. Non parliamo con voi, parliamo con loro!
3. Quegli studenti scrivono gli esercizi sui quaderni.
4. Voi non potete comprare quelle borse; costano troppo!
5. Noi usciamo a mezzogiorno e andiamo in centro con le nostre cugine.
6. Voi date i biglietti a Carlo e le valigie a Luigi.
7. Ecco delle belle automobili rosse! *or* Ecco alcune belle automobili rosse!
8. Qui ci sono i vostri amici tedeschi.
9. Al ristorante noi ordiniamo i pranzi e paghiamo i camerieri.
10. Loro aprono le porte delle camere con le chiavi.

### E. (p. 58)

| | |
|---|---|
| 1. da . . . a | 6. in |
| 2. alla | 7. dal |
| 3. in . . . in | 8. a . . . alle |
| 4. negli | 9. di |
| 5. al | 10. in |

### F. (p. 58)

| | |
|---|---|
| 1. vuole | 4. mangerò |
| 2. partiremo . . . visiteremo | 5. saremo . . . conosceremo |
| 3. aspetta | |

### G. (pp. 58–59)

1. Che *or* Che cosa fai, Carla? Aspetto mio suocero.
2. Lei arriva qui alle sette e trenta (*or* sette e mezzo) di mattina e va a casa alle quattro e quarantacinque (*or* alle quattro e tre quarti *or* alle cinque meno un quarto) del pomeriggio.
3. Per andare a Brindisi con il rapido voi dovete comprare un biglietto di prima classe.
4. In quell'albergo / In quell'hotel ci sono poche camere libere. Il nome dell'albergo è Bellosguardo (*or* L'albergo si chiama Bellosguardo).
5. Appena arriveranno a casa, apriranno tutte le (loro) valigie.
6. Questo pomeriggio lei non può andare alla spiaggia (*or* al mare).
7. Chi viene al cinema con noi?
8. Un buon pranzo in quel ristorante costa quarantottomila lire.

### H. (p. 59)

1. I signori Albertini hanno tre figli: un ragazzo e due bambine.
2. Rosa è una figlia dei signori Albertini; lei ha otto anni.

3. La famiglia Albertini abita a Roma in una vecchia casa del centro.

4. Il bar del signor Albertini è vicino all'università.

5. Gli studenti e i professori vanno nel bar di Sergio a prendere un espresso o un cappuccino o a mangiare una pasta dopo le lezioni.

6. No, il signor Albertini non parla spagnolo; parla l'inglese e il francese.

7. Maria, sua moglie, aiuta Sergio nel bar.

8. La domenica la famiglia Albertini va a mangiare in un buon ristorante fuori Roma con l'automobile nuova.

# LESSON 6

**A. (p. 62)**

1. dal macellaio
2. due volte al mese
3. del burro e delle uova

4. trecento grammi
5. degli zucchini
6. delle mele e delle pere

**B. (p. 63)**

1. Adriana Arnoldi ha ventitré anni.

2. No, non abita a Milano; lei abita a Firenze, in Via Vincenzo Bellini.

3. Lei va a fare la spesa tutti i martedì.

4. No, il supermercato non è in centro; è vicino a casa sua.

5. Adriana Arnoldi compra dodici uova.

6. Lei finisce di fare la spesa a mezzogiorno.

7. Lei compra una bottiglia di vino rosso.

**A. (p. 64)**

1. i drammi politici
2. i poeti cattolici
3. le ciliegie rosse
4. i vecchi papi
5. i begli alberghi
6. i problemi difficili
7. le auto italiane

8. i piloti biondi
9. i cinema francesi
10. gli uomini gentili
11. i piccoli laghi
12. le mogli magre
13. gli altri re
14. le uova fresche

**B. (p. 64)**

1. Vediamo un bel panorama.

2. I miei cugini ricevono tre vaglia.

3. Questo è un clima eccellente! *or* Questo clima è eccellente!

4. Voglio comprare una nuova moto giapponese.

5. Marta scrive un altro tema.

6. Non capiamo il suo telegramma.
7. Lui arriva (*or* arriverà) qui fra due mesi (*or* fra un paio di mesi).
8. Giorgio compra troppe uova.
9. Quelle radio sono molto piccole.
10. Le mani di mio nonno (*or* del mio nonno) sono molto forti.

**(p. 65)**

1. per voi . . . noi
2. lui . . . lei
3. loro
4. te

**(p. 66)**

1. li
2. lo
3. le
4. ci
5. la
6. mi
7. lo
8. li
9. vi
10. La
11. le
12. le
13. Li
14. lo
15. ti
16. li
17. la
18. le
19. ci
20. la

**A. (p. 67)**

1. La preferisco.
2. Alberto lo saluta.
3. Non lo posso mangiare. *or* Non posso mangiarlo.
4. Le mangio tutti i sabati.
5. Chi li vuole spiegare? *or* Chi vuole spiegarli?
6. Eccola!
7. Non la vogliamo sentire. *or* Non vogliamo sentirla.
8. L'incontriamo dal fornaio.
9. Vanno a comprarle in centro.
10. Vi conosco bene.
11. Dove li aspettate?
12. Quando La posso vedere, signor Righi? *or* Quando posso vederLa, signor Righi?
13. Non desideriamo pagarlo.
14. Finalmente eccolo!

**B. (pp. 67–68)**

1. No, non la faccio ora.
2. Sì, lo capisco.

3. Sì, li conosco.

4. No, non lo potete leggere. *or* No, non potete leggerlo.

5. Sì, lo vogliamo prendere. *or* Sì, vogliamo prenderlo.

## C. (p. 68)

1. Loro mi salutano sempre quando mi vedono.

2. Questo pomeriggio Mirella studia la lezione, ma domani non la ricorderà molto bene.

3. Qualche volta lui ci vede dal fruttivendolo.

4. La posso aiutare, signorina Belli? *or* Posso aiutarLa, signorina Belli?

5. Dove sono i suoi bambini? Eccoli!

## (p. 69)

| | |
|---|---|
| 1. dimenticheranno | 7. passerà |
| 2. cercherà | 8. pagherà |
| 3. comincerà | 9. dormirai |
| 4. peserà | 10. viaggeranno |
| 5. festeggeranno | 11. riceverai |
| 6. spiegheremo | 12. mangeranno |

## A. (p. 70)

1. Noi non viaggiamo mai in autobus.

2. Giovanni non è ancora a casa sua.

3. Voi non avete più molti problemi.

4. Il dottore non spiega affatto tutto.

5. La mamma non fa più la spesa dal macellaio.

6. Lei non viene mai da me la domenica.

## B. (p. 70)

1. Nessun problema è troppo difficile per lui!

2. Quel grande poeta non è affatto ricco.

3. In questa città non ci sono alberghi grandi.

4. Non vogliamo comprare nessun libro inglese.

5. Nessuno può uscire stasera.

6. Non ho nulla (niente) e non voglio nulla (niente)!

7. Non andiamo né a Bologna né a Venezia.

8. Lei non è una ragazza molto gentile; non aiuta nemmeno (neppure *or* neanche) sua madre!

9. Loro non ci parlano più. *or* Loro non parlano più con noi.

10. Quel fornaio non fa mai molto pane.

**(p. 71)**

| | |
|---|---|
| 1. darà | 8. vorrete |
| 2. andrà | 9. daremo |
| 3. dovremo | 10. dovrai |
| 4. potrà | 11. vorranno . . . potranno |
| 5. staranno | 12. farò |
| 6. andrete | 13. dovrete |
| 7. faranno | 14. starai . . . mangerai |

# LESSON 7

**A. (p. 74)**

| | |
|---|---|
| 1. F | 5. F |
| 2. F | 6. F |
| 3. T | 7. T |
| 4. T | 8. F |

**B. (p. 74)**

| | |
|---|---|
| 1. in un bar | 6. la chiave |
| 2. al cinema | 7. dal cassiere |
| 3. un buon letto | 8. dal fruttivendolo |
| 4. una penna | 9. l'orologio |
| 5. il biglietto | 10. alla stazione |

**A. (p. 75)**

1. Quei giornalisti francesi parlano bene l'italiano.
2. Gli impiegati danno gli assegni ai cassieri.
3. Queste giovani violiniste sono molto brave.
4. Oggi le banche non aprono.
5. Compriamo le medicine dai farmacisti.
6. I portieri degli alberghi sono molto gentili.
7. Gli studenti non rispondono alle domande dei professori.
8. I camerieri chiudono i ristoranti a mezzanotte.
9. Le auto di quelle belle autiste sono nuove.
10. I postini mettono i francobolli sulle lettere.
11. I pianisti leggono i giornali.
12. Le farmacie di questi piccoli paesi non sono molto grandi.

**B. (p. 75)**

1. Perché non lavori adesso (ora), Giuseppe?
2. Oggi devo firmare tutte quelle lettere.
3. Quante lingue parla lei?
4. Il sabato la posta arriva alle undici.
5. Non ricordo il nome di quella violinista; ma so che lei sarà qui domani.
6. Il dottore (Il medico) dà la medicina a Marisa perché lei non si sente bene.
7. Lui vuole (desidera) incassare due assegni per viaggiatori.
8. Quella bella moto giapponese costa molto.
9. Questo paese è molto interessante.
10. Il cambio di oggi è eccellente.

**A. (pp. 76–77)**

| | |
|---|---|
| 1. beviamo | 8. metti |
| 2. so | 9. dice |
| 3. spedisce | 10. tengono |
| 4. vede | 11. rimangono |
| 5. lavorano | 12. tiene |
| 6. bevo | 13. rispondi |
| 7. viene | 14. ritorna |

**B. (p. 77)**

| | |
|---|---|
| 1. sapranno | 6. tornerete |
| 2. farà | 7. spediremo |
| 3. vedrà | 8. vedrete |
| 4. potremo andare | 9. potrete ritirare . . . verrà |
| 5. saprà . . . verrai | 10. darà |

**A. (p. 78)**

| | |
|---|---|
| 1. viaggiato | 10. uscito |
| 2. dovuto | 11. partito |
| 3. pagato | 12. ritornato |
| 4. dato | 13. potuto |
| 5. avuto | 14. lavorato |
| 6. sentito | 15. stato |
| 7. dormito | 16. preferito |
| 8. salutato | 17. detto |
| 9. incontrato | 18. capito |

### B. (pp. 78–79)

| | |
|---|---|
| 1. conosciuta | 7. ordinato |
| 2. fatte | 8. spiegata |
| 3. mangiati | 9. veduto *or* visto |
| 4. ricevuto | 10. offerto |
| 5. scritto | 11. spedita |
| 6. bevuti | 12. incassato |

### A. (p. 81)

1. ho dovuto, avete dovuto, hanno dovuto
2. hai guardato, ha guardato, abbiamo guardato
3. ha preferito, abbiamo preferito, avete preferito
4. ho messo, hanno messo, avete messo
5. hai sentito, ha sentito, abbiamo sentito
6. è entrato, è entrato, sono entrati
7. hanno firmato, ho firmato, avete firmato
8. è stata, è stato, sono state
9. ho avuto, ha avuto, hanno avuto
10. ho festeggiato, hanno festeggiato, ha festeggiato
11. ha chiuso, avete chiuso, hanno chiuso
12. hai viaggiato, ha viaggiato, abbiamo viaggiato
13. ho veduto (visto), ha veduto (visto), hanno veduto (visto)
14. hai dormito, ha dormito, avete dormito
15. ha letto, abbiamo letto, avete letto

### B. (pp. 81–82)

| | |
|---|---|
| 1. siamo andati | 6. è stato |
| 2. ha fatto | 7. hai dovuto |
| 3. è tornata | 8. ha offerto |
| 4. abbiamo pagato | 9. sono usciti |
| 5. avete preso | 10. avete speso |

### C. (p. 82)

1. è rimasta . . . ha veduto (visto)
2. è entrato . . . ha chiuso
3. abbiamo mangiato . . . abbiamo bevuto
4. è arrivato . . . ha spiegato
5. è tornato . . . ha incontrato
6. ha potuto . . . ha lavorato
7. ha venduto . . . ha incassato

8. hanno capito . . . hanno risposto
9. è passato . . . ha preso
10. hanno avuto . . . sono rimasti

### A. (pp. 82–83)

1. Gli studenti le hanno finite in classe.
2. Tu l'hai dimenticato.
3. Il farmacista l'ha data al portiere dell'albergo.
4. Li abbiamo incassati in banca.
5. Perché non l'avete ancora spedito?
6. La mamma oggi li ha tenuti in casa.
7. Chi l'ha conosciuta?
8. Giuseppe l'ha già venduta.

### B. (p. 83)

1. mi hanno vista
2. noi ti abbiamo salutato
3. vi abbiamo conosciuti *or* vi abbiamo incontrati
4. ci hanno dimenticati

### (p. 83)

1. Mia moglie dorme da dieci ore.
2. Mario, da quanto tempo leggi quel giornale?
3. Aspetto la posta da due ore.
4. Che cosa ha detto Alberto quando l'ha vista (veduta)?
5. Il sindaco parla da molto tempo.
6. Quante città spagnole avete visitato l'anno scorso (lo scorso anno)?
7. Lavoriamo nel ristorante del signor Porta da sei anni.
8. Nostra figlia è nata a Parma il venticinque (di) febbraio.

# LESSON 8

### A. (p. 86)

1. della salute di suo marito
2. al medico
3. un forte mal di testa
4. da qualche tempo
5. quando torna a casa la sera
6. in ufficio ha sempre molto da fare
7. normale
8. deve riposarsi un poco
9. fare delle analisi
10. per il mal di testa

### B. (pp. 86–87)

1. Lei è molto occupata.
2. La pressione del sangue è normale.
3. Io ho un appuntamento.
4. Quante volte al giorno?
5. A giovedì.
6. Lui abita qui vicino.
7. Prego, non c'è di che.
8. Il medico di famiglia.
9. Ogni quattro ore.
10. Una lunga passeggiata.
11. Nel mio ufficio.
12. Al quarto piano.

### (p. 87)

1. rimarrete
2. telefonerà
3. diranno
4. porterà
5. terrai
6. avremo
7. berrò
8. rimarrai
9. andrà
10. saprete
11. berranno
12. terranno

### A. (pp. 88–89)

1. in cui, nella quale
2. che, il quale
3. che
4. da cui, dal quale
5. su cui, sul quale
6. che
7. con cui, con la quale
8. che, il quale
9. che
10. che
11. per cui, per la quale
12. a cui, al quale
13. che
14. da cui, dal quale
15. che

### B. (p. 89)

1. La zia mangia il pane che fa il fornaio.
2. Giancarlo, a cui (al quale) daremo il nostro libro, ha dodici anni.
3. L'albergo in cui (nel quale) abbiamo dormito la settimana scorsa è in centro.
4. La moto con cui (con la quale) ieri sono andato a scuola adesso è sporca.
5. Il professore a cui (al quale) lei fa una domanda risponde subito.
6. Il supermercato in cui (nel quale) mia madre compra il latte, il burro e l'olio è moderno.
7. L'aeroplano su cui (sul quale) loro spesso viaggiano è grande e pesante.
8. Carla, con cui (con la quale) ogni giorno tu studi, è una ragazza molto intelligente.
9. L'insalata che il fruttivendolo vende è sempre fresca.
10. Il quaderno su cui (sul quale) lei scrive molte cose è piccolo e vecchio.

### A. (pp. 91–92)

1. ti alzi, si alza, vi alzate—ti alzerai, si alzerà, vi alzerete—ti sei alzato, si è alzata, vi siete alzati

2. si pettina, ci pettiniamo, si pettinano—si pettinerà, ci pettineremo, si pettineranno—si è pettinata, ci siamo pettinati, si sono pettinati

3. ci sentiamo, vi sentite, si sentono—ci sentiremo, vi sentirete, si sentiranno—ci siamo sentiti, vi siete sentiti, si sono sentiti

4. mi vesto, si veste, si vestono—mi vestirò, si vestirà, si vestiranno—mi sono vestito, si è vestito, si sono vestite

5. ci accorgiamo, si accorge, vi accorgete—ci accorgeremo, si accorgerà, vi accorgerete—ci siamo accorti, si è accorto, vi siete accorti

6. si addormenta, mi addormento, si addormentano—si addormenterà, mi addormenterò, si addormenteranno—si è addormentata, mi sono addormentato, si sono addormentati

7. ti rilassi, ci rilassiamo, vi rilassate—ti rilasserai, ci rilasseremo, vi rilasserete—ti sei rilassato, ci siamo rilassati, vi siete rilassati

8. ti chiami, ci chiamiamo, si chiamano—ti chiamerai, ci chiameremo, si chiameranno—ti sei chiamato, ci siamo chiamati, si sono chiamati

9. si lava, si lava, si lavano—si laverà, si laverà, si laveranno—si è lavato, si è lavata, si sono lavati

10. mi guardo, ti guardi, si guarda—mi guarderò, ti guarderai, si guarderà—mi sono guardato, ti sei guardato, si è guardata

### B. (p. 92)

1. si riposa
2. mi metterò
3. si è svegliata
4. si fermeranno
5. mi alzo
6. si annoiano
7. ci divertiamo
8. si è messa
9. si chiama
10. si pettina

### C. (p. 92)

1. Domattina (*or* Domani mattina) voglio svegliarmi (*or* mi voglio svegliare) alle sei e trentacinque.
2. Mario deve prepararsi (*or* Si deve preparare) a uscire.
3. Si guarda davanti allo specchio.
4. Mi domando perché non viene al cinema con noi.
5. Ieri sua moglie si è accorta che Paolo non può mai rilassarsi.

### (p. 94)

1. Lei ne lava.
2. Loro ne hanno.
3. Le mie zie ne spediscono tanti a tutti.

4. Eccone!
5. Roberto ne ha molti da pagare.
6. Ieri ne ho vendute mille.
7. Desidero comprarne un metro.
8. I ragazzi ne hanno fatti pochi.
9. Tu ne hai alcune!
10. Devi metterne (*or* Ne devi mettere) un po' nel caffè.
11. Lunedì Rita ne porterà una a sua cognata.
12. Siamo qui per mangiarne un piatto.
13. Quanti ne volete?
14. Perché ne avete speso tanto?
15. A casa non ne abbiamo molto.
16. Teresa non ne parla mai.

**(p. 95)**

1. Qui non conosco nessuno; ogni mio parente abita a Palermo.
2. Vedono ogni film fatto in America.
3. Perché non hai comprato ogni giacca?
4. Ci sono ristoranti e alberghi in ogni paese.
5. Voi andate in vacanza ogni estate.
6. Non vogliamo lavare ogni calzone che avete.
7. Ci svegliamo presto ogni mattina.
8. Ecco ogni mio cappello.

**(p. 96)**

| | |
|---|---|
| 1. fa bel tempo | 5. fa brutto tempo |
| 2. faccio una passeggiata | 6. fanno sempre tardi |
| 3. ha fatto il bagno | 7. faceva freddo . . . fa caldo |
| 4. faranno un esame | 8. ha fatto tardi |

# LESSON 9

A. (p. 99)

| | |
|---|---|
| 1. F | 6. T |
| 2. T | 7. T |
| 3. F | 8. F |
| 4. T | 9. F |
| 5. F | 10. T |

**B. (p. 100)**

| | |
|---|---|
| 1. m | 9. b |
| 2. q | 10. d |
| 3. p | 11. e |
| 4. n | 12. f |
| 5. o | 13. g |
| 6. l | 14. h |
| 7. a | 15. i |
| 8. c | |

**(p. 101)**

| | |
|---|---|
| 1. con il cui proprietario | 5. il cui colore |
| 2. i cui insegnanti | 6. nelle cui strade |
| 3. nelle cui camere | 7. la cui nipote |
| 4. per il cui compleanno | 8. nei cui parchi pubblici |

**(p. 102)**

| | |
|---|---|
| 1. noi ci vediamo | 5. si sono incontrati |
| 2. loro si aiutano | 6. si telefonano |
| 3. ci parleremo | 7. si è spedita |
| 4. si è comprato | 8. voi vi capite |

**A. (p. 103)**

1. È necessario parlargli subito.
2. Quando tornerete in città, vi offrirò un buon pranzo.
3. Riccardo le ha dato una camicetta di seta.
4. Chi gli ha mostrato quella lettera? *or* Chi ha mostrato loro quella lettera?
5. Desiderano portarci sei bottiglie del loro vino.
6. Non gli potete dire nulla? *or* Non potete dirgli nulla? *or* Non potete dire loro nulla?
7. Le avete spiegato che io farò tardi domani sera?
8. Lui mi ha dovuto mandare tre pacchi. *or* Lui ha dovuto mandarmi tre pacchi.
9. Guglielmo e Luigi, eccovi della frutta fresca!
10. Dottore, chi Le ha detto che io sono stato in vacanza?

**B. (pp. 103–104)**

1. Sì, il fruttivendolo le ha venduto le mele.
2. No, il postino non ci ha portato la lettera.
3. No, non gli abbiamo scritto.
4. Sì, Alberto mi ha telefonato.
5. Sì, gli ho parlato giovedì scorso. *or* Sì, ho parlato loro giovedì scorso.

6. Sì, vi diremo tutto.

7. Sì, vorrò mostrarti quel film.

8. No, non potrò spedirgli il pacco. *or* No, non gli potrò spedire il pacco.

## A. (p. 105)

1. Gli piaceranno. *or* A loro piaceranno.
2. Non mi sono piaciuti.
3. A Luisa piace.
4. Le piacerà.
5. Gli piace.
6. Ci piacciono.

## B. (p. 105)

1. A Luisa piace una bella bistecca.
2. Ai miei zii piacciono i giornali francesi.
3. A lei piace una gonna celeste.
4. Vi piace la camicia di cotone.
5. Ti piace andare a fare la spesa.
6. Mi piacciono quei calzoni grigi.
7. Scusi, Le piace il vino bianco o quello rosso?
8. Ai ragazzi americani piace mangiare in quel ristorante.

## C. (p. 105)

1. Elena, ti piaccio io?
2. Perché a Augusto non è piaciuta mia sorella?
3. Quando ci vedranno, noi gli piaceremo!
4. Lei non mi piace molto. *or* Non mi piace molto lei.
5. Ai nostri figlioli piace spendere molto denaro.

## (p. 107)

1. spediscano, non spediscano
2. dimentica, non dimenticare
3. passiamo, non passiamo
4. spendano, non spendano
5. ricorda, non ricordare
6. ricevete, non ricevete
7. paghi, non paghi
8. lavoriamo, non lavoriamo
9. leggano, non leggano
10. cominciate, non cominciate
11. viaggia, non viaggiare
12. finisca, non finisca
13. festeggino, non festeggino
14. entrate, non entrate
15. spiega, non spiegare

**(pp. 108–109)**

1. fa', non fare
2. abbiate, non abbiate
3. siano, non siano
4. diciamo, non diciamo
5. stiano, non stiano
6. date, non date
7. sii, non essere
8. diamo, non diamo
9. stia, non stia
10. dica, non dica
11. abbi, non avere
12. faccia, non faccia

# LESSON 10

**A. (p. 112)**

1. la signora Benetti
2. vuole dirgli una cosa molto importante
3. una borsa di studio
4. una telefonata
5. poco meno di un anno
6. visiterà anche altre città
7. a pranzo
8. una bottiglia di spumante

**B. (p. 113)**

1. ho bisogno di
2. una camera a due letti
3. al secondo piano
4. devo farmi la barba *or* mi devo fare la barba
5. avere pazienza
6. la sua misura di collo
7. molte interurbane
8. faremo colazione
9. Pronto. Chi parla?
10. una brutta notizia
11. in fretta e furia
12. secondo me

**(pp. 113–114)**

1. Gli studenti ci restano fino alle quattordici.
2. Perché non ci andate con noi?
3. Quando potrete venirci? *or* Quando ci potrete venire?
4. Silvia non ci è mai stata.
5. Loro ci abitano.
6. Adriana desidera rimanerci.
7. Preferisco andarci nel primo pomeriggio.
8. A mia moglie piace molto ritornarci.
9. A che ora dovete esserci? *or* A che ora ci dovete essere?
10. Quella violinista ci ha dormito molte volte.

### A. (p. 115)

1. Ruggiero, chiamalo.
2. Signor Cecchi, gli telefoni.
3. Cerchiamoli.
4. Susanna, non portargli il caffè.
5. Signorina Russo, ne offra alcune al professore.
6. Mostratelo agli studenti d'inglese.
7. Non parlargli! Deve lavorare.
8. Signore e signori, la salutino.
9. Speditene subito tre dalla fabbrica.
10. Dottor Bassi, non ne dia a suo figlio.

### B. (p. 115)

1. Datela al farmacista.
2. Ditegli di dare il telefonino alla mamma.
3. Fammi un vero piacere.
4. Signora, le dia il mio assegno.
5. Restateci fino a domenica.
6. Simone, dallo al commesso.
7. Adesso dilla a tutti.
8. Nonno, stalle vicino.
9. Marisa, falli per la professoressa di francese.
10. Zia, dille di preparare il pranzo.

### (pp. 116–117)

1. guardati
2. non si preoccupi
3. rilassati
4. non addormentatevi
5. pettinati
6. si prepari
7. non annoiatevi
8. mettiti
9. si fermi

### A. (p. 117)

1. Martino, bevi tutto il latte.
2. Signorina Luzi, non esca troppo tardi.
3. Venite al cinema.
4. Signori Marchetti, fumino poco.
5. Non rimanete in centro questa sera.

### B. (p. 118)

1. Veniamo al mare con voi.
2. Bevete troppo.

3. Diano la medicina a Silvio.
4. Signora Leoni, tenga l'automobile in piazza.
5. Luigi, va' dal fruttivendolo.
6. Dottor Mattei, non esca dall'ospedale alle undici.
7. Stasera rimaniamo all'università.
8. Professore, inviti una straniera a cena.
9. Bevano un cappuccino al bar.
10. Signorina, faccia un'interurbana.

### A. (pp. 119–120)

1. Loro se la sono comprata.
2. Chi gliel'ha dato?
3. Mamma, non fargliene tante.
4. L'insegnante te li ha spiegati.
5. Gliele compriamo.
6. Noi ve la diciamo sempre.
7. Quella scrittrice ce ne parlerà.
8. Voi gliene dovete portare un po'.
9. Dammela subito.
10. Desidero mandargliene.
11. Quante gliene avete scritte?
12. Cameriere, me ne faccia uno, per favore.

### B. (p. 120)

1. Antonio, portamela. Voglio vederla (*or* La voglio vedere) subito.
2. Lui le ha dato molti fiori per il suo compleanno.
3. Signora Luciani, non ce la dia. Noi abbiamo già troppe cose.
4. Non ve lo posso dire (*or* Non posso dirvelo) fino a domani.
5. Gliene parlano da venticinque minuti.

### A. (p. 122)

| | |
|---|---|
| 1. aprivamo | 11. venivano |
| 2. dimenticavi | 12. potevamo |
| 3. uscivi | 13. si divertivano |
| 4. mangiavano | 14. avevamo |
| 5. scrivevano | 15. finivano |
| 6. perdevo | 16. mi vestivo |
| 7. ci coricavamo | 17. invitavo |
| 8. volevi | 18. cenevamo |
| 9. giocavamo | 19. sembravi |
| 10. piacevo | 20. restavano |

**B. (p. 122)**

1. abitava . . . lavorava
2. avevo
3. cenava
4. studiavano . . . era
5. preparava . . . fumava
6. andavamo . . . imparavamo

**C. (pp. 122–123)**

1. ci siamo incontrati . . . tornavo
2. è arrivata . . . partiva
3. si è messa . . . andava
4. dormivano . . . è andata a fare la spesa
5. avevo vent'anni . . . ho fumato
6. mi ha telefonato . . . mi riposavo
7. sembrava . . . non si sentiva bene (*or* non stava bene)
8. non siamo riusciti a . . . non era
9. cenava . . . squillava
10. giocavano . . . si lavava i capelli

# REVIEW LESSON 2

**A. (p. 124)**

1. quella bella donna
2. la famosa scrittrice
3. il vecchio direttore
4. il genero canadese
5. nostra sorella
6. la nipote bionda
7. la stessa dottoressa
8. il farmacista gentile
9. la giovane moglie
10. la nuova autista

**B. (p. 124)**

1. I temi di quegli studenti sono troppo lunghi.
2. Le radio che loro comprano non costano molto.
3. Quei drammi sono certo interessanti, ma sono anche difficili!
4. I piloti di questi aeroplani sono molto bravi.
5. Noi dobbiamo fare i vaglia adesso.
6. Queste uova sono fresche e vogliamo mangiarle subito.
7. Non conosciamo le mogli di quei pianisti.
8. Gli espressi che arrivano su questi binari vengono da Torino.
9. Incontriamo spesso quegli uomini molto alti.

## C. (p. 124)

1. berrò . . . mangerò
2. potremo
3. saprà . . . andranno
4. diremo . . . dovrà
5. rimarrete . . . farete . . . andremo

6. darà . . . avrà
7. vedremo . . . verrà
8. dirai . . . telefonerà
9. dimenticherete . . . farò
10. pagherà . . . sarò

## D. (p. 125)

1. ha mangiato
2. hanno lavorato
3. abbiamo avuto
4. ha dormito
5. abbiamo visto (veduto)
6. ha detto . . . sono partiti
7. sono rimasti
8. hai tenuto
9. avete saputo
10. ho voluto

11. abbiamo dovuto
12. è entrato . . . è uscita
13. hanno viaggiato
14. sei andata . . . hai speso
15. ha fatto
16. ha pesato . . . ho dato
17. abbiamo risposto
18. ho incassato
19. è tornato . . . ha parlato
20. è nato

## E. (p. 125)

1. chi
2. che
3. cui
4. chi
5. cui

6. chi
7. cui
8. cui
9. chi
10. che

## F. (pp. 125–126)

1. mi alzo
2. si è coricata
3. si mette
4. si è accorto
5. si addormentano

6. si vedono
7. mi annoio
8. si sono telefonati
9. non si sente bene
10. preparati

## G. (p. 126)

1. Signorina, gli ha parlato ieri sera?
2. Perché desideri tornarci?
3. Mamma, le hai lavate?
4. Non ho potuto telefonarle. *or* Non le ho potuto telefonare.
5. Voglio mandarne tre negli Stati Uniti. *or* Ne voglio mandare tre negli Stati Uniti.
6. Falli subito!
7. È vero che Olga ne vuole un po'?
8. Gli hai detto di venire da noi? *or* Hai detto loro di venire da noi?

9. Dove li avete visti?
10. Ditele che io sono partita.

## H. (p. 126)

1. Ti è piaciuto l'arrosto di vitello?
2. Ai miei cugini piace viaggiare in treno.
3. A lei piace il vino bianco.
4. Ci piaceva visitare la Spagna.
5. A chi piace rimanere al mare per altri due giorni?
6. È vero che a voi piace comprare delle mele?

## I. (p. 126)

1. Luigi, dagliele!
2. Non ho potuto comprargliele. *or* Non gliele ho potute comprare.
3. Non portarmene! Io non fumo.
4. La commessa del negozio gliene ha venduta molta.
5. Perché non vuoi dirgliela? *or* Perché non gliela vuoi dire?
6. Chi deve darceli? *or* Chi ce li deve dare?

## J. (p. 127)

1. Mia cugina Rita abita a Napoli da tre mesi. Le piace molto quella città e spera di rimanerci fino alla prossima estate (*or* fino all'estate prossima).
2. Stamattina Gianfranco si è fatto in fretta la barba, poi ha fatto colazione, ha letto il giornale per dieci minuti e alle otto e mezzo (otto e trenta) è andato a lavorare.
3. Rosetta va a fare la spesa ogni martedì o quando lei ha bisogno di uova, olio d'oliva e frutta fresca e verdura.
4. Io sono stanco e ho fame. Voglio andare a casa per mangiare e riposarmi (*or* a mangiare e a riposarmi).
5. Io so che non le piaccio perché quando la vedo e dico: —Ciao, Lisa, come stai oggi? lei risponde soltanto: —Così così.
6. Ieri mi sono comprato una nuova giacca. Mi piace molto e mi sta a pennello.

# LESSON 11

## A. (p. 130)

| | |
|---|---|
| 1. F | 7. F |
| 2. T | 8. F |
| 3. T | 9. T |
| 4. F | 10. F |
| 5. F | 11. T |
| 6. F | |

**B. (p. 131)**

| | |
|---|---|
| 1. q | 10. g |
| 2. l | 11. t |
| 3. o | 12. h |
| 4. m | 13. i |
| 5. n | 14. a |
| 6. p | 15. f |
| 7. b | 16. d |
| 8. c | 17. e |
| 9. r | 18. s |

**(p. 132)**

1. Per andare in centro si prende l'autobus.
2. Ieri sera si è parlato per due ore.
3. Si dice che voi andrete in vacanza.
4. Si può fare una telefonata interurbana?
5. La settimana scorsa si è dormito in albergo.
6. Si farà colazione quando ci si alzerà.
7. Quando si vince, si è felici.
8. Ci si preoccupa sempre di ogni cosa.
9. Che cosa si vuole da me?
10. Prima ci si veste e poi si esce.

**A. (p. 134)**

| | |
|---|---|
| 1. più . . . della | 6. più di |
| 2. più . . . che | 7. più . . . che |
| 3. più . . . che | 8. più . . . di quel che (*or* di quello che) |
| 4. più . . . che | 9. più . . . che |
| 5. più . . . della | 10. più . . . che |

**B. (p. 135)**

| | |
|---|---|
| 1. meno . . . di | 6. meno . . . che |
| 2. meno . . . di | 7. meno di |
| 3. meno . . . di | 8. meno . . . della |
| 4. meno . . . di quel che (*or* di quello che) | 9. meno . . . che |
| 5. meno . . . dei | 10. meno di |

**C. (p. 135)**

1. Loro avevano amici quanto (come) parenti.
2. Alcuni clienti amano così parlare come lavorare (tanto parlare quanto lavorare).

3. Le strade di Ferrara sono lunghe come (quanto) quelle di Roma.
4. In questa casa ci sono porte quanto (come) camere.
5. Quel ragazzo è così buono come intelligente (tanto buono quanto intelligente).
6. Nella classe c'erano ragazze bionde come (quanto) brune.
7. Spesso i poveri sono felici quanto (come) i ricchi.
8. I treni non sono sempre veloci come (quanto) le automobili.
9. Tu eri grasso come (quanto) me.
10. C'erano stranieri al mare come (quanto) sul lago.

### D. (pp. 135–136)

| | |
|---|---|
| 1. migliore | 4. più buono |
| 2. più cattivo | 5. più buono |
| 3. migliore | 6. peggiore |

### A. (p. 138)

| | |
|---|---|
| 1. il più veloce | 6. il più elegante |
| 2. la più cara | 7. il miglior(e) |
| 3. la più piccola | 8. il più interessante |
| 4. la più giovane | 9. il meno generoso |
| 5. il peggiore | 10. il problema più facile |

### B. (p. 138)

1. Era il ragazzo più intelligente della famiglia.
2. Quella gonna era la meno bella del negozio.
3. Questo è il peggior temporale dell'anno.
4. Lei è sempre stata la più gentile di tutti.
5. Renata è la più piccola ragazza della classe.

### C. (p. 138)

1. alto, molto alto, altissimo
2. ricca, molto ricca, ricchissima
3. divertente, molto divertente, divertentissimo, divertentissima
4. basso, molto basso, bassissimo
5. leggero, molto leggero, leggerissimo
6. moderno, molto moderno, modernissimo
7. pesante, molto pesante, pesantissimo, pesantissima
8. normale, molto normale, normalissimo, normalissima
9. vecchia, molto vecchia, vecchissima
10. buona, molto buona, buonissima (ottima)
11. regolare, molto regolare, regolarissimo, regolarissima

12. difficile, molto difficile, difficilissimo, difficilissima
13. nuova, molto nuova, nuovissima
14. felice, molto felice, felicissimo, felicissima
15. pronto, molto pronto, prontissimo
16. vera, molto vera, verissima
17. importante, molto importante, importantissimo, importantissima
18. bionda, molto bionda, biondissima
19. magro, molto magro, magrissimo
20. brutta, molto brutta, bruttissima

### D. (pp. 138–139)

1. occupatissimo
2. interessantissimo
3. bellissima
4. gentilissimo
5. velocissima
6. buonissimo (ottimo)
7. conosciutissima
8. cattivissimo (pessimo)
9. grandissima
10. bellissima
11. felicissimo
12. giovanissima

### (p. 139)

1. se non pioverà
2. tirava vento
3. diluvia
4. tramonta
5. ha nevicato *or* nevicava
6. tuona e lampeggia

### (p. 140)

1. giocavano
2. si riposava
3. faceva caldo
4. viaggiavo
5. nevicava
6. eravamo

### A. (p. 142)

1. amerebbero
2. regalerei
3. venderemmo
4. parlerebbe
5. torneresti
6. finirebbero
7. preferireste
8. telefonerebbe
9. sarebbero
10. avreste
11. porteremmo
12. troveresti
13. metterei
14. usciremmo
15. guadagneremmo
16. cucinerebbe
17. nevicherebbe
18. desiderereste
19. parlerebbero
20. spenderemmo

**B. (p. 142)**

1. desiderebbe
2. sareste
3. ascolterebbero
4. venderebbe
5. nevicherebbe
6. spedirei
7. avrebbe
8. cucinerebbe
9. sarei
10. darei

# LESSON 12

**A. (p. 145)**

1. T
2. F
3. F
4. F
5. F
6. T
7. F
8. T
9. F
10. F
11. T
12. T

**B. (p. 146)**

1. il
2. il
3. la
4. il
5. le
6. la
7. lo, gli
8. la
9. i
10. i
11. le
12. la
13. l'
14. il
15. l'
16. la
17. il
18. i
19. il
20. l'
21. i
22. il
23. le
24. il

**A. (pp. 147–148)**

1. terrebbe
2. si metterebbero
3. verresti
4. starebbe
5. ti alzeresti
6. fareste
7. berrebbero
8. dareste
9. saprebbe
10. andrei
11. vedrebbe
12. rimarrebbe
13. vivrebbe
14. avresti

### B. (p. 148)

1. Giovanni ora si riposerebbe, si vorrebbe riposare, si dovrebbe riposare (vorrebbe riposarsi, dovrebbe riposarsi).
2. Loro ascolterebbero la radio, vorrebbero ascoltare la radio, dovrebbero ascoltare la radio.
3. Voi partireste a mezzanotte, voi vorreste partire a mezzanotte, voi dovreste partire a mezzanotte.
4. Noi pagheremmo il conto, vorremmo pagare il conto, dovremmo pagare il conto.
5. Tu spediresti il pacco, vorresti spedire il pacco, dovresti spedire il pacco.
6. Margherita non berrebbe nulla, non vorrebbe bere nulla, non dovrebbe bere nulla.
7. I nostri amici farebbero colazione, vorrebbero fare colazione, dovrebbero fare colazione.
8. Chi mi regalerebbe quel paio di scarpe, mi vorrebbe regalare quel paio di scarpe, mi dovrebbe regalare quel paio di scarpe (vorrebbe regalarmi, dovrebbe regalarmi).
9. La mamma li accompagnerebbe a scuola, li vorrebbe accompagnare a scuola, li dovrebbe accompagnare a scuola (vorrebbe accompagnarli, dovrebbe accompagnarli).
10. Noi noleggeremmo un autobus, vorremmo noleggiare un autobus, dovremmo noleggiare un autobus.
11. Glielo porterei subito, Glielo vorrei portare subito, Glielo dovrei portare subito (Vorrei portaglielo subito, Dovrei portaglielo subito).
12. Il commesso ne venderebbe tre, ne vorrebbe vendere tre, ne dovrebbe vendere tre (vorrebbe venderne tre, dovrebbe venderne tre).

### C. (p. 148)

1. vorremmo rimanere
2. non dovrebbe portargli *or* non gli dovrebbe portare
3. potrebbero telefonarci *or* ci potrebbero telefonare
4. Lo farebbe
5. dovrebbero festeggiare
6. potremmo venirci *or* ci potremmo venire

### A. (p. 151)

1. avremo fatto
2. avrà chiuso
3. ti saresti divertito
4. avrei potuto
5. sarà nato
6. avrebbe preferito
7. sarebbero dovuti stare
8. avremmo potuto volare
9. non avranno voluto invitarti *or* non ti avranno voluto invitare

10. io ci sarei ritornato volentieri
11. avreste dovuto
12. saremo stati

### B. (pp. 151–152)

1. avresti dovuto telefonare (chiamare)
2. non l'avrà visto
3. avrei noleggiato
4. avrebbe incassato
5. ragazzi, voi vi sareste dovuti alzare
6. non avrebbero imparato
7. avrai guadagnato
8. io le sarei piaciuto
9. io avrò studiato
10. avrebbe potuto prendere

### A. (p. 153)

1. Le avevamo viste spesso al caffè.
2. Chi ci aveva svegliati? *or* Chi ci aveva svegliato?
3. Gli avevamo spedito tre pacchi.
4. Con chi erano uscite Marisa e Silvia?
5. Che cosa aveva fatto la signora Boschi?
6. Lei era rimasta al mare fino ad agosto.
7. Noi l'avevamo già saputo.
8. Marianna aveva fatto un bel giro dell'isola.
9. Mi era piaciuto molto tuo fratello.
10. Dove eravate andati a Natale?
11. Le ragazze si erano lavate le mani.
12. Non avevamo mai guadagnato abbastanza denaro.

### B. (p. 153)

1. Quando avevo sette anni, ero già stato in Grecia.
2. Michele aveva già fatto colazione quando io mi sono alzato.
3. Non sono voluto andare al cinema con Pietro perché avevo già visto quel film.
4. Faceva freddo perché aveva nevicato per parecchie ore.
5. Lei non era contenta (felice) perché io non le avevo telefonato (l'avevo chiamata).
6. Volevano andare a Roma perché non avevano mai visto (veduto) il papa.
7. Non ha voluto dirmi (non mi ha voluto dire) perché non aveva risposto alle mie lettere.

8. Maria non mangiava perché aveva già mangiato.
9. Avevo comprato due biglietti all'agenzia di viaggi, ma poi non mi sono sentito bene e non sono andato in Spagna.
10. Avevo già visto quelle isole, ma non ricordavo quanto (come) erano belle.

## A. (p. 155)

1. sapendo
2. capendo
3. vedendo
4. accompagnando
5. facendo
6. credendo
7. pensando
8. salpando
9. uscendo
10. festeggiando
11. dando
12. venendo
13. smettendo
14. seguendo
15. aiutando
16. potendo
17. vincendo
18. piangendo
19. volendo
20. sentendo

## B. (p. 156)

1. avendo lasciato
2. avendo spiegato
3. avendo salutato
4. essendosi pettinate
5. avendo studiato
6. avendo pagato
7. avendo guardato
8. essendo stata
9. avendo letto
10. essendosi messo
11. avendo desiderato
12. avendo viaggiato
13. essendo ritornati
14. essendo uscito

## C. (p. 156)

1. Andando spesso al cinema, vediamo parecchi film.
2. Prendendo l'aereo, arrivo prima a Londra.
3. Dormendo fino alle nove, farete tardi.
4. Ascoltando la radio, saprete se farà bel tempo.
5. Non riposandovi abbastanza, sarete stanchi.

## D. (p. 156)

1. Essendo uscite all'alba, abbiamo fatto colazione al bar.
2. Avendo telefonato a Lucia, ho saputo che lei è in Francia.
3. Essendo arrivati tardi alla stazione, avete perso il treno.
4. Avendo speso poco, hai ancora molto denaro.
5. Essendosi parlati, si sono detti molte cose.

### E. (p. 156)

| | |
|---|---|
| 1. avendole parlato | 4. vedendoli |
| 2. leggendolo | 5. essendosi riposata |
| 3. facendosi la barba | |

### (p. 157)

1. Stiamo facendo la spesa.
2. io stavo dormendo
3. stava preparando da mangiare
4. io stavo entrando in casa
5. staremo ancora lavorando
6. io stavo facendo il bagno

### A. (p. 158)

1. fare la spesa
2. andare al cinema
3. parlargli
4. avere molto denaro
5. comprarla
6. scrivere

### B. (p. 159)

| | |
|---|---|
| 1. a | 11. a |
| 2. di | 12. a |
| 3. a . . . di | 13. di |
| 4. di | 14. di |
| 5. di | 15. di |
| 6. a | 16. di |
| 7. a | 17. a . . . a |
| 8. a | 18. a |
| 9. di | 19. di |
| 10. a | 20. di |

# LESSON 13

### A. (p. 162)

1. all'ufficio postale
2. dal tabaccaio

3. nei principali rioni delle città
4. per spedire una lettera raccomandata
5. parla con un'impiegata
6. paga seimila cinquecento lire
7. Gli amici della signora Meli abitano negli Stati Uniti (*or* in America).
8. È meglio mandarlo per via aerea perché arriva prima.
9. Il pacco arriva in America dopo sette o otto settimane di viaggio.
10. Non è vero; inviare un pacco via mare costa molto meno.

## B. (pp. 162–163)

| | |
|---|---|
| 1. g | 8. n |
| 2. h | 9. a |
| 3. i | 10. d |
| 4. m | 11. o |
| 5. l | 12. b |
| 6. p | 13. c |
| 7. e | 14. f |

## (p. 164)

| | |
|---|---|
| 1. poveramente | 7. incantevolmente |
| 2. brevemente | 8. regolarmente |
| 3. prontamente | 9. facilmente |
| 4. velocemente | 10. scientificamente |
| 5. elegantemente | 11. difficilmente |
| 6. fortemente | 12. necessariamente |

## A. (p. 165)

1. rapidamente . . . più rapidamente
2. peggio di
3. bene . . . meglio
4. molto . . . di più
5. poco . . . meno (*or* di meno)
6. così elegantemente come *or* tanto elegantemente quanto
7. più spesso di

## B. (p. 165)

| | |
|---|---|
| 1. molto riccamente | 4. lungamente |
| 2. benissimo | 5. molto freddamente |
| 3. molto tardi | |

## A. (p. 167)

| | |
|---|---|
| 1. rispondiamo | 11. assicuriate |
| 2. veda | 12. finisca |
| 3. guadagni | 13. sappia |
| 4. vi vestiate | 14. venda |
| 5. ami | 15. ritorniamo |
| 6. sorridiate | 16. nascano |
| 7. venga | 17. mettiate |
| 8. camminiamo | 18. chiuda |
| 9. imbuchi | 19. firmiate |
| 10. spediscano | 20. si riposino |

## B. (p. 167)

| | |
|---|---|
| 1. possa | 11. vinca |
| 2. chiamiamo | 12. andiate |
| 3. voglia | 13. venga |
| 4. studino | 14. sappia |
| 5. io viaggi | 15. esca |
| 6. facciano | 16. beviamo |
| 7. io piaccia | 17. muoia |
| 8. siate | 18. finisca |
| 9. rimangano | 19. dica |
| 10. diamo | 20. andiate |

## (p. 168)

| | |
|---|---|
| 1. Martino sia andato | 14. io abbia viaggiato |
| 2. abbiate dormito | 15. abbiano risposto |
| 3. tu abbia veduto | 16. Luisa sia andata |
| 4. abbiamo finito | 17. abbiamo imparato |
| 5. abbiano tenuto | 18. tu abbia voluto |
| 6. mi sia alzato | 19. lui abbia preso |
| 7. Marisa si sia vestita | 20. abbiamo detto |
| 8. il commesso sia partito | 21. tu ti sia lavata |
| 9. io abbia bevuto | 22. il babbo sia stato bene |
| 10. abbiamo messo | 23. abbiamo letto |
| 11. tu abbia spedito | 24. abbiano scritto |
| 12. abbiate chiamato | 25. mia figlia sia nata |
| 13. i bambini siano usciti | |

A. (p. 170)

1. io possa, voi possiate, i suoi cugini possano
2. tu abbia fame, Giorgio abbia fame, i bambini abbiano fame
3. voi rimaniate, noi rimaniamo, tu rimanga
4. tu non paghi, il cliente non paghi, quei signori non paghino
5. io sappia tutto, voi sappiate tutto, Elisabetta sappia tutto
6. tu stia bene, voi stiate bene, la signorina Betti stia bene
7. gli studenti facciano, Rosa faccia, voi facciate
8. noi andiamo, loro vadano, tu vada
9. io deva partire, loro devano partire, voi dobbiate partire
10. voi le parliate, tu le parli, noi le parliamo

B. (p. 171)

1. io abbia guadagnato, voi abbiate guadagnato, loro abbiano guadagnato
2. i vostri amici abbiano bevuto, tu abbia bevuto, loro abbiano bevuto
3. tu non sia ancora ritornato, Manuela non sia ancora ritornata, i nostri figlioli non siano ancora ritornati
4. Giovanni non abbia risposto, voi non abbiate risposto, gli studenti non abbiano risposto
5. noi non l'abbiamo visto, sua moglie non l'abbia visto, voi non l'abbiate visto
6. tu le abbia scritto, loro le abbiano scritto, voi le abbiate scritto
7. noi abbiamo già spedito, tu abbia già spedito, voi abbiate già spedito
8. tu abbia imbucato, Luisa abbia imbucato, voi abbiate imbucato
9. io abbia dovuto pagare, voi abbiate dovuto pagare, i miei suoceri abbiano dovuto pagare
10. Lei, signora Bonetti, si sia dovuta preoccupare; voi vi siate dovuti preoccupare; tu, Alfredo, ti sia dovuto preoccupare

C. (p. 171)

1. prima che Roberto e Anna si siano alzati
2. purché voi ci accompagniate con la macchina
3. sebbene i suoi genitori non abbiano dimenticato il suo compleanno
4. Quantunque Susanna sia abbastanza vecchia, sembra ancora giovane
5. senza che loro lo sappiano
6. Sebbene tu mangi spesso, hai sempre fame
7. Qualora Lei deva partire, telefoni a Salvatore!
8. a patto che voi invitiate i signori Rossetti
9. benché noi non gli abbiamo dato molto denaro
10. affinché gli studenti capiscano bene tutto

### A. (p. 172)

1. facciano
2. vada
3. sia
4. diciate
5. guardi
6. vi annoiate
7. dobbiamo
8. conoscano
9. scrivano
10. possa

### B. (p. 173)

1. abbia visto
2. abbia imparato
3. abbia spedito
4. abbiano speso
5. abbia preso
6. abbia comprato
7. siano partiti
8. abbia avuto torto
9. abbia imbucato (impostato)
10. abbia spiegato

### C. (p. 173)

1. Siamo felici (siamo contenti) di essere andati all'estero il mese scorso (lo scorso mese).
2. Lei non crede che suo marito sia malato (non stia bene).
3. É meglio non fumare.
4. Qualora i miei amici telefonino (chiamino), ditegli che io sono in ufficio.
5. Te la darò a meno che tu non la voglia.
6. Possiamo capirla purché lei parli adagio (piano).
7. É possibile che loro si siano visti (veduti) lo scorso febbraio (il febbraio scorso).
8. Loro temono (hanno paura) che io non mi senta bene (non stia bene).

# LESSON 14

### A. (p. 176)

1. il motore
2. da un meccanico
3. il carburatore e le candele
4. il pedale dei freni
5. quando è sporca
6. perché bisogna aspettare il carro attrezzi
7. la benzina
8. i tergicristalli

**B. (pp. 176–177)**

1. un bel cruscotto
2. devo noleggiare una macchina (un'automobile, un'auto)
3. il semaforo è rosso
4. quattro portiere
5. di sbagliare
6. con l'ombrello (con un ombrello)
7. hanno deciso
8. ascoltare la radio
9. la settimana prossima
10. abbiamo comprato i biglietti
11. molto pittoresco
12. per via aerea (*or* via aerea)

**A. (p. 178)**

1. si vestirono
2. vedemmo
3. provai
4. lavoraste
5. incassasti
6. sentì
7. aprii
8. aiutammo
9. entrarono
10. visitarono
11. pesò
12. verificò
13. pulisti
14. pagaste
15. ci svegliammo
16. uscì
17. ti riposasti
18. aggiustammo
19. riparai
20. ebbero

**B. (p. 178)**

1. visitammo
2. è partita
3. imparò
4. è andata
5. uscì
6. avete incassato
7. passò
8. ha fatto
9. fu
10. ha capito

**A. (p. 180)**

1. morì
2. scrisse
3. spedimmo
4. risposi
5. rimasero . . . ritornarono
6. conobbe
7. si fermò
8. andò . . . piacque
9. piovve
10. leggemmo

## B. (p. 181)

1. Misero
2. nacquero
3. seppero
4. vinse
5. risero
6. nacque
7. andarono . . . rimasero
8. vedemmo
9. visse . . . morì
10. fece
11. vennero
12. decideste
13. partì . . . prese . . . sapemmo
14. piansi . . . lessi
15. chiese . . . risposi

## A. (p. 182)

1. ebbi viaggiato
2. ebbero detto
3. avemmo fatto
4. aveste dato
5. avemmo perso
6. foste usciti
7. aveste mangiato
8. ebbe portato
9. foste venuti
10. fummo rimasti
11. ebbero parlato
12. ebbi mangiato
13. ebbero chiesto
14. ebbero riso
15. ebbero controllato
16. avemmo dovuto
17. foste tornati
18. avesti detto
19. fummo usciti
20. aveste pulito
21. avemmo aggiustato
22. ebbero vissuto

## B. (pp. 182–183)

1. ebbi parlato
2. ebbe spiegato
3. avesti fatto
4. ebbero visto (veduto)
5. fu nato
6. ebbe preso
7. fu entrato
8. fu morto
9. ebbe conosciuto
10. ebbe riparato

## A. (p. 184)

1. ci recassimo
2. volesse
3. tu imbucassi
4. riparassero
5. io potessi
6. facessero
7. io inviassi
8. verificaste
9. tornassimo
10. si coricasse
11. io vincessi
12. tu finissi
13. pulisse
14. si alzasse
15. mettesse
16. steste
17. io mi pettinassi
18. uscissero
19. sapessimo
20. rimanesse

**B. (p. 184)**

1. io morissi
2. tu dicessi
3. facesse
4. rispondessimo
5. foste
6. tu venissi
7. io andassi
8. capisse
9. beveste
10. giocassero
11. si vestisse
12. tu mettessi
13. verificasse
14. diceste
15. vendessimo
16. nascesse
17. chiudeste
18. io prendessi
19. cambiassimo
20. tu pesassi
21. aggiustassero
22. vi recaste

**A. (p. 185)**

1. avessimo chiesto
2. tu avessi spedito
3. avesse corso (*or* fosse corso)
4. avessero funzionato
5. avessi detto
6. io avessi sentito
7. si fosse coricata
8. fosse nato
9. avessimo bevuto
10. tu avessi riparato
11. aveste letto
12. io avessi mandato
13. fossero morti
14. io avessi dato
15. avesse fatto
16. fosse stato
17. tu avessi guadagnato
18. aveste capito
19. fossero arrivati
20. avessimo avuto

**B. (p. 186)**

1. fossimo andati
2. io avessi preferito
3. aveste detto
4. fosse morto
5. avessero scritto
6. avessero letto
7. aveste fatto
8. io fossi rimasto
9. ci fossimo lavati
10. tu fossi partito
11. avessimo pulito
12. tu avessi scritto
13. avessero bevuto
14. fossimo nate
15. aveste pensato
16. avessero verificato
17. tu avessi viaggiato
18. avessero dato
19. tu avessi offerto
20. si fossero salutati

### A. (p. 187)

1. fossero arrivati
2. fossi
3. telefonaste
4. avessi portato
5. potessimo
6. sapesse
7. avesse piovuto
8. avessimo invitati
9. doveste
10. avesse spedito

### B. (pp. 187–188)

1. Guadagnava poco sebbene lavorasse moltissimo.
2. Erano stanchissimi quantunque avessero dormito per diverse ore.
3. Era facile che io non l'avessi mai incontrato prima.
4. Aveva paura che voi non la capiste.
5. Glielo davo qualora me lo chiedesse.
6. Il postino arrivava davanti alla casa senza che nessuno si accorgesse di lui.
7. Sembrava che fuori ci fosse molta gente.
8. Laura pensava che noi avessimo già cenato.
9. La signorina Melli poteva comprarsi un nuovo paio di scarpe purché suo padre le avesse spedito il vaglia.
10. Il signor Longhi credeva che il suo meccanico fosse molto bravo.

### C. (p. 188)

1. Non credo che lui preferisca vivere in quella piccola casa lungo l'autostrada.
2. Lui non voleva andare a casa così presto.
3. Benché (sebbene, quantunque) io le piaccia, lei non mi telefona (chiama) mai.
4. Scriveremo quella lettera purché tu compri (Lei compri, voi compriate) i francobolli.
5. Era importante che lui avesse parlato al suo padrone di casa.
6. I suoi amici temevano (avevano paura) che lui avesse già ricevuto la cattiva (brutta) notizia.
7. Voglio che mia moglie vada alla stazione a incontrare i miei genitori.
8. A meno che loro non prendano l'autobus, faranno tardi; sono già le otto e un quarto di mattina.

# LESSON 15

### A. (p. 192)

1. La persona che cerca lavoro si chiama Susan Helen White.
2. Questa ragazza adesso abita in Italia, a Roma, in Via Alessandro Manzoni, numero 39.
3. No, non è vero che parla bene anche il tedesco e lo spagnolo; lei parla bene l'italiano e il francese, oltre all'inglese, sua lingua materna.

4. Negli Stati Uniti lei ha studiato lingue straniere, contabilità, marketing e informatica.

5. Ha frequentato Indiana University, a Bloomington, e si è laureata nel maggio del 1992.

6. Lei abita in Italia da sette anni.

7. No, non è vero. Lei è un'esperta dattilografa e le piace la contabilità; l'ha studiata all'università.

8. Ha letto l'inserzione di una ditta di importazioni/esportazioni.

9. Il giornale era di Roma.

10. No, non è vero; lei è nata l'undici aprile del 1970 a Indianapolis.

11. Scrive subito per chiedere un colloquio.

12. Dovrà presentarsi al capo dell'ufficio personale della ditta il venti luglio alle undici di mattina.

13. Si affretta a compilare il modulo allegato.

14. No, non è vero; Susan non è bassa e non è grassa: lei è alta un metro e settantacinque e pesa cinquantadue chilogrammi (chili), e ha i capelli biondi.

### B. (p. 192)

1. si laurea . . . informatica
2. molto comodo e veloce (rapido)
3. i finestrini della macchina
4. Di che colore sono i tuoi occhi? *or* Qual è il colore dei tuoi occhi?
5. di un'importante ditta italiana
6. molti titoli di studio, molte lauree
7. con ricevuta pagata di ritorno
8. scrive a macchina
9. un esperto traduttore
10. un eccellente (ottimo) lavoro (impiego)

### A. (pp. 193–194)

1. che non sia
2. lei volesse
3. tu prenda
4. aprissero
5. chi sia venuto
6. che avesse lavorato
7. qualunque libro leggiate
8. abbia venduto
9. che potesse scrivere a macchina
10. che le piacesse

### B. (p. 194)

1. Lei non risponderà chiunque la chiami (le telefoni).
2. Quello era certo il più interessante film straniero che io avessi mai visto (veduto).
3. Neppure (nemmeno, neanche) i suoi genitori sapevano dove lui fosse andato ieri notte (la notte scorsa).
4. Benché frequentassero quel liceo, non hanno imparato molto.
5. Si domanda spesso dove loro si siano laureati.

### A. (p. 195)

1. Se oggi facesse freddo, rimarremmo a casa.
2. Se ieri sera tu avessi parlato a Margherita, lei ora saprebbe tutto.
3. Se Stefano bevesse troppo, si sentirebbe male.
4. Se avessero preso l'aviogetto, stamattina sarebbero qui.
5. Se i bambini fossero buoni, la mamma gli comprerebbe un bel gelato.
6. Se il compito non fosse difficile, lo faremmo subito.
7. Se la mia macchina avesse un guasto, la porterei da quel bravo meccanico.
8. Se Marisa avesse finito di scrivere a macchina, alle cinque potrebbe uscire dall'ufficio.
9. Se vi consigliassi di andare in vacanza in Francia, ci andreste?
10. Se ti dicessero quella cosa, sbaglierebbero.

### B. (pp. 195–196)

1. Se tu avessi viaggiato con il rapido, avresti pagato di più.
2. Se il direttore avesse ricevuto il tuo telegramma, avrebbe capito tutto.
3. Se loro avessero aperto il pacco, ci avrebbero trovato quegli importanti documenti.
4. Se Roberto e Francesca fossero andati al mare, avrebbero fatto il bagno.
5. Se io ti avessi scritto, ti avrei anche parlato di lei.
6. Se loro gli avessero creduto, non sarebbero state molto intelligenti.
7. Se noi avessimo chiuso la porta di casa, voi non sareste potuti entrare.
8. Se non aveste fatto la prenotazione, non avreste trovato una camera libera.
9. Dottor Pucci, se Lei avesse preso l'autostrada, avrebbe notato che c'era molto traffico.
10. Se loro avessero fatto una gita in campagna, avrebbero mangiato in quel piccolo ristorante vicino a Siena.

### (p. 196)

1. Sarebbe meglio che la sua segretaria riempisse tutti quei moduli.
2. Che tuo (Suo, vostro) padre ritorni presto a casa!
3. Hanno scritto che avrebbero preferito noleggiare una macchina più piccola.
4. Sarebbe necessario che noi imparassimo a scrivere a macchina.
5. Vorrei che mia nonna (or la mia nonna) venisse a visitarci a Natale.
6. Mi sono accorto che lei l'avrebbe comprato se mi fosse piaciuto.

7. Non volevano che i loro bambini giocassero tutto il pomeriggio.
8. Che Dio ci ascolti!
9. Il meccanico ha detto che lui avrebbe pulito le candele se non avesse avuto troppe cose da fare.
10. Basterebbe che Stefano si trasferisse da Napoli a Milano, dove ci sono più lavori (impieghi).

## A. (p. 198)

1. La mamma credeva che tutta la frutta fosse stata mangiata da voi.
2. Il caffè senza zucchero è bevuto dai miei amici.
3. Il marito è stato svegliato da Marianna alle sette.
4. Perché la pressione del sangue non è controllata da voi?
5. Molte cose sarebbero dette da loro.
6. Gli esercizi sarebbero fatti da noi più tardi.
7. Un ottimo piatto di spaghetti era stato cucinato da mia zia.
8. La macchina del capoufficio fu messa nel garage dall'impiegato.
9. Essendo stato finito da noi il lavoro, siamo usciti.
10. Ieri sera la radio è stata ascoltata da tutti.

## B. (pp. 198–199)

1. è stata vista
2. è stata spiegata
3. mi è stato detto
4. sarebbe stato impossibile
5. si possono comprare
6. sarà spedito
7. sono stati firmati
8. è stata ricevuta
9. è stata noleggiata
10. si possono ordinare

## A. (p. 200)

1. letterina, letterona, letteraccia
2. pennina, pennaccia, pennona
3. cravattina, cravattaccia, cravattona
4. cappellino, cappellaccio, cappellone
5. ombrellino, ombrellaccio, ombrellone
6. parolina, parolaccia, parolona
7. professorino, professoraccio, professorone
8. problemino, problemaccio, problemone
9. vestitino, vestitaccio, vestitone
10. gelatino, gelatone, gelataccio
11. quadernino, quadernaccio, quadernone
12. fratellino, fratellaccio, fratellone
13. sorellina, sorellaccia, sorellona
14. macchinina, macchinaccia, macchinona

### B. (p. 200)

| | |
|---|---|
| 1. borsetta | 8. romanzetto |
| 2. stradetta | 9. amichetto |
| 3. scarpetta | 10. isoletta |
| 4. alberghetto | 11. lavoretto |
| 5. amichetta | 12. donnetta |
| 6. lunghetto | 13. casetta |
| 7. cameretta | 14. piazzetta |

### C. (p. 200)

| | |
|---|---|
| 1. una manina | 7. un cappellaccio |
| 2. un omaccio | 8. una giacchetta |
| 3. una isoletta | 9. una melina |
| 4. un ragazzone | 10. un dottorone |
| 5. un ristorantino | 11. una casaccia |
| 6. una bustona | 12. un trenino |

### A. (p. 202)

1. Facciamo scrivere molte lettere.
2. Perché fai leggere quel romanzo?
3. Quando avete fatto aprire quel negozio?
4. Le ragazze hanno fatto fare la spesa.
5. La mamma ha fatto lavare tutte le mie camicie.
6. Io farò dare quei documenti al direttore.
7. Loro hanno fatto mettere le lettere nella casella postale.
8. È vero che tu faresti assicurare quel pacco?

### B. (p. 203)

1. Gliene faremo bere un po'.
2. L'ho fatta imbucare.
3. Me lo sono fatto fare.
4. Perché non lo vuoi incassare (non vuoi incassarlo)?
5. Gliela farei lavare, ma oggi lui non può.
6. Gliene facevano spesso cucinare parecchie.
7. Marisa se li è fatti lavare.

### C. (p. 203)

1. Ha fatto rimanere a casa suo padre tutto il giorno.
2. La fanno lavorare troppe ore.
3. Mi sono fatto accompagnare dal dottore da mia madre.

4. Sua nonna (*or* La sua nonna) gli faceva bere un bicchiere di latte tutte le sere.

5. Ci faceva ascoltare la radio per due ore.

6. Ti ho fatto portare una raccomandata dal postino. *or* Ho fatto portare dal postino una raccomandata a te.

### D. (p. 203)

1. Why did you let them leave so late?

2. They let everyone rest.

3. Giorgio had allowed his children to go out in the pouring rain.

4. Don't let anyone read that novel!

5. Excuse me, ma'am, would you let me phone your daughter?

6. Let her cry!

7. Sometimes I let Attorney Mattei advise me.

8. He did not let us know the names of his friends.

### E. (p. 203)

1. Lei non gli lascerà chiudere la porta.

2. Mio padre mi ha lasciato ascoltare la radio.

3. Gli lascio fare tutto quello che vogliono.

4. Signor Macchi, oggi ci lasci andare a casa presto, per favore.

5. È vero che voi non mi lascerete mai pagare quel conto?

### F. (p. 203)

1. Ci vorranno parecchi anni.

2. Quante settimane ci vogliono?

3. Ci abbiamo messo cinque anni.

4. Mio zio ci ha messo solo (soltanto) tre giorni.

5. Ci vogliono solo (soltanto) pochi (alcuni) minuti.

# REVIEW LESSON 3

### A. (p. 204)

1. tanto denaro quanto

2. più alto di

3. più facilmente di

4. la più ricca donna (*or* la donna più ricca) di

5. la migliore dattilografa . . . un'eccellente (un'ottima) traduttrice

6. meno vino che acqua

**B. (p. 204)**

1. sei stata . . . non ti vedo
2. ho viaggiato . . . ho visitato
3. ti è piaciuta
4. ero a Parigi mi alzavo
5. della gente interessante *or* delle persone interessanti
6. ho conosciuto . . . a cui/alle quali

**C. (p. 204)**

1. avemmo cenato . . . prendemmo
2. ebbe studiato . . . ascoltò
3. furono ritornati . . . andai
4. aveste fatto . . . vi riposaste
5. ci fummo sentiti meglio . . . decidemmo
6. ebbe piovuto . . . fece

**D. (pp. 204–205)**

1. avendo telefonato
2. prendendo
3. parlandomi
4. mangiando
5. essendo usciti
6. comprandole

**E. (p. 205)**

1. inviino
2. chiedessi
3. abbia lavorato
4. beva
5. sia venuto
6. si fossero conosciuti

**F. (pp. 205–206)**

1. Non tutti i papi sono italiani.
2. Sebastiano, conosci quell'uomo? Lui crede di essere un grand'artista.
3. Non a molta gente piace rimanere a casa la domenica.
4. È possibile che voi non impariate mai nulla (niente)?
5. Signor Battisti, le telefoni! È possibile che lei non sia ancora partita.
6. Il mio medico crede che questa nuova medicina sia veramente fantastica!
7. Non sapeva che lui bevesse tanto.

8. Sarebbe stato necessario che noi avessimo letto alcuni altri libri (qualche altro libro).

9. Quando loro mi hanno visto (veduto) a Napoli il mese scorso (lo scorso mese), lavoravo in Italia da sei mesi per una ditta americana di importazioni/esportazioni.

10. Le regalerò una nuova macchina da scrivere affinché (perché) Lei possa scrivere a macchina più rapidamente (più velocemente).

11. Sono usciti senza che lei gli potesse parlare (*or* potesse parlargli).

12. Mi comprerà un altro abito (vestito) benché (sebbene *or* quantunque) io ne abbia già molti.

13. Mi fa sempre lavare la sua macchina.

14. Carlo, lasciale fare quello che vuole! *or* Carlo, lascia che lei faccia quello che vuole!

15. A Silvia piaceva molto quella casetta vicino al parco pubblico.

16. C'è voluta almeno un'ora per andare all'aeroporto in autobus (con l'autobus).

17. È certamente un omone. Deve pesare (*or* Peserà) almeno duecento chili.

18. Visto il film (Dopo aver visto il film *or* Avendo visto il film), siamo andati (andammo) a mangiare una pizza.

19. Ci metterò solo pochi minuti.

20. Appena lei ebbe ricevuto il mio telegramma, andò a fare i biglietti in un'agenzia di viaggi.

### G. (pp. 205–206)

1. Per andare in America è necessario avere il passaporto.

2. No, il signor Velli non ha mai vissuto a Chicago; non è mai stato negli Stati Uniti.

3. Il signor Velli è andato a Genova lunedì scorso (lo scorso lunedì).

4. Umberto non abita né a Milano né a Venezia né a Firenze; lui abita in un paesino non molto vicino a Genova.

5. Il treno ci ha messo due ore e un quarto (*or* due ore e quindici minuti).

6. Umberto si è dovuto alzare molto presto.

7. Appena è arrivato alla stazione di Genova, Umberto ha preso un autobus che lo ha portato in centro.

8. All'ufficio passaporti lui ha dovuto compilare alcuni moduli.

9. No, non è vero; Umberto riceverà il passaporto fra due settimane.

10. No, non dovrà tornare a Genova; riceverà il passaporto a casa in busta raccomandata.

11. No, è andato in un bar.

12. Una signora bionda che è entrata nel bar ha riconosciuto Umberto.

13. No, non è vero; Umberto e Renata hanno studiato insieme quand'erano all'università.

14. Renata ordina soltanto un espresso.

# APPENDIX B
## Regular Verbs

## Conjugation of *-are*, *-ere*, and *-ire* Verbs

| *comprare* (to buy) | *ricẹvere* (to receive) | *dormire* (to sleep) |
|---|---|---|

### Indicative

PRESENT

| | | |
|---|---|---|
| compro | ricevo | dormo |
| compri | ricevi | dormi |
| compra | riceve | dorme |
| compriamo | riceviamo | dormiamo |
| comprate | ricevete | dormite |
| cọmprano | ricẹvono | dọrmono |

IMPERFECT

| | | |
|---|---|---|
| compravo | ricevevo | dormivo |
| compravi | ricevevi | dormivi |
| comprava | riceveva | dormiva |
| compravamo | ricevevamo | dormivamo |
| compravate | ricevevate | dormivate |
| comprạvano | ricevẹvano | dormịvano |

| *comprare* (to buy) | *ricẹvere* (to receive) | *dormire* (to sleep) |
|---|---|---|

PASSATO PRỌSSIMO

| | | |
|---|---|---|
| ho comprato | ho ricevuto | ho dormito |
| hai comprato | hai ricevuto | hai dormito |
| ha comprato | ha ricevuto | ha dormito |
| abbiamo comprato | abbiamo ricevuto | abbiamo dormito |
| avete comprato | avete ricevuto | avete dormito |
| hanno comprato | hanno ricevuto | hanno dormito |

TRAPASSATO PRỌSSIMO

| | | |
|---|---|---|
| avevo comprato | avevo ricevuto | avevo dormito |
| avevi comprato | avevi ricevuto | avevi dormito |
| aveva comprato | aveva ricevuto | aveva dormito |
| avevamo comprato | avevamo ricevuto | avevamo dormito |
| avevate comprato | avevate ricevuto | avevate dormito |
| avẹvano comprato | avẹvano ricevuto | avẹvano dormito |

PASSATO REMOTO

| | | |
|---|---|---|
| comprai | ricevei | dormii |
| comprasti | ricevesti | dormisti |
| comprò | ricevè | dormì |
| comprammo | ricevemmo | dormimmo |
| compraste | riceveste | dormiste |
| comprạrono | ricevẹrono | dormịrono |

TRAPASSATO REMOTO

| | | |
|---|---|---|
| ebbi comprato | ebbi ricevuto | ebbi dormito |
| avesti comprato | avesti ricevuto | avesti dormito |
| ebbe comprato | ebbe ricevuto | ebbe dormito |
| avemmo comprato | avemmo ricevuto | avemmo dormito |
| aveste comprato | aveste ricevuto | aveste dormito |
| ẹbbero comprato | ẹbbero ricevuto | ẹbbero dormito |

FUTURE

| | | |
|---|---|---|
| comprerò | riceverò | dormirò |
| comprerai | riceverai | dormirai |
| comprerà | riceverà | dormirà |
| compreremo | riceveremo | dormiremo |
| comprerete | riceverete | dormirete |
| compreranno | riceveranno | dormiranno |

FUTURE PERFECT

| | | |
|---|---|---|
| avrò comprato | avrò ricevuto | avrò dormito |
| avrai comprato | avrai ricevuto | avrai dormito |
| avrà comprato | avrà ricevuto | avrà dormito |
| avremo comprato | avremo ricevuto | avremo dormito |
| avrete comprato | avrete ricevuto | avrete dormito |
| avranno comprato | avranno ricevuto | avranno dormito |

| *comprare* (to buy) | *ricevere* (to receive) | *dormire* (to sleep) |
|---|---|---|

## Subjunctive

### PRESENT

| | | |
|---|---|---|
| compri | riceva | dorma |
| compri | riceva | dorma |
| compri | riceva | dorma |
| compriamo | riceviamo | dormiamo |
| compriate | riceviate | dormiate |
| comprino | ricevano | dormano |

### IMPERFECT

| | | |
|---|---|---|
| comprassi | ricevessi | dormissi |
| comprassi | ricevessi | dormissi |
| comprasse | ricevesse | dormisse |
| comprassimo | ricevessimo | dormissimo |
| compraste | riceveste | dormiste |
| comprassero | ricevessero | dormissero |

### PERFECT

| | | |
|---|---|---|
| abbia comprato | abbia ricevuto | abbia dormito |
| abbia comprato | abbia ricevuto | abbia dormito |
| abbia comprato | abbia ricevuto | abbia dormito |
| abbiamo comprato | abbiamo ricevuto | abbiamo dormito |
| abbiate comprato | abbiate ricevuto | abbiate dormito |
| abbiano comprato | abbiano ricevuto | abbiano dormito |

### PLUPERFECT

| | | |
|---|---|---|
| avessi comprato | avessi ricevuto | avessi dormito |
| avessi comprato | avessi ricevuto | avessi dormito |
| avesse comprato | avesse ricevuto | avesse dormito |
| avessimo comprato | avessimo ricevuto | avessimo dormito |
| aveste comprato | aveste ricevuto | aveste dormito |
| avessero comprato | avessero ricevuto | avessero dormito |

## Conditional

### PRESENT

| | | |
|---|---|---|
| comprerei | riceverei | dormirei |
| compreresti | riceveresti | dormiresti |
| comprerebbe | riceverebbe | dormirebbe |
| compreremmo | riceveremmo | dormiremmo |
| comprereste | ricevereste | dormireste |
| comprerebbero | riceverebbero | dormirebbero |

| *comprare* (to buy) | *ricẹvere* (to receive) | *dormire* (to sleep) |
|---|---|---|

PERFECT

| | | |
|---|---|---|
| avrei comprato | avrei ricevuto | avrei dormito |
| avresti comprato | avresti ricevuto | avresti dormito |
| avrebbe comprato | avrebbe ricevuto | avrebbe dormito |
| avremmo comprato | avremmo ricevuto | avremmo dormito |
| avreste comprato | avreste ricevuto | avreste dormito |
| avrẹbbero comprato | avrẹbbero ricevuto | avrẹbbero dormito |

## Imperative

| | | |
|---|---|---|
| compra | ricevi | dormi |
| compri | riceva | dorma |
| compriamo | riceviamo | dormiamo |
| comprate | ricevete | dormite |
| cọmprino | ricẹvano | dọrmano |

## Infinitive

PRESENT

| | | |
|---|---|---|
| comprare | ricẹvere | dormire |

PAST

| | | |
|---|---|---|
| avere comprato | avere ricevuto | avere dormito |

## Past Participle

| | | |
|---|---|---|
| comprato | ricevuto | dormito |

## Gerundio

PRESENT

| | | |
|---|---|---|
| comprando | ricevendo | dormendo |

PAST

| | | |
|---|---|---|
| avendo comprato | avendo ricevuto | avendo dormito |

# APPENDIX C
## Irregular Verbs

## avere   (to have)

### Indicative

| | |
|---|---|
| present | ho, hai, ha, abbiamo, avete, hanno |
| imperfect | avevo, avevi, aveva, avevamo, avevate, avevano |
| passato prossimo | ho, hai, ha, abbiamo, avete, hanno + avuto |
| trapassato prossimo | avevo, avevi, aveva, avevamo, avevate, avevano + avuto |
| passato remoto | ebbi, avesti, ebbe, avemmo, aveste, ebbero |
| trapassato remoto | ebbi, avesti, ebbe, avemmo, aveste, ebbero + avuto |
| future | avrò, avrai, avrà, avremo, avrete, avranno |
| future perfect | avrò, avrai, avrà, avremo, avrete, avranno + avuto |

### Subjunctive

| | |
|---|---|
| present | abbia, abbia, abbia, abbiamo, abbiate, abbiano |
| imperfect | avessi, avessi, avesse, avessimo, aveste, avessero |
| perfect | abbia, abbia, abbia, abbiamo, abbiate, abbiano + avuto |
| pluperfect | avessi, avessi, avesse, avessimo, aveste, avessero + avuto |

### Conditional

| | |
|---|---|
| present | avrei, avresti, avrebbe, avremmo, avreste, avrebbero |
| perfect | avrei, avresti, avrebbe, avremmo, avreste, avrebbero + avuto |

### Imperative

abbi, abbia, abbiamo, abbiate, abbiano

### Infinitive

| | |
|---|---|
| present | avere |
| past | avere avuto |

### Past Participle

avuto

### Gerundio

| | |
|---|---|
| present | avendo |
| past | avendo avuto |

# ẹssere   (to be)

### Indicative

| | |
|---|---|
| present | sono, sei, è, siamo, siete, sono |
| imperfect | ero, eri, era, eravamo, eravate, ẹrano |
| passato prọssimo | sono, sei, è + stato/a—siamo, siete, sono + stati/e |
| trapassato prọssimo | ero, eri, era + stato/a—eravamo, eravate, ẹrano + stati/e |
| passato remoto | fui, fosti, fu, fummo, foste, fụrono |
| trapassato remoto | fui, fosti, fu + stato/a—fummo, foste, fụrono + stati/e |
| future | sarò, sarai, sarà, saremo, sarete, saranno |
| future perfect | sarò, sarai, sarà + stato/a—saremo, sarete, saranno + stati/e |

### Subjunctive

| | |
|---|---|
| present | sia, sia, sia, siamo, siate, sịano |
| imperfect | fossi, fossi, fosse, fossimo, foste, fọssero |
| perfect | sia, sia, sia + stato/a—siamo, siate, sịano + stati/e |
| pluperfect | fossi, fossi, fosse + stato/a—fossimo, foste, fọssero + stati/e |

### Conditional

| | |
|---|---|
| present | sarei, saresti, sarebbe, saremmo, sareste, sarẹbbero |
| perfect | sarei, saresti, sarebbe + stato/a—saremmo, sareste, sarẹbbero + stati/e |

### Imperative

sii, sia, siamo, siate, sịano

### Infinitive

| | |
|---|---|
| present | ẹssere |
| past | ẹssere stato/a |

**Past Participle**

stato/a

## Gerundio

present        essendo
past           essendo stato/a

---

**andare**   *to go*

| | |
|---|---|
| present indicative | vado, vai, va, andiamo, andate, vanno |
| future | andrò, andrai, andrà, andremo, andrete, andranno |
| conditional | andrei, andresti, andrebbe, andremmo, andreste, andrębbero |
| present subjunctive | vada, vada, vada, andiamo, andiate, vądano |
| imperative | va', vada, andiamo, andate, vądano |

**bere**   *to drink*

| | |
|---|---|
| present indicative | bevo, bevi, beve, beviamo, bevete, bęvono |
| imperfect indicative | bevevo, bevevi, beveva, bevevamo, bevevate, bevęvano |
| future | berrò, berrai, berrà, berremo, berrete, berranno |
| passato remoto | bevvi, bevesti, bevve, bevemmo, beveste, bęvvero |
| conditional | berrei, berresti, berrebbe, berremmo, berreste, berrębbero |
| present subjunctive | beva, beva, beva, beviamo, beviate, bęvano |
| imperfect subjunctive | bevessi, bevessi, bevesse, bevessimo, beveste, bevęssero |
| imperative | bevi, beva, beviamo, bevete, bęvano |
| gerundio | bevendo |
| past participle | bevuto |

**dare**   *to give*

| | |
|---|---|
| present indicative | do, dai, dà, diamo, date, danno |
| future | darò, darai, darà, daremo, darete, daranno |
| passato remoto | diedi, desti, diede, demmo, deste, diędero |
| conditional | darei, daresti, darebbe, daremmo, dareste, darębbero |
| present subjunctive | dia, dia, dia, diamo, diate, dįano |
| imperfect subjunctive | dessi, dessi, desse, dessimo, deste, dęssero |
| imperative | da', dia, diamo, date, dįano |

**dire**   *to say, tell*

| | |
|---|---|
| present indicative | dico, dici, dice, diciamo, dite, dįcono |
| imperfect indicative | dicevo, dicevi, diceva, dicevamo, dicevate, dicęvano |
| future | dirò, dirai, dirà, diremo, direte, diranno |
| passato remoto | dissi, dicesti, disse, dicemmo, diceste, dįssero |
| conditional | direi, diresti, direbbe, diremmo, direste, dirębbero |
| present subjunctive | dica, dica, dica, diciamo, diciate, dįcano |
| imperfect subjunctive | dicessi, dicessi, dicesse, dicessimo, diceste, dicęssero |
| imperative | di', dica, diciamo, dite, dįcano |
| gerundio | dicendo |
| past participle | detto |

**dovere**   *to have to, owe*

| | |
|---|---|
| present indicative | devo, devi, deve, dobbiamo, dovete, dẹvono |
| future | dovrò, dovrai, dovrà, dovremo, dovrete, dovranno |
| conditional | dovrei, dovresti, dovrebbe, dovremmo, dovreste, dovrẹbbero |
| present subjunctive | deva, deva, deva, dobbiamo, dobbiate, dẹvano |

**fare**   *to do, make*

| | |
|---|---|
| present indicative | faccio, fai, fa, facciamo, fate, fanno |
| imperfect indicative | facevo, facevi, faceva, facevamo, facevate, facẹvano |
| future | farò, farai, farà, faremo, farete, faranno |
| passato remoto | feci, facesti, fece, facemmo, faceste, fẹcero |
| conditional | farei, faresti, farebbe, faremmo, fareste, farẹbbero |
| present subjunctive | faccia, faccia, faccia, facciamo, facciate, fạcciano |
| imperfect subjunctive | facessi, facessi, facesse, facessimo, faceste, facẹssero |
| imperative | fa', faccia, facciamo, fate, fạcciano |
| gerundio | facendo |
| past participle | fatto |

**morire**   *to die*

| | |
|---|---|
| present indicative | muoio, muori, muore, moriamo, morite, muọiono |
| present subjunctive | muoia, muoia, muoia, moriamo, moriate, muọiano |
| imperative | muori, muoia, moriamo, morite, muọiano |
| past participle | morto |

**piacere**   *to please*

| | |
|---|---|
| present indicative | piaccio, piaci, piace, piacciamo, piacete, piạcciono |
| passato remoto | piacqui, piacesti, piacque, piacemmo, piaceste, piạcquero |
| present subjunctive | piaccia, piaccia, piaccia, piacciamo, piacciate, piạcciano |
| past participle | piaciuto |

**potere**   *to be able to, can*

| | |
|---|---|
| present indicative | posso, puoi, può, possiamo, potete, pọssono |
| future | potrò, potrai, potrà, potremo, potrete, potranno |
| conditional | potrei, potresti, potrebbe, potremmo, potreste, potrẹbbero |
| present subjunctive | possa, possa, possa, possiamo, possiate, pọssano |

**rimanere**   *to remain*

| | |
|---|---|
| present indicative | rimango, rimani, rimane, rimaniamo, rimanete, rimạngono |
| future | rimarrò, rimarrai, rimarrà, rimarremo, rimarrete, rimarranno |
| passato remoto | rimasi, rimanesti, rimase, rimanemmo, rimaneste, rimạsero |
| conditional | rimarrei, rimarresti, rimarrẹbbe, rimarremmo, rimarreste, rimarrẹbbero |
| present subjunctive | rimanga, rimanga, rimanga, rimaniamo, rimaniate, rimạngano |
| imperative | rimani, rimanga, rimaniamo, rimanete, rimạngano |
| past participle | rimasto |

**sapere**   *to know*

| | |
|---|---|
| present indicative | so, sai, sa, sappiamo, sapete, sanno |
| future | saprò, saprai, saprà, sapremo, saprete, sapranno |
| passato remoto | seppi, sapesti, seppe, sapemmo, sapeste, seppero |
| conditional | saprei, sapresti, saprebbe, sapremmo, sapreste, saprebbero |
| present subjunctive | sappia, sappia, sappia, sappiamo, sappiate, sappiano |

**spegnere**   *to turn off, out; extinguish*

| | |
|---|---|
| present indicative | spengo, spegni, spegne, spegniamo, spegnete, spengono |
| passato remoto | spensi, spegnesti, spense, spegnemmo, spegneste, spensero |
| present subjunctive | spenga, spenga, spenga, spegniamo, spegniate, spengano |
| imperative | spegni, spenga, spegniamo, spegnete, spengano |
| past participle | spento |

**tenere**   *to keep, hold*

| | |
|---|---|
| present indicative | tengo, tieni, tiene, teniamo, tenete, tengono |
| future | terrò, terrai, terrà, terremo, terrete, terranno |
| passato remoto | tenni, tenesti, tenne, tenemmo, teneste, tennero |
| conditional | terrei, terresti, terrebbe, terremmo, terreste, terrebbero |
| present subjunctive | tenga, tenga, tenga, teniamo, teniate, tengano |
| imperative | tieni, tenga, teniamo, tenete, tengano |

**uscire**   *to go out*

| | |
|---|---|
| present indicative | esco, esci, esce, usciamo, uscite, escono |
| present subjunctive | esca, esca, esca, usciamo, usciate, escano |
| imperative | esci, esca, usciamo, uscite, escano |

**vedere**   *to see*

| | |
|---|---|
| future | vedrò, vedrai, vedrà, vedremo, vedrete, vedranno |
| passato remoto | vidi, vedesti, vide, vedemmo, vedeste, videro |
| conditional | vedrei, vedresti, vedrebbe, vedremmo, vedreste, vedrebbero |
| past participle | visto, veduto |

**venire**   *to come*

| | |
|---|---|
| present indicative | vengo, vieni, viene, veniamo, venite, vengono |
| future | verrò, verrai, verrà, verremo, verrete, verranno |
| passato remoto | venni, venisti, venne, venimmo, veniste, vennero |
| conditional | verrei, verresti, verrebbe, verremmo, verreste, verrebbero |
| present subjunctive | venga, venga, venga, veniamo, veniate, vengano |
| imperative | vieni, venga, veniamo, venite, vengano |

**vivere**   *to live*

| | |
|---|---|
| future | vivrò, vivrai, vivrà, vivremo, vivrete, vivranno |
| passato remoto | vissi, vivesti, visse, vivemmo, viveste, vissero |
| conditional | vivrei, vivresti, vivrebbe, vivremmo, vivreste, vivrebbero |
| past participle | vissuto |

**volere** *to want, wish*

| | |
|---|---|
| present indicative | voglio, vuoi, vuole, vogliamo, volete, vogliono |
| future | vorrò, vorrai, vorrà, vorremo, vorrete, vorranno |
| passato remoto | volli, volesti, volle, volemmo, voleste, vollero |
| conditional | vorrei, vorresti, vorrebbe, vorremmo, vorreste, vorrebbero |
| present subjunctive | voglia, voglia, voglia, vogliamo, vogliate, vogliano |

# Verbs with Irregular *Passato Remoto* and Past Participle

**accendere** *to light, turn on*

| | |
|---|---|
| passato remoto | accesi, accendesti, accese, accendemmo, accendeste, accesero |
| past participle | acceso |

**accorgersi** *to realize, notice*

| | |
|---|---|
| passato remoto | mi accorsi, ti accorgesti, si accorse, ci accorgemmo, vi accorgeste, si accorsero |
| past participle | accorto |

**chiedere** *to ask*

| | |
|---|---|
| passato remoto | chiesi, chiedesti, chiese, chiedemmo, chiedeste, chiesero |
| past participle | chiesto |

**chiudere** *to close*

| | |
|---|---|
| passato remoto | chiusi, chiudesti, chiuse, chiudemmo, chiudeste, chiusero |
| past participle | chiuso |

**conoscere** *to know, be acquainted with*

| | |
|---|---|
| passato remoto | conobbi, conoscesti, conobbe, conoscemmo, conosceste, conobbero |
| past participle | conosciuto |

**correre** *to run*

| | |
|---|---|
| passato remoto | corsi, corresti, corse, corremmo, correste, corsero |
| past participle | corso |

**leggere** *to read*

| | |
|---|---|
| passato remoto | lessi, leggesti, lesse, leggemmo, leggeste, lessero |
| past participle | letto |

**mettere** *to place, put*

| | |
|---|---|
| passato remoto | misi, mettesti, mise, mettemmo, metteste, misero |
| past participle | messo |

**nascere** *to be born*

| | |
|---|---|
| passato remoto | nacqui, nascesti, nacque, nascemmo, nasceste, nacquero |
| past participle | nato |

**pęrdere**   *to lose*

| | |
|---|---|
| passato remoto | persi, perdesti, perse, perdemmo, perdeste, pęrsero |
| past participle | perso, perduto |

**piạngere**   *to cry*

| | |
|---|---|
| passato remoto | piansi, piangesti, pianse, piangemmo, piangeste, piạnsero |
| past participle | pianto |

**piọvere**   *to rain*

| | |
|---|---|
| passato remoto | piovve, piọvvero |
| past participle | piovuto |

**pręndere**   *to take*

| | |
|---|---|
| passato remoto | presi, prendesti, prese, prendemmo, prendeste, pręsero |
| past participle | preso |

**rispọndere**   *to answer*

| | |
|---|---|
| passato remoto | risposi, rispondesti, rispose, rispondemmo, rispondeste, rispọsero |
| past participle | risposto |

**scrịvere**   *to write*

| | |
|---|---|
| passato remoto | scrissi, scrivesti, scrisse, scrivemmo, scriveste, scrịssero |
| past participle | scritto |

**sorrịdere**   *to smile;* and *ridere*   *to laugh*

| | |
|---|---|
| passato remoto | sorrisi, sorridesti, sorrise, sorridemmo, sorrideste, sorrịsero |
| past participle | sorriso |

**spęndere**   *to spend*

| | |
|---|---|
| passato remoto | spesi, spendesti, spese, spendemmo, spendeste, spęsero |
| past participle | speso |

**vịncere**   *to win*

| | |
|---|---|
| passato remoto | vinsi, vincesti, vinse, vincemmo, vinceste, vịnsero |
| past participle | vinto |

# Italian–English Vocabulary

*Abbreviations:* ***adj.*** (adjective); ***adv.*** (adverb); ***n.*** (noun); ***pron.*** (pronoun); ***conj.*** (conjunction); ***prep.*** (preposition); ***m.*** (masculine); ***f.*** (feminine); ***sing.*** (singular); ***pl.*** (plural); ***fam.*** (familiar); ***form.*** (formal); ***inf.*** (infinitive)

a to, at
abbastanza (*adv.*) enough
abbigliamento clothing
abitare to live
abito dress, suit
accanto a (*adv.*) next to, beside
accendere to light, to turn on
accompagnare to accompany
accorgersi to realize, to notice
acqua water
acquistare to purchase
adagio (*adv.*) slowly
addormentarsi to fall asleep
adesso now
aereo plane
aeroplano airplane
aeroporto airport
affare (*m.*) business (per affari on business)
affinché (*conj.*) so that
affrettarsi to hurry
Africa Africa
africano a African
agenzia agency
agenzia di viaggi travel agency
aggiustare to fix, to repair
agosto August

aiutare to help
alba dawn
albeggiare to dawn
albergo hotel
albero tree
alcuno, a some, a few
allegato, a enclosed
allora (*adv.*) then
almeno (*adv.*) at least
alto, a tall, high
altro, a other
altro? anything else?
alunna schoolgirl
alunno schoolboy
alzare to lift, to raise
alzarsi to get up
amare to love, cherish
America America
americano, a American
amica friend (*f.*)
amico friend (*m.*)
analisi (*f.*) analysis
anche (*conj.*) also
ancora (*adv.*) yet, still
andare to go
andata e ritorno round trip

anno year
annoiarsi to be bored
annuncio announcement, ad
aperto, a open
appena (*adv.*) as soon as, just, hardly
appetito appetite (**buon appetito!**, enjoy your meal!)
appuntamento appointment
appunto, per l'appunto (*adv.*) precisely, just, exactly
aprile (*m.*) April
aprire to open
arancia orange
arrivare to arrive
arrivederci goodbye (informal)
arrivederLa goodbye (form. sing.)
arrosto roast
arrosto di vitello veal roast
arte (*f.*) art
artista (*m. and f.*) artist
asciugamano hand towel
ascoltare to listen to
aspettare to wait (for)
aspettarsi to expect
assegno check
assegno per viaggiatori traveler's check
assicurare to insure
attimo moment, instant
attore (*m.*) actor
attrice (*f.*) actress
Australia Australia
australiano, a Australian
autista (*m. and f.*) driver
auto car, auto
autobus (*m.*) bus
automobile (*f.*) car, automobile
autostrada highway
autunno fall, autumn
avere to have
aviogetto jet plane
avvocato lawyer, attorney
azienda firm
azzurro, a light blue

babbo dad
baffi (*m. pl.*) moustache
bagnare to bathe, to wet
bagno bath, bathroom (**fare il [un] bagno** to take a bath)
ballare to dance
bambina child (f.)
bambino child (m.)
banca bank
bar (*m.*) bar, café

barba beard (**farsi la barba** to shave)
barca boat
basso, a short, low
bastare to be enough
bello, a beautiful
benché (*conj.*) although
bene (*adv.*) well, fine (**sentirsi bene** to feel well, to feel fine)
benino fairly well, pretty well
benissimo (*adv.*) extremely well, very well
benvenuto, a welcome
benzina gasoline
benzinaio gas station attendant
bere to drink
bianco, a white
bicchiere (*m.*) glass
bigliettaio ticket agent
biglietto ticket (**fare il biglietto** to purchase, to issue a ticket)
binario railway track
biondo, a blond
bisognare to need (**avere bisogno di** to have a need for)
bistecca steak
bistecca di manzo beef steak
blu (*adj.*) blue
bocca mouth
bontà (*f.*) goodness (**avere la bontà di** to be so kind as to)
borsa purse
borsa di studio scholarship
bottiglia bottle
bravo, a good, able
breve (*adj.*) brief, short
bruno, a brown, dark
brutto, a ugly
buca delle lettere mailbox
buono, a good
burro butter
busta envelope

caffè (*m.*) coffee, coffee shop (**prendere un caffè** to have a cup of coffee)
caldo, a warm, hot (**avere caldo** to feel warm, hot; **fare caldo** to be warm, hot)
calza stocking
calzino sock
calzoni (*m. pl.*) pants
cambiare to change, to exchange
cambio change, exchange
camera room, bedroom (**prenotare una camera** to book, to reserve a room)
camera a due letti double room

cameriere (*m.*) waiter
camicetta blouse
camicia shirt
camminare to walk
campagna countryside
Canadà (*m.*) Canada
canadese (*adj.*) Canadian
candela spark plug, candle
capelli (*pl.*) (head of) hair
capello (single) hair
capire to understand
capo head, boss
capoufficio office manager
cappello hat
cappotto overcoat
cappuccino coffee with steamed milk
carburatore (*m.*) carburetor
carissimo, a very dear, extremely expensive
carne (*f.*) meat
caro, a dear, expensive
carta paper
cartolina postcard
casa house, home
casella postale post office box
cassetta delle lettere mailbox
cassiera (*f.*) cashier
cassiere (*m.*) cashier
cattivo, a bad, naughty
cattolico, a Catholic
a causa di because of
celeste (*adj.*) light blue, sky blue
celibe (*adj.*) single (*m.*)
cellulare (*m.*) cellular phone
cena supper, evening meal
cenare to have supper
centimetro centimeter
cento one hundred
centrale (*adj.*) central
centro center, downtown
cercare to look for
certamente (*adv.*) certainly
certo (*adv.*) surely, certainly
certo, a certain, sure
che that, which, what (*non c'è di che* don't mention it)
chi who, whom
chiamare to call, to name
chiamarsi to be called, to be named
chiaro, a clear
chiave (*f.*) key
chiedere to ask (in order to obtain)
chiesa church
chilo(grammo) kilogram

chilometro kilometer
chissà (*adv.*) who knows? I wonder
chiudere to close
chiunque (*pron.*) whoever, whomever
ci us, there
ciao hi, hello, bye
ciascuno, a (*adj.*) each
ciliegia cherry
cinema (*m.*) cinema, movie house
cinghia belt
cinque five
circa about, around
città (*f.*) city
cittadina small city
cittadina citizen (*f.*)
cittadino citizen (*m.*)
classe (*f.*) class, classroom
cliente (*m. and f.*) customer
clima (*m.*) climate
cofano hood of a car
cognata sister-in-law
cognato brother-in-law
cognome (*m.*) last name, family name
colazione (*f.*) breakfast (*fare colazione* to have breakfast)
collo neck (*misura di collo* neck size)
colloquio interview
colore (*m.*) color
coltello knife
comandare to command, to order
cominciare to begin, to start
commessa saleswoman
commesso salesman
comodo, a comfortable
compilare to fill out
compito homework, duty
compleanno birthday
comprare to buy
computer (*m.*) computer
con with, by
congratulazioni (*f. pl.*) congratulations
conoscenza knowledge
conoscenza del computer computer literacy
conoscere to know, to be acquainted with
consigliare to suggest, to advise
consiglio advice
contabilità (*f.*) accounting
contento, a happy, glad
conto bill, check
contorno side dish
controllare to control, to check
conversazione (*f.*) conversation

coricarsi to go to bed
corpo body
correre to run
corrispondenza correspondence
cosa thing
cosa? what?
così thus, so
così così so-so
così . . . come as . . . as
corso course
costare to cost
cotone (*m.*) cotton
cravatta tie
credere to believe
cristiano, a Christian
cruscotto dashboard
cucchiaio spoon
cucina kitchen
cucinare to cook
cugina cousin (f.)
cugino cousin (m.)
cui which, whom
cuoco cook, chef (m.)
cuoca cook, chef (f.)
curioso, a curious

da at, from, by
dappertutto everywhere
dare to give
data date
dattilografa typist (f.)
dattilografo typist (m.)
davanti a in front of, before
decidere to decide
decimo, a tenth
denaro money
dentro inside
desiderare to wish
destinatario addressee
di of, from
dialogo dialogue
dicembre (*m.*) December
diciannove nineteen
diciassette seventeen
diciotto eighteen
dieci ten
dietro behind
difficile (*adj.*) difficult
diluviare to pour (rain)
diluvio downpour
Dio God
dire to say, to tell

diretto type of train
direttore (*m.*) manager, director (m.)
direttrice (*f.*) manager, director (f.)
ditta firm
divertente (*adj.*) amusing
divertirsi to enjoy oneself, to have a good time
divorziato, a divorced
documento document, paper
dodici twelve
dolce (*adj.*) sweet
dolce (*m.*) dessert, sweet
dollaro dollar
dolore (*m.*) pain, grief
domanda question
domandare to ask
domandarsi to ask oneself, to wonder
domani tomorrow
domattina tomorrow morning
domenica (*f.*) Sunday
domenicale (*adj.*) Sunday (adj.)
donna woman
dopo after, afterward
dormire to sleep
dottore (*m.*) doctor physician (m.)
dottoressa doctor physician (f.)
dove where
dovere to have to, must
dovere (*m.*) duty
dovunque wherever
dramma (*m.*) drama
dubitare to doubt
due two
duomo cathedral
durante during

eccellente excellent
ecco here (is, are)
Egitto Egypt
egli he
elegante (*adj.*) elegant
ella she
entrare to enter
esame (*m.*) exam, examination, test (fare un esame to take an exam)
esperienza experience
esportare to export
esportazione (*f.*) export
esperto, a experienced
espresso type of fast train; special-delivery letter; type of coffee
essa (*f.*) it
essere to be

essere in cerca di to be looking for, to be in search of
esso (*m.*) it
estate (*f.*) summer
estero abroad (andare all'estero to go abroad)
estivo, a summertime
età (*f.*) age
etto hectogram (100 grams)
Europa Europe
europeo, a European

fa ago
fabbrica factory
faccia face
facile (*adj.*) easy
fame (*f.*) hunger (avere fame to be hungry)
famiglia family
famoso, a famous, great
fantastico, a fantastic
fare to do, to make
farmacia pharmacy, drugstore
farmacista (*m. and f.*) pharmacist, druggist
faro headlight
favore (*m.*) pleasure, favor (per favore please)
febbraio February
fermare to stop
ferroviario, a railway
festa holiday, party, festivity (fare una festa to give a party)
festeggiare to celebrate
fiammifero match
figlia, figliola daughter
figlio, figliolo son
film (*m.*) film, movie
finale (*adj.*) final
finalmente (*adv.*) finally
fine (*f.*) end
finire to finish
fino a (*adv.*) until
fiore (*m.*) flower
fiorentino, a Florentine
firmare to sign
fiume (*m.*) river
foglia leaf
foglio sheet of paper
forchetta fork
formaggio cheese
fornaia baker (f.)
fornaio baker (m.)
forno oven
forte (*adj.*) strong
fra between, among, in, within
francese (*adj.*) French

Francia France
francobollo postage stamp
frase (*f.*) phrase, sentence
fratello brother
freddo, a cold (avere freddo to feel cold; fare freddo to be cold)
frequentare to attend, frequent
fresco, a cool
fretta hurry, haste (in fretta e furia in a hurry, in a great haste)
fritto, a fried
frutta fruit
fruttivendola greengrocer (f.)
fruttivendolo greengrocer (m.)
frutti di mare seafood
fumare to smoke
fungo mushroom
funzionare to work, run, operate
fuoco fire
fuori out, outside (essere fuori to be out, not to be in)

gamba leg
garage (*m.*) garage
gas (*m.*) gas
gatto cat
gelato ice cream
generalmente (*adv.*) generally
genero son-in-law
generoso, a generous
genitore (*m.*) parent
gennaio January
gente (*f. sing.*) people
gentile (*adj.*) kind, gentle
geografia geography
Gesù Jesus
ghiaccio ice
già already
giallo, a yellow
giardino garden
giocare to play (a game)
giornale (*m.*) newspaper
giornalista (*m. and f.*) journalist
giorno day
giovane (*adj.*) young
giovane (*m. and f.*) young man, young woman
giovedì (*m.*) Thursday
giro tour (fare un giro to take a tour; fare un giro in macchina to go for a drive)
gita excursion, tour
giugno June
giusto, a just, right, fair
gonna skirt

grammatica grammar
grammo gram
grande (*adj.*) big, large, great
grazie thanks (**mille grazie** many thanks; **tante grazie** thank you very much)
Grecia Greece
greco, a Greek
grigio, a gray
grosso, a big, large
guadagnare to earn, to gain
guardare to look at, watch
guardarsi to look at oneself
guardarsi allo specchio to look at oneself in the mirror
guasto (*n.*) breakdown (automotive)
guidare to drive, to guide

hotel (*m.*) hotel

idea idea
ieri yesterday
il the (m.)
imbucare to mail, to post
immenso, a huge
imparare to learn
impiegata employee (f.)
impiegato employee (m.)
impiego job, work, employment
importante (*adj.*) important
importare to matter; to import
importazione (*f.*) import
impossibile (*adj.*) impossible
improbabile (*adj.*) improbable
improvvisamente (*adv.*) suddenly
in in, to
incantevole (*adj.*) charming
incassare to cash, to take in
incominciare to begin, to start
incontrare to meet, to encounter
indicativo indicative
indirizzo address
infatti in fact, as a matter of fact
infelice (*adj.*) unhappy
infinito infinitive
informatica computer science
informazione (*f.*) information
Inghilterra England
inglese (*adj.*) English
iniziare to begin, to start
insalata lettuce, green salad
insegnante (*m. and f.*) teacher
inserzione (*f.*) ad
insieme together

intelligente (*adj.*) intelligent
intenso, a heavy, intense
interessante (*adj.*) interesting
interprete (*m. and f.*) interpreter
interurbana long-distance call
invece (*conj.*) instead
invernale (*adj.*) wintry
inverno winter
inviare to send
io I
irregolare (*adj.*) irregular
isola island
Italia Italy
italiano, a Italian

la the (f.)
là there
lago lake
lampeggiare to lightning
lampo lightning
lana wool
largo, a wide
lasciare to let, leave, allow, permit
laurea college, university degree
laurearsi to graduate from college or university
lavare to wash
lavorare to work
lavoro job, work
leggere to read
leggero, a light
lei she
Lei (*form. sing.*) you
lento, a loose, slow
lettera letter
letto bed
levare to remove, to take away
levarsi to get up, to get off
lezione (*f.*) lesson
lì there
libero, a free, vacant
libro book
liceo high school
lieto, a happy, glad, pleased
lingua language, tongue
lira lira, Italian currency
litro liter
lo (*m.*) the (m.), him, it (m.)
locale type of train
Londra London
lontano, a far
lontano (*adv.*) far away
loro (*m. and f.*) they, them (m. and f.)

Loro (*form. pl.*) you
luce (*f.*) light
luglio July
lui he, him
lunedì Monday
lungo, a long
lungo (*adv.*) along
luogo place (**avere luogo** to take place)

ma but
macchina car, machine
macchina da scrivere typewriter
macellaio butcher
madre mother
maggio May
magnifico, a magnificent
magro, a thin
malato, a sick
male (*m.*) evil, ill
male (*adv.*) badly, bad
mal(e) di testa headache (**sentirsi male** to feel sick)
mamma mom, mommy
mangiare to eat
manica sleeve
mano (*f.*) hand
manzo beef
mare (*m.*) sea
marito husband
martedì Tuesday
marzo March
matematica mathematics
materno, a motherly, maternal
matita pencil
mattina morning (**di mattina** in the morning)
mattino early morning (**del mattino** in the early morning)
me me
meccanico mechanic
medicina medicine
medico physician, medical doctor
medico, a medical
meglio (*adv.*) better
mela apple
meno less
mentre (*conj.*) while
mese (*m.*) month
metro meter
mettere to put, to place
mettersi to put on, to wear
mettersi a (+ *inf.*) to start (doing something)
mezzanotte (*f.*) midnight
mezzo, a half

mezzogiorno (*m.*) noon
migliore (*adj.*) better
miliardo billion
milione (*m.*) million
minerale (*adj., n.*) mineral
minestra soup
minuto minute
mio, a my, mine
misura measure, size
mittente (*m.*) sender
moderno, a modern
modulo form
moglie (*f.*) wife
molto, a much (pl. many)
molto (*adv.*) much
momento moment (**per il momento** at the moment, for now)
monaco monk
mondo world
montagna mountain
morire to die
mostrare to show
moto (*f.*) motorcycle
motore (*m.*) engine, motor

nascere to be born
nascita birth
naso nose
Natale (*m.*) Christmas (**Buon Natale** Merry Christmas)
nativo, a native
nave (*f.*) ship
nazionale (*adj.*) national
nazione (*f.*) nation
ne (*pron.*) (some) of it, (some) of them, about it
né . . . né (*conj.*) neither . . . nor
neanche (*adv.*) not even
necessario, a necessary
negozio store
nemico, a (*adj., n.*) enemy
nemmeno (*adv.*) not even
neppure (*adv.*) not even
nero, a black
nessuno (*pron.*) no one, nobody, not . . . anyone
nessuno, a (*adj.*) no
neve (*f.*) snow
nevicare to snow
niente (*pron.*) nothing
nipote (*m. and f.*) grandson, granddaughter; nephew, niece
noi we, us
noleggiare to rent (a car, a boat)
nome (*m.*) noun, first name

non not
nonna grandmother
nonno grandfather
nono, a ninth
normale (*adj.*) normal
nostro, a our, ours
notare to note, to notice
notęvole (*adj.*) remarkable, noteworthy
notizia news
notte (*f.*) night
nove nine
novembre (*m.*) November
nųbile (*adj.*) single (f.)
nulla (*pron.*) nothing
nųmero number
numeroso, a numerous
nuora daughter-in-law
nuovamente (*adv.*) newly
nuovo, a new

occhiali (*m. pl.*) glasses
occhio eye
occǫrrere to be necessary
occupato, a busy
offrire to offer
oggi today
ogni (*adj.*) each
olio oil
oltre a besides
ombrello umbrella
opportunità (*f.*) opportunity
oppure or
opųscolo brochure
ora hour
ora (*adv.*) now
orario schedule
ordinare to order
oro gold
orologio watch
ospedale (*m.*) hospital
ottavo, a eighth
ǫttimo, a excellent
otto eight
ottobre (*m.*) October

pacco package
padre (*m.*) father
padrona landlady
padrone (*m.*) landlord
paese (*m.*) country, town
paga pay, wages
pagare to pay

paio pair, couple
pancia belly
pane (*m.*) bread
panorama (*m.*) panorama, view
pantaloni (*m. pl.*) pants, slacks
papa (*m.*) Pope
papà (*m.*) papa, daddy
parabrezza (*m.*) windshield
parafango fender
paraurti (*m.*) bumper
parcheggiare to park
parco park
parecchio, a several
parlare to speak, talk
parola word
parte (*f.*) part
partire to leave, depart
passaporto passport
passare to pass
passeggiare to stroll, walk (**fare una passeggiata** to take a stroll, go for a walk)
pasta pasta, pastry
patata potato
patria country, homeland
paura fear (**avere paura** to fear, to be afraid)
pazienza patience (**avere pazienza** to be patient)
pedale (*m.*) pedal
pedale dell'acceleratore gas pedal
peggio (*adv.*) worse
peggiore (*adj.*) worse
penįsola peninsula
penna pen
pennello brush (**stare a pennello** to fit like a glove)
pensare to think
pepe (*m.*) pepper
per for, through
pera pear
perché (*adv.*) why, because
perciò (*conj.*) therefore
pęrdere to lose
però (*conj.*) but, however
persona person
pesare to weigh
pesce (*m.*) fish
peso weight
pęssimo, a worst, very bad
pettinarsi to comb one's hair
petto chest
piacere (*n., m.*) pleasure (**per piacere** please)
piacere to be pleasing
piąngere to cry
pianista (*m. and f.*) pianist

piano (*adv.*) slow, slowly
piano floor (**casa a due piani** two-story house)
piatto dish, plate (**per primo piatto** as a first course)
piazza square, plaza
piccolo, a small, little
piede (*m.*) foot
pieno, a full (**fare il pieno** to fill up the tank)
pillola pill
pilota (*m.*) pilot
pioggia rain
pittore (*m.*) painter (m.)
pittoresco, a picturesque
pittrice (*f.*) painter (f.)
più more
poco, a little, a few (**un poco, un po'** a bit)
poeta (*m.*) poet
poi then
politico, a political
pomeriggio afternoon
pomodoro tomato
porta door
portare to carry, to take, to bring
portarsi dietro to bring along
portiera car door
portiere (*m.*) concierge, hotel receptionist, doorman
portone (*m.*) front door, main gate
possibile possible
posta mail
Posta Centrale main post office
postale (*adj.*) postal
postino, a mail carrier (m., f.)
posto place, seat (**essere a posto** to be in order)
potere to be able to, can
povero, a poor
pranzare to have lunch
pranzo lunch
pratica experience, practice (**avere pratica di** to have experience with)
preferire to prefer
prego please
prenotazione (*f.*) reservation
preoccuparsi to worry
preparare to prepare
prepararsi to get ready
presentarsi to present or introduce oneself
presente (*m.*) present
pressione pressure
presso (*adv.*) at, with, from
presto (*adv.*) soon, early (**a presto** see you soon; **fare presto** to hurry up, to be quick)
previsioni del tempo weather forecast
prezzemolo parsley

prezzo price
prima (*adv.*) before
primavera spring
primo, a first
principale (*adj.*) principal, main
privato, a private
problema (*m.*) problem
professore (*m.*) professor (m.)
professoressa professor (f.)
pronto, a ready
pronto? hello? (on the telephone)
proprietaria owner (f.)
proprietario owner (m.)
proprio, a own, real
proprio (*adv.*) really, just, exactly
prossimo, a next
protestante (*adj.*) Protestant
provare to try, to test, to prove
pubblico, a public
pulire to clean
pure (*adv.*) also

quaderno notebook
qualche (*adj.*) some
qualcosa (*pron.*) something
quale (*adj.*) which
qualora (*conj.*) in case
qualunque (*adj.*) whichever
qualunque cosa (*pron.*) any, whatever
quando (*adv.*) when
quanto, a how much (pl. how many)
quanto (*adv.*) how much
quantunque (*conj.*) although
quarto, a fourth
quattordici fourteen
quattro four
quello, a that (pl. those)
questo, a this (pl. these)
qui here
quindici fifteen
quinto, a fifth

raccomandata (*n.*) registered letter
radio (*f.*) radio
ragazza girl
ragazzo boy
rapido type of train
rapido, a fast
re (*m.*) king
recarsi to go
recente (*adj.*) recent
recentemente (*adv.*) recently

regalare to give as a gift
regione (*f.*) region
regista (*m. and f.*) movie director
regolare (*adj.*) regular
regolarmente (*adv.*) regularly
resto rest, change
ricco, a rich
ricevere to receive
ricevuta receipt
ricevuta pagata di ritorno paid return receipt
richiesto, a requested, demanded
ricordare to remember
rigatoni (*m. pl.*) type of pasta
rilassarsi to relax
rimanere to remain, stay
rione (*m.*) city ward or district, neighborhood
riparare to repair, fix
riposarsi to relax
rispondere to answer
ristorante (*m.*) restaurant
ritornare to return
ritorno return (essere di ritorno to be back)
riuscire to succeed
romanzo novel
ruota wheel, tire

sabato Saturday
sale (*m.*) salt
salire to go up
salpare to sail
salutare to greet
sangue (*m.*) blood
santo, a saint, sacred, holy
sapere to know
sbagliare to make a mistake
scala stairs, staircase, ladder
scarpa shoe
scelta selection, choice
scendere to get off, to descend
scientifico, a scientific
scorso, a last, past, previous
scrittore (*m.*) writer (m.)
scrittrice (*f.*) writer (f.)
scrivere to write
scuola school
scusare to excuse
se (*conj.*) if
sebbene (*conj.*) although
seccante (*adj.*) annoying
secondo, a second
secondo (+ *n. or pron.*) according to
sedici sixteen

segretaria secretary (*f.*)
segretario secretary (*m.*)
seguente (*adj.*) following, next
seguire to follow
sei six
semaforo traffic light
sembrare to seem
semplice (*adj.*) simple
sempre always
sentire to feel, hear
sentirsi bene to feel well, to feel fine
separato, a separated
senza without
sera evening
serbatoio gas tank
serio, a serious
sesto, a sixth
seta silk
sete (*f.*) thirst (avere sete to be thirsty)
sette seven
settembre (*m.*) September
settimana week
settimo, a seventh
si himself, herself, themselves
sì yes
sicuramente (*adv.*) surely
sicuro, a sure
sigaretta cigarette
signora (*f.*) Mrs., ma'am, married woman, lady
signore (*m.*) Mr., sir, man, gentleman
signorina (*f.*) Miss, young lady, unmarried woman
sindaco mayor
smettere to stop
smettere di to stop (doing something)
solamente (*adv.*) only
solo, a alone
solo (*adv.*) only
soltanto (*adv.*) only
sorella sister
sorpresa surprise
sorridere to smile
sorriso smile
sottana skirt
sotto under
spaghetti (*m., pl.*) type of pasta
Spagna Spain
spagnolo, a Spanish
specchio mirror
speciale (*adj.*) special
specialmente (*adv.*) especially
spedire to mail, to ship
spegnere to turn off, to extinguish

spẹgnersi to die out, to go out

sperare to hope

sperare di sì to hope so

spesa expense (**fare la spesa** to go grocery shopping, to shop for food)

spesso (*adv.*) often

spiaggia beach

spiegare to explain

sporco, a dirty

sport (*m.*) sport

sportello window (at a counter)

sportivo, a (*adj.*) sporting, sports

sposare to marry

sposarsi to get married

spumante (*m.*) type of sparkling wine

squillare to ring (as a phone)

stadio stadium

stagione (*f.*) season

stamattina this morning

stanco, a tired

stanza room

stazione (*f.*) station

stare to stay, to be, to feel

stasera tonight

Stati Uniti d'Amẹrica United States of America

stato state

stato di famiglia family status

statura height

stesso, a same

stoffa cloth, material

stọmaco stomach

storia story, history

strada street

straniera (*f.*) foreigner

straniero, a foreign

straniero (*m.*) foreigner

studente (*m.*) student

studentessa (*f.*) student

studio study

su on, upon

sụbito (*adv.*) immediately, right away

suo, a his, her, hers; your, yours (form. sing.)

suọcera mother-in-law

suọcero father-in-law

supermercato supermarket

sveglia alarm clock

svegliare to wake

svegliarsi to wake up

tabaccaio tobacconist

tagliatelle (*f., pl.*) type of pasta

tanto, a much

tardi (*adv.*) late (**a più tardi** see you later; **fare tardi** to be late)

tassì (*m.*) taxi, cab

tẹcnico, a technical

tedesco, a German

telefonare to telephone

telefonata telephone call

telefonino cellular phone

telẹfono telephone, phone

telegramma (*m.*) telegram

tema (*m.*) theme, composition

temere to fear

tempo weather, time

temporale (*m.*) storm

tenere to hold, to keep, to have

tergicristallo windshield wiper

terra earth, land, soil

tipo type, kind

tirare vento to be windy

tịtolo di studio university degree

tocco one o'clock

tornare to return

Toscana Tuscany

toscano, a Tuscan

traduttore (*m.*) translator (m.)

traduttrice (*f.*) translator (f.)

trạffico traffic

tramontare to set, to go down

tramonto sunset

tranquillamente (*adv.*) peacefully

tranquillo, a peaceful

trasferirsi to move, to relocate

tre three

treno train

troppo, a too much (pl. too many)

troppo (*adv.*) too

trovare to find

trovarsi to find oneself

tu you (fam. sing.)

tuo, a your, yours (fam. sing.)

tuonare to thunder

tutti everyone

tutto, a all, whole

ufficio office

ufficio personale personnel department

ụltimo, a last

un, uno, una, un' a, an

l'una one o'clock

ụndici eleven

ụnico, a only, sole, unique

università (*f.*) university
uomo man
uovo egg
usare to use
uscire to go out, to exit
utile (*adj.*) useful

vacanza vacation, holiday
vaglia (*m.*) money order
valigia suitcase
vario, a varied, several, different
vecchio, a old
vedere to see
veloce (*adj.*) fast, quick
velocemente (*adv.*) quickly
vedova widow
vedovo widower
vendere to sell
venerdì Friday
venire to come
venti twenty
vento wind
veramente (*adv.*) really
verbo verb
verde (*adj.*) green
verdura greens, vegetable
verificare to verify
verità (*f.*) truth
vero, a real, true
verso (*prep.*) around, about

vestire to dress
vestirsi to get dressed
vestito dress, suit
via road, street (**per via aerea** by airmail; **per via mare** by sea)
viaggiare to travel
viaggio trip (**fare un viaggio,** to take a trip)
vicino, a near, close
vicino (*adv.*) close by
vincere to win
vino wine
virtù (*f.*) virtue
visitare to visit
vita life
vivere to live
vocabolario vocabulary
voi you (fam. pl.)
volante (*m.*) steering wheel
volare to fly
volentieri (*adv.*) gladly, willingly
volere to want, to wish
volo flight
volta time
vostro, a your, yours (fam. pl.)

zero zero
zia aunt
zio uncle
zucchero sugar
zucchino zucchini, squash (sing.)